U0610949

[俄] 维切斯拉夫·阿纳托利耶维奇·谢苗诺夫　著

刘　毅　译

回忆未来

维切斯拉夫·谢苗诺夫自传

九州出版社 JIUZHOUPRESS ｜ 全国百佳图书出版单位

图书在版编目（CIP）数据

回忆未来 ：维切斯拉夫·谢苗诺夫自传 /（俄罗斯）
维切斯拉夫·阿纳托利耶维奇·谢苗诺夫著 ；刘毅译
. -- 北京 ：九州出版社，2023.11
    ISBN 978-7-5225-2511-2

    Ⅰ．①回… Ⅱ．①维… ②刘… Ⅲ．①维切斯拉夫·
阿纳托利耶维奇·谢苗诺夫—自传 Ⅳ．①K835.125.76

中国国家版本馆CIP数据核字(2023)第217103号

回忆未来：维切斯拉夫·谢苗诺夫自传

作　　者	（俄罗斯）维切斯拉夫·阿纳托利耶维奇·谢苗诺夫　著
	刘　毅　译
责任编辑	李　品
出版发行	九州出版社
地　　址	北京市西城区阜外大街甲 35 号（100037）
发行电话	(010)68992190/3/5/6
网　　址	www.jiuzhoupress.com
印　　刷	北京捷迅佳彩印刷有限公司
开　　本	880 毫米 ×1230 毫米　32 开
印　　张	13.25
字　　数	264 千字
版　　次	2025 年 1 月第 1 版
印　　次	2025 年 1 月第 1 次印刷
书　　号	ISBN 978-7-5225-2511-2
定　　价	68.00 元

亲爱的中国朋友们!

自我和中国同行富有成果的密切合作开始以来,已经整整过去了 30 年之久。

我还记得 1993 年,我第一次去北京参加由姜杰老师组织举办的第一届北京国际手风琴艺术节。之后还陆续参加了中国的几个手风琴艺术节。我曾多次担任中国手风琴比赛的评委,甚至作曲家比赛的评委会主席。多年来,我在这个伟大的国家结交了很多好朋友!

和中国有关的难忘回忆太多了,无法一一列举。

我记得在中国举办过两次"世界杯"国际手风琴比赛。一次是在上海,当然还有令人难忘的深圳"世界杯"。

我很高兴我的许多学生在中国各个城市工作,比如说有曹野、刘睿、刘怡汝、李歆琳和齐慧君等等,在此无法全部列举出来。

我记得德米特里·索阔洛夫在中国翻译出版了我的《现代巴扬演奏教程》。

我很高兴在中国不仅有我的学生演奏我的作品,还有其他更多优秀的音乐家们也参与其中,包括"世界杯"等重大国际手风琴比赛的获奖者。尤其令人高兴的是,我专为中国音乐家创作的《茉莉花》，不仅在中国，在其他国家也被许多表演者收录在演奏曲目中。

我希望我的书能为你们的巴扬和手风琴学习带来帮助。这本书里不仅有优秀音乐家的回忆录，最重要的是，我对所有的主要作品都进行了详细分析。这本书不仅对演奏者会有帮助，对所有巴扬研究者、高校学生、老师和那些将撰写巴扬或手风琴作品论文的人也会有帮助。

在此衷心感谢刘毅，他主动向我提出了在中国翻译出版这本传记！期待我们在未来！再一次在中国！新的相聚！！

维切斯拉夫·阿纳托利耶维奇·谢苗诺夫

序 II

　　维切斯拉夫·阿纳托利耶维奇·谢苗诺夫先生，是俄罗斯现代手风琴艺术的杰出代表。在他的身上，闪耀着无数的光环，代表着他在手风琴音乐世界的辉煌成就！

　　作为演奏家，他青年时代参加了许多国际手风琴比赛并摘得多项桂冠和殊荣；同时出版了多张个人专辑，举办的个人独奏音乐会遍及全世界三十多个国家；

　　作为作曲家，他创作和改编了大量手风琴作品，他的作品内容广泛、不拘一格，极具俄罗斯民族风格，在俄罗斯乃至国际上都具有很大影响，深受世界各地手风琴家和大众的喜爱；

　　作为教育家，他更是硕果累累，培养了许多优秀手风琴演奏家。其中，有多人摘得各项国际手风琴大赛的桂冠，有些已经成为闻名世界的演奏家，有些已经成为新一代俄罗斯手风琴学派的领军人物；

　　作为一个卓越的艺术家，谢苗诺夫先生获得了由俄罗斯总统颁发的俄罗斯"人民艺术家"称号，这是俄罗斯艺术家至高无上的荣耀。

1993 年，维切斯拉夫·阿纳托利耶维奇·谢苗诺夫先生受邀来到中国参加金雪莲手风琴艺术节，自此开启了和中国手风琴界的不解之缘。三十年来，他已经无数次来到中国，举办音乐会、大师班，参加各种手风琴艺术节，更是多次派遣优秀学生参与中国的各项活动，传播、交流手风琴演奏技艺。他编著的《现代巴扬演奏教程》，2006 年在中国翻译出版，成了我国手风琴教师们的必备书籍。谢苗诺夫先生所工作的俄罗斯莫斯科格涅辛国立音乐学院，也是我国众多手风琴教师、学子的向往之地。许多在那里学成归来的手风琴专业博士、硕士已经成为我国手风琴教学一线的中坚力量。谢苗诺夫先生以及俄罗斯现代手风琴艺术对中国手风琴发展的帮助和影响是巨大的。

《回忆未来》的中文译者刘毅博士，在俄罗斯莫斯科格涅辛国立音乐学院先后取得了巴扬手风琴演奏硕士和博士学位，同时又在莫斯科国立师范大学攻读了音乐教育理论学博士学位，具有良好的专业背景和语言能力，他为此书的翻译出版做出了巨大努力！

此书的出版，能让我们更多了解维切斯拉夫·阿纳托利耶维奇·谢苗诺夫先生作为一位手风琴大师的成长历程以及他对世界手风琴发展产生的推动力和影响力。

能为中文版俄罗斯手风琴大师维切斯拉夫·阿纳托利耶

维奇·谢苗诺夫的自传《回忆未来》作序也是我的荣幸。

李聪

中国音乐家协会手风琴学会会长

联合国教科文组织下属国际手风琴联盟副主席

序Ⅲ

时光如梭，白驹过隙！维切斯拉夫·阿纳托利耶维奇·谢苗诺夫先生是我的好朋友，我们已经认识三十年了！

谢苗诺夫先生，以他杰出的手风琴作品的创作、以他富有激情的手风琴独奏、以他卓越的教学艺术，加上他精力充沛地穿梭于大师班、音乐会等活动，奠定了他在世界手风琴乐坛举足轻重的地位。

他的个人自传《回忆未来》的出版，可以让我们从更广泛的层面和角度去了解他……

我们都知道，学习科学与学习艺术最不同的地方是：学习科学关键是牢记定理与公式。对发明这定理、公式的科学家了解的多少并不影响理论的运用；而艺术则完全不同，对创作者了解得愈多、愈透彻，对作品的诠释就会愈准确、愈生动。

谢苗诺夫的手风琴作品，在国际上各大音乐院校手风琴专业里是不可或缺的！有些甚至是国际比赛的规定曲目，仅凭这点，这本书的出版就有了相当的指导意义了。

回想20世纪90年代（1993年8月），我发起组织了第一届中国国际手风琴艺术节，邀请谢苗诺夫先生前来举办独奏音乐会。中国手风琴师生同行们第一次目睹、聆听了他的精彩演奏，他的演奏给予了我们相当大的影响和启发！不仅为我们展示了当代手风琴演奏的"珠穆朗玛峰"，还有手风琴在他身上的那种生命力，那"未成曲调先有情"的演奏家风范，令人难以忘怀！

1996 年 8 月第三届中国国际手风琴艺术节上，我们再次邀请了谢苗诺夫先生，我同他商量构思了一个提高我国手风琴专业演奏水平的大胆计划和方案：送三个当时十二三岁的小姑娘去俄罗斯，一边读音乐附中，一边跟他学习手风琴。用十年八年时间，把俄罗斯学派的真谛学到手，回来发展我们的手风琴事业。此事一拍即合，也得到了家长的积极支持和配合。于是，因为中央院手风琴考级而每年暑假来京和我学琴的三个小学六年级的学生：内蒙古的包永妍、山东的刘怡汝、黑龙江的李歆琳，远赴俄罗斯莫斯科求学，一去八年。有趣的是，这期间我们聊天形容三个小女孩学习生活状况时，称其为中国手风琴的"克格勃"，来表示我们对三个小留学生的鼓励、重视和期待，其中李歆琳也跟谢苗诺夫先生的学生德兰加先生的课！

她们学成回国后，已成为我国手风琴事业的骨干力量。她们是：山东大学刘怡汝、深圳艺术学校李歆琳及内蒙古呼伦贝尔盟学院包永妍。其中，刘怡汝在应聘山东大学时，时任系主任的范远安老师跟我形容："听她的演奏，典型的用琴说话，只要背琴示范，很快能感染学生……"她们都得到了谢苗诺夫先生的真传，学到了谢苗诺夫先生的神韵。

我们感谢谢苗诺夫先生对她们的培养和付出，感谢谢苗诺夫先生为我国手风琴事业的发展所做的贡献！

　　抚今追昔，感慨良多！……在此，很高兴为谢苗诺夫先生的回忆录自传写序，也祝谢苗诺夫先生身体健康！永葆青春！！

世界手风琴联盟（WAA）执行主席
中国音乐学院手风琴考级专家主任
北京姜杰钢琴琴城音乐舞蹈学校校长

　　刘毅跟随我学习巴扬手风琴演奏有三年的时间，也是我的好朋友。我能感受到他对手风琴有着非常深厚的感情。在和我学琴期间，他就对维切斯拉夫·阿纳托利耶维奇·谢苗诺夫教授的巴扬原创作品具有非常浓厚的兴趣。他本科毕业后，经我推荐去俄罗斯格涅辛国立音乐学院攻读硕士学位，现已博士毕业归国工作。

　　当刘毅邀请我，为我的老师——俄罗斯莫斯科格涅辛音乐学院维切斯拉夫·阿纳托利耶维奇·谢苗诺夫教授的中文版自传写序时，往日时光历历在目，一幕幕情景映入眼帘……

　　谢苗诺夫不仅是一位优秀的巴扬教授，还是一位激励和鼓舞人心的导师。他上课时的表情神态、肢体动作、习惯用语，现在回想都觉无比珍贵！他始终对音乐充满激情，教育和培养学生时充满耐心和关怀。他总是鼓励我们相信自己的才华和潜力，并始终保持积极的心态。同时他的演奏技巧和音乐思想也深深地影响和启发了我。

　　希望此书的出版，能让我们更好地了解谢苗诺夫先生作为一位世界级巴扬大师的成长历程以及他的教学思想。

教授，硕士研究生导师
沈阳音乐学院附属中等音乐学校校长
第十届中国音乐金钟奖手风琴比赛银奖

译者序

　　本人将国际著名巴扬手风琴大师、俄罗斯人民功勋艺术家、莫斯科格涅辛国立音乐学院民乐系巴扬手风琴演奏家、作曲家、教育家维切斯拉夫·阿纳托利耶维奇·谢苗诺夫教授所编著的个人自传《维切斯拉夫·谢苗诺夫自传——回忆未来》一书译成中文版，敬献给各位热爱、学习和研究巴扬手风琴的老师、同学、同行和爱好者朋友们。

　　翻译这本自传的想法是源于 2022 年 5 月中旬我在俄罗斯莫斯科格涅辛国立音乐学院所攻读的巴扬演奏博士毕业之际，谢苗诺夫教授为我指点了专业毕业所要演奏的作品之——他的巴扬手风琴作品《奏鸣曲五号》，在与教授探讨作品和聊天的过程中，突然萌生而出的。还有一个最主要的原因，那就是长期以来我对谢苗诺夫教授的深深敬重和对他所创作的作品的由衷热爱！本人从本科、研究生到博士，期间一直身处谢苗诺夫教授的教学体系下，更是在十年多的求学时间里深入学习和演奏了二十多首教授的巴扬手风琴作品。2022 年 6 月，我正式告知谢苗诺夫教授我的想法，并同他一起商量敲定了版权赋予和翻译其自传在中国出版的事情。在翻译此书的过程中，我也充当着一位阅读者和学习者的角色。书中的内容令我更加敬佩谢苗诺夫教授！使我深深领悟到了"学无止境"的真正含义！！他在音乐领域的全面！！！超群的才华和渊博的学识……所有这一切都推动着我，使我更加坚定地、不忘初心地完成了这项庞大而又复杂的翻译工作。

本书的翻译工作历经一年之久，始终遵循着作者原文的内容及意愿来进行翻译和编写。其中书里的大部分内容都经历了咨询作者、相关人士及查阅大量中英俄语书籍、辞典、论文和网络资料，从而提高了翻译的最终准确度。本书包含了以下这些内容：谢苗诺夫本人的经历简述；对所创作的幻想曲、随想曲、组曲、奏鸣曲及协奏曲的阐述；他人对谢苗诺夫作品的研究文章；朋友、同事、同行和学生们对谢苗诺夫的回忆与评价；谢苗诺夫的照片、出版书籍及CD专辑；曾创作的作品及学生获奖列表。因其自传出版于2020年底，和谢苗诺夫教授商量后又在原版的基础上添加了2021—2024年他最新创作的作品、学生获奖情况及三位中国学生的回忆录等内容。

我想，这本自传对中国所有敬重、研究谢苗诺夫教授个人或作品，以及热爱、学习巴扬手风琴的教师、同仁和专业演奏者们，都会具有指导意义。同时这本书也是我个人学术研究生涯的起点，因为中俄两国语言文字表达书写方式差异较大，再加上音乐专业方面俄译汉难度较高，对于文章当中的不足之处，诚恳地希望广大专家、同仁与读者们能够给予批评指正。

在此，感恩我的父母多年来对我倾尽所能的培养，感谢中国和俄罗斯所有在专业上教导、帮助和支持过我的每一位老师们！希望此书可以为中国巴扬手风琴艺术的发展尽绵薄之力。

2024 年 5 月 30 日于俄罗斯莫斯科

前　言

　　如今，巴扬和手风琴演奏家的表演艺术不仅在俄罗斯，还在全世界各个国家都享有当之无愧的地位。这一点可以通过音乐厅里挤满了感兴趣的观众，众多的电视节目、音乐节目、视频和音频光碟来证明，这些光碟录制了公认的著名表演艺术家和新兴演奏家演奏的多元化音乐作品的视频和音频。同样，在各大室内乐和管弦乐演奏中也经常出现巴扬和手风琴的身影。

　　年轻且有才华的演奏家们现在有大量的机会去参加在俄罗斯和在其他国家定期举办的国际性或地区性巴扬和手风琴比赛。如今，在包括古典乐器的比赛中出现"巴扬、手风琴"类别，已不再令人惊讶。

　　俄罗斯已率先建立了专业且完善的巴扬手风琴音乐家培养系统，该系统拥有从幼儿园到博士研究生各级别音乐教育中高素质、高水平的专业教学人员。

　　具有出色声学品质的现代音乐会多音色双系统自由低音乐器的成熟生产，促进了该乐器类型的成功发展。同时巴扬和手风琴在公众中的普及也得益于世界许多知名工厂所生产的各种价位和类别的乐器。

　　毫无疑问，巴扬和手风琴表演如此迅速崛起的基础之一，是 20 世纪下半叶众多优秀作曲家、演奏家所创作的各种高度艺术化的作品，涵盖了几乎所有现有的学术、流行、爵士乐和民间民族等音乐风格。俄罗斯作曲家和演奏家为丰富巴扬和手风琴作品做出了重大贡献。

巴扬艺术领域最杰出的人物之一，是俄罗斯人民功勋艺术家、俄罗斯格涅辛国立音乐学院的教授维切斯拉夫·阿纳托利耶维奇·谢苗诺夫。这是一位集制造、演奏、教育、作曲于一身的才华横溢的音乐家。

谢苗诺夫教授是一位杰出的巴扬演奏家，20 世纪 60 年代就开始了他的演奏活动，只用了很短的时间就在世界音乐界显著提升了这门乐器艺术的地位。通过他的活动，为世界上有才华的年轻人树立了一个学习榜样。在获取知识、不断自我完善以及他所热爱的工作上，他为之奉献了一生。

本书是第一本专门详细介绍国际手风琴联盟（CIA）副主席、俄罗斯巴扬艺术的"全权代表"、俄罗斯人民功勋艺术家维切斯拉夫·阿纳托利耶维奇·谢苗诺夫的书籍。

目录

关于作者

维切斯拉夫·阿纳托利耶维奇·谢苗诺夫

维切斯拉夫·阿纳托利耶维奇·谢苗诺夫，1946 年 3 月 29 日出生于俄罗斯联邦布良斯克州南部的特鲁布切夫斯克市。他的父亲阿纳托利·伊万诺维奇和母亲嘎丽娜·列奥纳多夫娜·谢苗诺夫都是音乐家。1953 年，全家搬迁到了罗斯托夫地区。维切斯拉夫七岁开始在父亲的指导下学习音乐。1960 年，因热爱巴扬演奏和纪念早逝的父亲而发掘了自己的天赋，谢苗诺夫考入了罗斯托夫艺术学校，师从于巴扬演奏家、钢琴家和作曲家安娜·尼古拉耶芙娜·克拉霍基娜老师。

1962 年，谢苗诺夫在塔甘罗格这座城市举办了第一场巴扬自由低音独奏音乐会。他热爱运动，1962 年成为罗斯托夫地区青年古典摔跤比赛的冠军。1964 年他以优异的成绩从学校毕业，并顺利通过了格涅辛国立音乐师范学院的入学考试，考入了俄罗斯联邦功勋艺术家阿纳托利·阿列克谢耶维奇·苏尔科夫巴扬班和谢尔盖·彼得罗维奇·戈尔恰科夫教授指挥班。1969 年在学院完成学业后，获得优秀毕业证，他考入了格涅辛国立音乐师范学院研究生院，师从俄罗斯联邦荣誉艺术家、艺术史博士，小提琴演奏家和指挥家奥列格·米哈伊洛维奇·阿加尔科夫教授。

1968 年，谢苗诺夫受邀在顿河畔罗斯托夫任教，不久前那里开设了一家音乐师范学院（现为俄罗斯罗斯托夫拉赫玛尼诺夫国立音乐学院）。三年后，1971 年谢苗诺夫领导了罗斯托夫国立音乐师范学院的民族乐器系，在他的领导下，该学院成为苏联表演和科学学科专业领先的大学之一。1974年，被罗斯托夫国立音乐师范学院评为副教授。1983 年，三十七岁的谢苗诺夫突破了当时评教授职称的年龄"标准"，破格被提前授予教授头衔，并成为当时苏联最年轻的教授。

在谢苗诺夫的传记中，1988 年标志着一个新创意阶段的开始，工作回归到了莫斯科母校——格涅辛国立音乐师范学院（现为俄罗斯格涅辛国立音乐学院）。从那时起，一位才华横溢的音乐家——乐器演奏家、作曲家和大学老师，正式开启了自己特殊的、真正令人印象深刻的大师之路。

谢苗诺夫巨大的创作潜力，即音乐会表演能力，在学习期间清晰可见！在 1967 年德国克林根塔尔和 1968 年保加利亚索非亚的国际比赛中，这位年轻音乐家的表演取得了非常大的成功。大学毕业后，谢苗诺夫与巴拉莱卡琴演奏家亚历山大·斯捷潘诺维奇·达尼洛夫进行了二重奏合作，并在1973 年沃罗涅日全联盟比赛和柏林国际音乐节比赛中夺得了桂冠。从那时起，谢苗诺夫定期的音乐会活动就开始了，一直持续到了今天。生动的技巧、情感的奔放、非凡的艺术性、丰富多样的曲目（包括各种流派、时代和风格的作品）、对作曲家意图的微妙洞察力和诠释，展现在谢苗诺夫的演奏中！几十年来，谢苗诺夫的演奏一直是大量巴扬艺术鉴赏家们钦佩的对象，同时他的演奏也受到全世界四十多个国家的赞誉！他每年在俄罗斯和其他国家都会举办一百多场音乐会，并与各种管弦乐团合作演出三十多场音乐会。

自 2010 年以来，谢苗诺夫一直是俄罗斯作曲家联盟的成员。他的作品在莫斯科、圣彼得堡、喀山、萨马拉、下诺夫哥罗德、符拉迪沃斯托克、克拉斯诺亚尔斯克、叶卡捷琳堡、萨拉托夫、顿河畔罗斯托夫和许多其他俄罗斯城市最大的音乐厅演出。来自世界许多国家的权威音乐家和艺术青年都对谢苗诺夫的作品表现出了浓厚的兴趣，并将其纳入他们的音乐会节目中。谢苗诺夫的作品经常出现在各大著名的国际巴扬和手风琴比赛中。1999 年，谢苗诺夫在纪念基督教成立 2000 周年莫斯科国际作曲家比赛中获得第二名；2008 年在国际巴扬手风琴比赛中获得最佳原创作曲第一名；2011 年，获日本年度最佳原创作品罗兰奖。

谢苗诺夫培养了不止一代世界上高水平的音乐教育者和演奏家，他们在俄罗斯和国际上都取得了巨大成功。 其中包括俄罗斯人民艺术家、俄罗斯格涅辛国立音乐学院教授尤里·德兰加，俄罗斯联邦功勋艺术家、拉赫玛尼诺夫国立音乐学院教授阿纳托利·扎伊金，俄罗斯拉赫玛尼诺夫国立音乐学院副教授、巴扬大师尤里·希什金，莫斯科爱乐乐团演奏家尤里·米家年科等，还有其他许多人。

在卓有成效的教学活动期间，谢苗诺夫的学生超过两百次成为各种大型比赛的获奖者，其中一百多次是在俄罗斯和最负盛名、顶尖的国际赛事中获得第一名和冠军！最令人骄傲的是，有九名学生获得了国际顶尖大赛——"世界杯"国际手风琴比赛冠军。谢苗诺夫所培养的学生，现在在俄罗斯和世界各个国家任教，如德国、荷兰、西班牙、塞尔维亚、克罗地亚、希腊、美国、巴西、中国、越南、日本等。

谢苗诺夫每年被各大俄罗斯或国际手风琴比赛聘为评委或评委会主席。他也是多所音乐高等院校的客座教授，还常年在俄罗斯各地区和世界其他国家举办大师班等活动。

谢苗诺夫的多方面成就跨越了半个多世纪，多次获得各种荣誉称号、获得享有盛誉的奖项。在巴扬教育方面，他被誉为现代巴扬学派的创始人。1977 年，维切斯拉夫·阿纳托利耶维奇·谢苗诺夫被授予"俄罗斯联邦功勋艺术家"荣誉称号，1995 年被时任俄罗斯总统的叶利钦先生授予"俄罗斯人民艺术家"称号。2005 年，根据俄罗斯联邦总统的命令，谢苗诺夫被授予友谊勋章。这位杰出的音乐家最重要的专业奖项有：1994 年俄罗斯莫斯科"巴扬和巴扬演奏家"国际艺术节银唱片奖、2004 年国际手风琴联盟"手风琴艺术领域杰出成就"奖和 2013 年意大利保罗·索布拉尼奖等等。

从 2014 年至今，谢苗诺夫一直担任联合国教科文组织国际手风琴联盟（CIA）的副主席。

第一章

维切斯拉夫·阿纳托利耶维奇·谢苗诺夫

——演奏家

　　从民族器乐文化发展的复杂过程，可以看到现代巴扬艺术的起源，维切斯拉夫·阿纳托利耶维奇·谢苗诺夫创作的作品在其形成发展中发挥了极其重要的作用。

　　在 20 世纪 50 年代，巴扬演奏者演奏的大部分曲目都来源于对为独奏器乐（管风琴、钢琴、小提琴等）或交响乐团创作的作品所进行的移植和改编。目前，这一传统方式得到了严格的继承和遵守。谢苗诺夫的曲目中也总是包含着以前的音乐大师所创作的古钢琴、羽管键琴和管风琴作品。例如：多梅尼科·斯卡拉蒂（C 大调、降 E 大调奏鸣曲）、陶西格 - 斯卡拉蒂（《田园》）、巴赫（g 小调管风琴幻想曲和赋格、d 小调托卡塔和赋格）、四首未知作家的文艺复兴时期作品（《绿袖子》《老舞蹈》《美丽的波浪》《金丝雀》），浪漫主义钢琴作品有：罗伯特·舒曼的赋格曲；舒伯特的即兴曲；弗朗茨·李斯特的超级练习曲《鬼火》、降 E 大调练习曲《康派涅拉》；塞扎尔·弗兰克的 E 大调管风琴牧歌；奥利维埃·梅西安的管风琴作品《圣体的降临》组曲；柴可夫斯基的管弦乐片段——出自歌舞剧《胡桃夹子》（进行曲、糖果仙子舞曲和俄罗斯《特列帕克舞曲》）；伊戈尔·斯特拉文斯的芭蕾舞剧《彼得鲁什卡》《黑色音乐会》。

　　正如弗拉基米尔·乌舍宁和米哈伊尔·伊姆哈尼茨基所

认为的那样，这也意味着从简单的传统编曲到改编，从编曲到通过器乐手段对音乐作品进行创作性诠释的转变。对于谢苗诺夫来说，古典音乐样本的选择是为了充分利用改造了的新设计的结构、音色和技术都完善的设备——双系统自由低音多音色巴扬。

谢苗诺夫的表演风格有何特点？对他来说，最基本和最要紧的是对音乐作品在其表演过程中的艺术演绎，通过表演艺术的各种表现和技术手段，揭示音乐的思想和具象内容。它取决于艺术家所属流派或方向的美学原则，取决于他的个人特征和思想艺术设计。演绎的前提是个人对作品的演奏方式和积极态度中有自己的创作理念，能体现作者的想法。

巴赫的作品在谢苗诺夫的曲目中占有非常重要的地位。例：管风琴作品《恰空》，出自于为小提琴独奏所创作的《d 小调第二帕蒂塔》。谢苗诺夫已改编了很多巴赫的作品，但几乎没有关于巴扬演奏的改编，尽管音乐学院的每位毕业生在学习期间都会反复参考学习这位大师的作品。

从乐器构造和声学数据来看，巴扬更接近管风琴。巴扬演奏家试图以最大的完整性再现为"乐器之王"创作的作品。20 世纪 50 年代的巴扬专业演奏，面临着从阐释巴赫音乐的两个方向中选择一个方向的困境：如何对待乐谱——客观还是主观？在多大程度上可以改变作品的文本和创作织体（重复音、补充等）？如何通过现代巴扬来解决音色问题（管风琴音乐的变音器）？是寻找适合原始音色的声音模拟装置，还是使用后台解决方式？如何构建音乐动态（循序渐进还是声音强度的逐渐增加或减少）？对于演奏者来说，如何诠释巴赫音乐并不明确。一方面，巴扬演奏应该符合巴洛克时代作品的风格和精神；另一方面，有必要通过新乐器的声学特征赋予其新的生命。长期以来，音乐界都有演奏巴赫音乐的传统。有必要找到自己的方法来处理原作，即将什么放在诠释大师音乐的首位。谢苗诺夫演奏理念的核心，是渴望再现原作背景音色，以重现宏大的不朽声音。

在很大程度上，谢苗诺夫实现了管风琴发声的效果，这得益于一种乐器的帮忙，该变音器有助于接近固有音色，左手键盘上的选择系统允许在文本不失真的情况下使用管风琴作品。低音通常执行脚踏板管风琴低音的功能，固定在原本的第三行。乐器上存在一组变音器，例如"管风琴""巴松管""齐奏""单簧管和巴松管"，还有其他音色，使演奏者首先能够选择所需的组合，其次，排除改编中的重复和八度重复，充当"动态"并增强乐器声音的力量。谢苗诺夫认为，演奏特别重要的是动态对比（强—弱）。它们的应用在历史上发展为"对比 18 世纪羽管键琴和管风琴不同的声音（强—弱），以及 18 世纪管弦乐曲中的齐奏和独奏"。音乐家选择类似动态的解决方案，已成为巴扬演奏者对巴赫音乐演奏风格"正确理解"的主要条件。与此同时，在其他艺术形式中，这个问题并没有得到如此明确的解决。但"正确理解巴赫"是什么意思？雅科夫·米尔斯坦写道："毕竟，在这件事上，虽然巴赫去世已经过了两百多年，但仍然存在很多不确定性，这已经不是什么秘密了。没有任何两位音乐家能在如何诠释巴赫的问题上完全一致。也没有两个编辑会在他们编辑的《十二平均律》版本中遵循相同的关于节奏和细节的处理。"

　　毫无疑问，谢苗诺夫对音乐动态的"解读"在艺术上是合理的。他坚持学术专业表现的最佳传统，这在很大程度上适用于巴赫的管风琴音乐。同时，他的小提琴音乐的移植和改编需要不同的方法来解决演奏问题和解释问题。弗拉基米尔·拉比指出："如果在管风琴和部分键盘音乐中，巴赫的复调技巧以特殊的力量展现出来，我们最能被精神的伟大和哲学思想的深度俘获，那么在完全是为弦乐器而写的作品中，通常会有不同的风格特征。在器乐或声乐乐器合奏中使用弦乐声音，特别是小提琴独奏的声音，通常与巴赫创作力的某个非常广泛的领域有关，体现了简单而'世俗'的感觉的世界……"作为一种独奏乐器，小提琴通常是作品中旋律、抒情和即兴原则的承载者，其音乐结构保留了巴赫复调的典型特征。我的作品中。在巴赫的这些作品中，有为小提琴独奏而创作的《d小调第二帕蒂塔》中的《恰空》。《恰空》结束了《第二帕蒂塔》，阿尔伯特·史怀哲写道："它长期以来一直被认为是小提琴独奏的经典作品，因为主题及其所有发展都完美地适应了乐器的特性。像一名巫师，巴赫用一个主题创造了一个完整的世界。好像悲伤面对着喜悦，最后他们团结在一个伟大的自我克制中。""巴赫的奏鸣曲与帕蒂塔所固有的构思和体现的巧妙统一，自然在现场声音中表现得最为生动，"弗拉基米尔·拉比认为，"聆听《第二帕蒂塔》中的

《恰空》，每次我们都会再次欣赏这个音乐的创作，其宏伟画面，是在一个小巧、易碎的四弦乐器的帮助下重现的！"看似矛盾的是，巴赫思想的规律和原则，不仅是小提琴、室内乐和器乐，也是管风琴和管弦乐所特有的，这些都集中在《恰空》中。请注意，巴赫经常为特定乐器创作音乐，然后为另一种乐器制作版本。因此，"十二平均律"不是一个抽象的音乐概念，它为其在另一种乐器上的表演创造条件而没有特殊的音乐"损失"，是一个多方面的通用版本，其在另一种乐器上演奏的音乐不仅没有任何损失，反而获得了完全不同的新音色、音乐表现力和器乐技术品质。这就是巴赫思想的独创性。

　　"恰空"作为这些流派的精髓，并不是艺术家折中主义的悖论，相反，它结合了时代风格的融合特征，扩大了小提琴音乐流派的界限，在塑造和创作技巧上进行了大胆的创新与探索，这是该流派传统的特征。"恰空"属于以主题结构的可重复性为特征的固定低音变奏。如你所知，变奏曲是通过扩展音乐素材或通过结构和音调特征结合起来的。尽管阿尔伯特·史怀哲说："巴赫对变奏形式并没有特别的倾向"，甚至"在管风琴音乐中，他很快就放弃了合唱旋律的变奏"。"恰空"提供了音乐素材主题发展和结构修改的很好的例子，与主题情感领域的变化密切相关。如果说在合唱主题的管风琴变奏中，巴赫遵循了扬·彼得松·斯韦林克、迪特里克·布克斯特胡德（他的前辈）作品中确立的传统，那么在"恰空"中，这位伟大的大师便突破了传统流派，超越了他那个时代的音乐固有的准则和规则，"用尽了旧的即兴形式和技术的可能性，以表达自由的情感，表达无限的精神上的提升，尤其是在悲伤、悲惨的悲痛中"。

　　此外，巴赫以他真正无限的想象力，预料到了一种古典变奏的出现（海顿、莫扎特、贝多芬）。然而，"恰空"是各个层次比喻情感领域的集中。这里的图像范围极其多样，如从抒情叙事的客观主义到悲剧、戏剧图像的内在主观主义。阿尔伯特·史怀哲曾说：在巴赫的作品中，"有必要区分大型线条的架构动态和紧随其后的使这些线条精神化的详细动态"。其中一个引人注目的例子便是《恰空》，其中有三股动态发展的"浪潮"，每一股都以高潮结束。每个变化块的特征不仅在于某种比喻和情感的转变，还在于结构和技术组成方法。乐曲分为三个明确界定的部分，以主要图像的陈述结束，但主导是生命肯定、人文主义和乐观主义。谢苗诺夫认为，图像的范围从把可塑性、用小提琴来表达的主题的第一次曝光和勇敢的严肃性延伸，通过轻微的悲伤、向心运动，充实到巴赫原创，到管弦乐、合奏曲；从形成这些图像的元素，从平静、宁静到情绪饱和的段落，从焦虑兴奋、能量的逐渐积累到将伟大作为最高理念，完成第一个动态"波浪"部分的高潮，最后，从合唱的平静分离，"虚脱"到优雅的优雅和动态的强迫，再到"大"高潮，产生了一首肯定生命的人文主义的赞美诗。第三乐段起到了一种重演的作用，它以强有力且宏伟的主旋律结束，获得了一种全新的情感色彩。但这里没有一丝回顾，就好像艺术家，形象地说，在这美妙音乐的比喻中，没有看到古董肖像画廊，不是现在那些看起来很幼稚的缎面吊带背心和抹了粉的假发，而是能够爱和恨、快乐和痛苦、梦想和欢笑的真实人物。这就是巴赫的现实视野，充满了"创造性、主动性和勇气"的诠释。

在音乐剧中，织体的动态变化起着重要作用。如果比喻语义变化是音乐素材扩展的主导因素，那么调性变化也起着重要的作用。"恰空"的主调是 d 小调，第二部分中的 D 大调除外，它被认为是一种"启蒙"，更确切地说，是对戏剧化的比喻，是充满悲情的变奏曲。在谢苗诺夫的理念中，这是"通过收敛形成对比"。虽然，正如一些研究人员所认为的那样，"巴赫音乐的独创性，与其说是表现方式的新颖，不如说是内容的新颖"，低估前者是错误的。结构动态因素是音乐戏剧的主导因素，它的基础——音乐织体发展的核心，是将图像对比变化链中的所有环节结合起来。这里有一个原则，即从乐曲开头的弱到结尾的强的一般动态增加（通常是赋格曲）。多亏了这一表现原则的实施，谢苗诺夫"找到了一种形式"（三个动态波形），内在地构建它（内部结构），突出个人，对比更明亮，同时保持作品建构的完整性。如您所知，质地的变化是形象变化的结果，音乐形象（以及整个形象情感领域）的范围越大，体现音乐思想的工具、技术手段和技巧的范围就越多样化。严格地说，在作曲家和诠释者的心目中，这个过程是一个起源过程。

巴赫的《恰空》以及费鲁乔·布索尼的改编作品，呈现了各种类型的作曲技巧：这里有音乐素材的单调呈现、复调结构、复调和弦和隐藏复调，小提琴技巧的优雅和管风琴声音的沉重（在高潮部分）。许多研究巴赫作品的人注意到《恰空》中谐音和复音方式的结合。因此，阿尔伯特·史怀哲写道："巴赫交替使用复音和单音，让听众有机会放松，以及体会单音插曲打断复音的影响有多大。这种提供最佳效果的简单技巧在他身上经常可以找到。"

与其说巴赫的《恰空》是主调和复调的综合，不如说是新的乐器和技术足以提供极其丰富的比喻和表达手段。《恰空》的主题最初集中在一个主调——和声织体中，逐渐扩展，但又不失和声的基础功能。织体结构的改变是逐渐发生的，在其质的更新过程中，包括小提琴、大提琴，也包括其他乐器的风格（管风琴、管弦乐等）。也许，我们应该谈谈原版"恰空"的音乐版本及其由费鲁乔·布索尼改编的条件，这些条件创造了区分音乐结构的可能性，这不是小提琴的结构特征，即我们正在谈论这样一个概念，如多层、多方面的音乐结构，它决定了其"管弦乐"的本质。

谢苗诺夫于 1970 年改编了《恰空》，并在 1972 年格涅辛音乐师范学院博物馆的研究生音乐会中首次演奏了它。开始研究"恰空"时，他仔细分析了原作及其他版本。

当然，对于谢苗诺夫来说，选择像"恰空"这样在哲学上复杂、在表演方面又困难的音乐形式，像巴赫的《恰空》，似乎是正确的。巴赫选择"恰空"有两个原则：希望保留其风格特征并在新的乐器版本和新的音色条件下阅读作品的内容。表面上表现出的多样的、肤浅的、由一些移植和改编作者介绍的以及巴赫音乐的非特征都在谢苗诺夫的视线之外（这同样适用于他的演奏——概念和改编）。在改编中为了风格而风格，就像为了成功而成功一样，已经成为目的本身，是一种不好的习惯。演奏者最主要的是在移植和改编中保持想法的真实性，找到一个保留原始风格的适当版本。与此同时，音乐会的质量、最高艺术水准的精湛技艺在很大程度上决定了这位大师对巴赫《恰空》的态度。因为费鲁乔·布索尼，这部作品成为钢琴曲目中最受欢迎的作品之一，以钢琴宽广的音域和双手十指演奏的优势，改编出一首技巧上眼花缭乱、情感上壮怀激烈的作品，和弦结构蓬勃展开，内敛深沉的乐曲顿时变得饱满。

在这方面，格里戈里·科根的说法是绝对正确的：既不忠实于原作的字面意思，也不忽视其风格，都不能产生艺术上完整的结果。只有在深入贯彻"重新创作"音乐精神的基础上，对作品的"音符"进行创造性的再创作，才能获得这样的结果。失去了小提琴的音色可能性，失去了小提琴家拉弓的右手所赋予的决定性的东西，钢琴演奏必然需要弥补失去的东西。如果没有这个，小提琴的质感在钢琴上听起来会非常差。我们在谢苗诺夫的录音中看到和听到的音符完全不同。所以，就像费鲁乔·布索尼一样，他并没有打算提供巴赫《恰空》的"钢琴复制本"，而是"试图在钢琴上重新创作它，在它的基础上和它的精神中，根据它的模板，创造一个新的、有独立价值的音乐会钢琴曲——钢琴《恰空》"，作曲家和才华横溢的音乐家谢苗诺夫提供了"恰空"的巴扬管弦乐版本。与此同时，费鲁乔·布索尼始终追随巴赫的脚步，仿佛在以现代钢琴手段延续巴赫的创作过程，同时以这种"巴赫方式"思考，将他的添加，有序地编织到原稿中，并与它完全兼容。正如格里戈里·科根强调的那样："只有将必要的风格与创作自由结合起来，才有可能创作出与巴赫的小提琴原作相得益彰的钢琴《恰空》。"为了实施费鲁乔·布索尼的上述原则，谢苗诺夫加入了新的乐器和技术手段——二抖、三抖、四抖风箱和风箱处理的组合技术，显著扩展了新乐器的音色和色彩可能性，以新的方式解读了诞生于不同时代的早期音乐原作。这是谢苗诺夫对"恰空"音乐会改编曲的诠释与前辈们的巴扬版本的根本区别和真正创新。

在演奏方面，根据谢苗诺夫的说法，巴赫《恰空》是一种真正的艺术技能流派，包括一般音乐文化教育、高度专业性、超越执行狭隘的音乐和技术任务、扩展任何音乐家的艺术世界观等概念。谢苗诺夫说，没有方法可以教出准确的节奏。节奏是音乐语言的基础，节奏语调是音乐中对意义的最高理解。

《恰空》，这是"宏伟的、非凡的"，谢苗诺夫强调说。演奏中微妙的内在节奏感、节拍节奏的自由度和敏捷的灵活性，不仅决定了他演奏的风格和方式，也确定了他对巴赫音乐的立场和态度。

节奏在创建《哥特式艺术殿堂》的过程中发挥了重要作用。谢苗诺夫对节奏的解释与将对"恰空"的功利主义理解相去甚远，因为它是一种具有三拍子并强调第二拍的西班牙舞蹈。如您所知，"恰空"的节奏与庄严、哀悼和仪式游行的理念有关。这正是"恰空"最初的样子。后来，作曲家将这种舞蹈、它的节拍和节奏作为音乐会处理的主题，并创造了一个全新的原版。许多钢琴和管弦乐的改编都证明了这一点。

在阅读节拍节奏时，谢苗诺夫甚至没有感觉到三拍子，而是六拍子。谢苗诺夫演奏的"恰空"音乐的节奏正是由巴赫音乐的内在品质决定的，如庄严、内容的深度、哲学态度、精神的伟大、真正的范围、思维的规模。在很大程度上，费鲁乔·布索尼的改编加强了这一点，如结构的丰富、结构层次的扩大、音乐结构的"管弦乐"分化等。与此同时，谢苗诺夫的诠释中更为克制、"沉重"的步伐并没有因为"六拍子"思维而违反主题的完整性，这有助于更加强调宏伟、规模和内容的深度。

谢苗诺夫对巴赫《恰空》的诠释集中了演奏中的最佳表现，但这不是艺术的多元风格或音乐折中主义，而是各种概念的变体的精髓，它将演奏者在古典乐器上的传统，创造性地转化为巴扬艺术。即使我们考虑到音乐素材的"次要"性质这一事实，也可以说谢苗诺夫的理念在架构上是和谐的，在艺术上是令人信服的。他始终如一地展示着作曲的精髓，独立地、创造性地实现了这位才华横溢的德国作曲家的创作意图，贡献出原作的新版本。

似乎谢苗诺夫演奏的巴赫《恰空》是谢苗诺夫文本创作态度的另一个例子，是其个人理念的艺术实现的例子。现代大师的作曲动力是伟大的巴赫音乐，它以一种独特而有才华的方式在一个新的音色色彩版本中实现。

我们认为，最后一点至关重要。由于巴扬没有钢琴踏板和钢琴那样的动态力量，因此在谢苗诺夫的音乐会改编中，他利用现代巴扬固有的功能，通过加强结构和织体线条来弥补这一点。只要仔细研究比较，在新的"谢苗诺夫"版本中可以清楚地看到这一点。处理的复杂性在于，真正的连续体是有机的而不是无形的，同时又是微妙的和具有创造性的，就好像按照作者的意图改编的一样。而在我们看来，谢苗诺夫成功了，巴赫《恰空》在他的演奏——"巴扬交响曲"中成功了。比这个高峰更高的手风琴家、音乐家、艺术家，仍然很难找到。

谢苗诺夫设法解决了最困难的表演任务之一——重现伟大的巴赫及其时代的风格。过去、现在和将来，音乐家们都会面临这个任务。在这方面，维塔·克拉斯蒂娜的论点是绝对正确的："即使现代钢琴家对巴赫自己的表演有绝对准确的想法，也不能让他们摆脱创造性地诠释他音乐的必要性，因为只有与其时代密不可分的诠释才会对听众产生强烈影响。"

这一艺术任务的实现，成为谢苗诺夫表演艺术中最重要的成就。只有通过研究巴赫的许多作品，巴赫音乐的现代诠释者才可以发展我们所说的"风格感"，而"音乐中的风格"，正如尼古拉·米哈伊洛夫所断言的那样，音乐语言的系统组织元素是统一的。音乐风格形成、发展和演变的过程最终取决于音乐思维对世界的感知，更广泛地说，取决于时代的精神文化，取决于其时的各种社会群体。正是因为这个，具有划时代意义的"巴赫"出现在谢苗诺夫的演奏中，呈现出伟大作曲家和他那个时代的风格与感觉，这是谢苗诺夫所诠释的个性。

　　一位杰出音乐家，在音乐会改编领域的第二项主要工作，与小提琴音乐的诠释有关，如李斯特《帕格尼尼大练习曲》的《康派涅拉》。以下介绍关于这项工作的创作过程。

　　1831 年 3 月 31 日，尼科罗·帕格尼尼（1782—1840）的第一场音乐会在法国大歌剧院举行。"弗朗茨·李斯特饶有兴趣地聆听这位著名小提琴家的演奏，有传言说尼科罗·帕格尼尼就是'魔鬼本人'"，这位杰出大师的传记作者之一写道。帕格尼尼的精湛技艺给他留下了深刻的印象，让他充满了无尽的喜悦，但同时也充满了恐惧。他意识到演奏家可以成为艺术最深层本质的代表人物，而不仅仅是巧妙地处理乐器的"演奏演员"。尼科罗·帕格尼尼的演奏唤醒了李斯特沉睡的野心。这位伟大的小提琴家受影响的第一个成果是《帕格尼尼伟大雄壮的幻想曲——康派涅拉》，写给尼科罗·帕格尼尼《b 小调小提琴协奏曲》的主题之一（小提琴和交响乐团《第二协奏曲》的终曲），并开始了意大利小提琴家的一系列作品的改编。当时只有李斯特本人可以弹奏它。帕格尼尼《第二协奏曲》的终曲是带有作者备注的回旋曲《康派涅拉》。

　　终曲主旋律中小提琴独奏部分的高音域（原始音色音乐思想）成为音乐素材发展的强大催化剂。弗朗茨·李斯特在巴黎第一次听到这位才华横溢的意大利小提琴家的演奏，并创造性地重新思考了钟声的音色，以他自己的方式将其体现在钢琴的新音色声学领域中，这促使他"重现"一种在质上不同的钟声。因此，音乐图像和音色的合成是帕格尼尼的《康派涅拉》的钢琴音乐会改编出现的结果。

如果在巴赫、费鲁乔·布索尼之前对"恰空"的音乐会改编中保持调式不变（即以 D 为中心音，前半段 d 小调，后半段 D 大调）和部分结构，那么帕格尼尼音乐中的画面会有所不同，以弗朗茨·李斯特《康派涅拉》为代表。新版本是由于：①选择了新的调性（因尼可罗·帕格尼尼——d 小调，弗朗茨·李斯特——升 g 小调）；②选择新的形式和流派模式；③关于其他乐器和技术手段，帕格尼尼选择用小提琴独奏，由交响乐团伴奏。弗朗茨·李斯特的钢琴曲有机地结合了"音色—结构"，不被认为是协奏曲、交响曲、组曲中为特定乐器而写的曲谱，而是一种新的音色结构，这也被巧妙地运用在他以舒伯特作品为主题的其他作品中。

对此，雅科夫·米尔斯坦曾非常形象地谈道："李斯特，可以毫不夸张地说，在改编领域进行了彻底的转变。"李斯特在理论上和实践上都证明了它们的高价值，在音乐艺术的民主化和广大听众所熟悉的最复杂的流派方面发挥了重要作用。李斯特还揭示了改编对于发展乐器作品创作力方面的巨大重要性。

谢苗诺夫创作了一个新器乐版本的《康派涅拉》，其调性以及全曲结构形式并未改变，只有作品的音色性质、引入的乐器和技术手段的范围发生了质的变化。谢苗诺夫在音乐文本中引入了一种新技术，即在左手部分保留分解和弦的声音，这可以被视为踏板的模仿（术语：传统低音和自由低音）。其实这样的装置，虽然可以说是一种虚幻的现象，但对于符合原作的背景规矩来说，已经足够了。

在这个片段中，确定了音乐家的另一种演奏技巧——在选择系统上使用左手的大拇指（第一）手指（所谓的位置便利，"手边"）。在其他创新中，我们注意到：①在不同音区的左右手键盘上重复主题材料，提供特殊的音色空间声音——一种全新的音色，任何其他音色都无法比拟；②使用抖风箱演奏技巧，它具有小提琴的性质，但移植到新的乐器条件下，因此获得了全新的音色和艺术技巧效果；③非常有效和富有表现力的是，低音域变音器与右手演奏中双风箱在转换自由低音系统下的组合技术，这样的技巧可以说"更接近"管弦乐的特有声音。如果在弗朗茨·李斯特的《康派涅拉》中，和弦演示中的主题材料是用整个手进行的，在谢苗诺夫的改编中，它改变为风箱操作技巧，这创造了辉煌的、梦幻般的李斯特音乐的浪漫主义风格。

谢苗诺夫对谢尔盖·拉赫玛尼诺夫为女高音和钢琴而创作的《练声曲》音乐会演绎的理念看起来有些不同，这成为许多版本的基础。

《练声曲》收录在拉赫玛尼诺夫于 1912 年夏天创作的十四首浪漫曲系列作品 op.34 中。"这部作品的浪漫故事以严酷、戏剧化的形象为主，集中体现了对生命意义、艺术家职责和职业的哲学思考。"根据尤里·克尔德什的说法，它代表了谢尔盖·拉赫玛尼诺夫抒情旋律的显著特征。乐句长度异常宽阔，流畅发展的旋律是基于一口气。与拉赫玛尼诺夫的大多数类似的广为传颂的作品一样，它是建立在变唱原则之上的。由于歌曲的"紧贴"，产生了持续流动的印象：同时，旋律部署的自由和轻松与古典主义的特征相结合，既表现在和弦伴奏的平稳、有节奏上，也表现在宽阔而自由的俄罗斯旋律上，仿佛披上了巴赫式巴洛克咏叹调的风格。钢琴部分与复调元素的饱和，有助于主旋律声音更明亮、更富有表现力。

也许你不能更精确，在声乐与器乐的共生中，奠定了俄罗斯浪漫主义的有机统一。在我们看来，正是谢尔盖·拉赫玛尼诺夫的《练声曲》推动了后革命时期交响乐新流派的出现，莱因霍尔德·莫里采维奇·格里埃尔的《声乐协奏曲》和交响曲就是一个生动的例子。

让我们尝试比较一下钢琴和巴扬音乐的改编，尤其是弗朗茨·李斯特和谢苗诺夫的作品。李斯特在作品改编中，首先试图确定作品的诗意。这个特征被谢苗诺夫运用到了另一个不同音源的音色环境，对他来说，重要的不光是音符，一个新的乐器方向的作曲家和演奏者，"在这里和其他一切一样重要，而'精神'——不是作品的形式方面，而是它的本质——是隐藏在其中的真实生活"。如果这是出于诗意的需要，那么弗朗茨·李斯特并不害怕偏离原著。它不仅可以将旋律转移到另一个音域并改变伴奏的结构，还可以改变旋律本身甚至添加旋律。在翻译舒伯特、舒曼等人的作品时，李斯特一直关注用意象的"可见性""如画性"来代替编曲中缺失的乐句。他不惜延长乐谱，加一节甚至几节，都是为了增强表现力，这是对乐曲中固定的艺术形象的视觉再现。

正是这些品质体现了真正的浪漫的改编风格，尽管时代（19世纪和20世纪）和音色——乐器条件（钢琴和巴扬）的时间框架不同。

谢苗诺夫可谓是改编传统的继承者，这在弗朗茨·李斯特的作品中有显著的体现。为了更有说服力，让我们再引用上述评论家的一句话："可以说，弗朗茨·李斯特完成了另一项真正伟大的创作壮举。"从对巴赫前奏曲和赋格曲的严格改编到自由的歌剧幻想曲，他大量而多样地改编作品证明了这一流派的可行性及其存在的意义。他建立了许多新的改编原则，这些原则构成了随后几年所有改编实践的基础。

像费鲁乔·布索尼和弗朗茨·李斯特一样，谢苗诺夫在巴扬音乐中建立了这种风格，以浪漫主义大师的深刻创作愿望为特征。

弗朗茨·李斯特在作品织体中必备的东西正是谢苗诺夫的改编原则：①根据乐器的特性，确定展示主题（旋律）材料而进行的音域运动；②变音器（右键盘上的全音色变音器，包括谢苗诺夫在左键盘上提出的加入"短笛高音变音器"，由意大利"PIGINI"手风琴公司的大师来制作，并加入多种贝斯组合和左手自由低音键盘）。所有这些让谢苗诺夫可以将音乐会作品改编当作现代乐器高质量的新音色环绕总谱。

维切斯拉夫·阿纳托利耶维奇·谢苗诺夫

——作曲家

在本章的开头，我们有必要强调现代巴扬音乐的诠释者——维切斯拉夫·阿纳托利耶维奇·谢苗诺夫的演奏和作曲活动。显然，对此问题需要多方面考虑。著名作曲家爱迪生·杰尼索夫有句话说得好："知道为何而作曲是一种很好的动力。"这其中还有另一层意思，即协奏曲并不是抽象存在的，它与演奏者相互依存。谢苗诺夫作品的价值在于他是为自己而创作。他总是给演奏者们提供超越自己的机会，让他们以自己的方式解读他的音乐。通常，第一批演奏他音乐的人是他的学生们——俄罗斯著名的巴扬艺术家尤里·希什金和其他更多更年轻的演奏家们。

谢苗诺夫也多次演奏自己的新作品。作曲家在演奏中融入创作并将之当作工作原则。众所周知，能做到这一点的艺术家是欧洲的尼科罗·帕格尼尼、弗朗茨·李斯特和俄罗斯的谢尔盖·谢尔盖耶维奇·普罗科菲耶夫、拉赫玛尼诺夫。叶莲娜·多林斯卡娅说道："对钢琴作曲家来说，演奏自己的作品是多年在舞台上摸爬滚打的成效的证明。""对作曲家（安东·鲁宾斯坦、拉赫玛尼诺夫、谢尔盖·普罗科菲耶夫）来说，钢琴家对作品的诠释与作曲家在作曲中所做的努力是分不开的，事实上，由钢琴家演奏出来是创作过程的最后一步。"拉赫玛尼诺夫特别说明道："至于我自己，我觉得，如果我演奏自己的作品跟其他人演奏得不一样，只能说明那是因为我更了解我自己的音乐。作为一名作曲家，我已经在其中下了足够多的功夫，可以说音乐已经成为我的一部分。作为一名钢琴家，我从深处靠近音乐，比任何其他演奏者都更深入地了解它。毕竟，演奏者总是把别人的作品当作是外来的新东西来研究。演奏者永远无法确定自己是否真正表达出了作曲家的想法。在与其他钢琴家一起研究曲子时，我明白，作曲家是很难表达出自己对作品的理解的，也很难向演奏者解释应该如何演奏这首曲子。"

我还想说一下谢苗诺夫演奏活动的另一个重要方面：作曲家们曾委托谢苗诺夫演奏他们的作品。谢苗诺夫是第一批演奏阿纳托利·库夏科夫作品的人之一，他在首演上出色地演奏了这些作品，并将它们刻在了唱片和 CD 专辑上，让这些真正优秀的俄罗斯音乐作品家喻户晓。他将弗拉迪斯拉夫·佐罗塔耶夫的《第一交响协奏曲》演奏出了新的版本，乐谱的结构也发生了许多变化，他引入了新的技术层面的演奏手法，巧妙地融入了新理念，使用了与原作完全不同的交响乐总谱读法，他还与演奏博士——奥列格·米哈伊诺维奇·阿加尔科夫教授一起找到了完美解决"器乐对比原理"（列夫·尼古拉耶维奇·拉本的术语）的原创艺术方案，教授在自己手稿的扉页上提到了他所做的杰出工作。

为确定所述每部作品在俄罗斯巴扬艺术史上的地位，需简要回顾一下民族器乐艺术史。

弗拉迪斯拉夫·佐罗塔耶夫《第一交响协奏曲》扉页
（谢苗诺夫手稿）

注：巴扬与交响乐团《第一交响协奏曲》第一乐章（奥列格·米哈伊诺维奇·阿加尔科夫改编）

第一节
协奏曲体裁

在第一部巴扬协奏曲出现之前，俄罗斯器乐协奏曲的积极发展始于 20 世纪 30 年代，正如阿列克谢耶夫强调的那样，它遵循不同的路线："主要的路线是在俄罗斯经典的民族体裁传统中创作作品"。

在国际上，各国器乐协奏曲体裁已经成功发展。叶莲娜·多林斯卡娅写道："小提琴协奏曲这一体裁在 30 年代后半期尤其吸引了作曲家，当时诞生了像斯特拉文斯基《协奏曲》（1931 年）、普罗科菲耶夫《第二协奏曲》（1934 年）、米亚斯科夫斯基（1938 年）和谢巴林（1939 年）的《协奏曲》以及哈恰图良（1940 年）等例子。许多外国作曲家也对小提琴协奏曲产生了兴趣，包括卡罗尔·席曼诺夫斯基（1933 年）、阿尔班·贝尔格（1935 年）、阿诺德·勋伯格（1936 年）、贝拉·巴托克（1938 年）、保罗·辛德米特、卡尔·哈特曼、本杰明·布里顿（1939 年）。"

叶莲娜·多林斯卡娅把对俄罗斯协奏曲体裁的特别兴趣归结为表演技能的普遍增长。她指出：该体裁的发展受到了表演文化繁荣的刺激，这在国际和全联盟的比赛中都有记录。表演艺术的兴起也使反映当代风格的新作品的创作得到发展。著名的苏联钢琴家和小提琴家在他们的年代里共同创造了主要的音乐会形式。特别是，大卫·奥斯特拉赫和德米特里·齐加诺夫，尼古拉·米亚斯科夫斯基和瓦西里·谢巴林，列昂尼德·奥博林，哈恰图良和亚历山大·巴兰奇瓦泽的创造性接触被证明是非常富有成效的。

　　尽管有些晚，但是在民族器乐艺术中也出现了类似的情况。在这种情况下，我们注意到巴扬表演家和作曲家之间强有力的创造性联盟，例如：尼古拉·里佐尔—尼古拉·柴金、弗拉基米尔·别斯法米尔诺夫—康斯坦丁·米亚斯科夫、雅科夫·拉宾斯基，尼古拉·希尔万斯基，伊霍尔·沙莫（乌克兰）；爱德华·米琴科—尼古拉·柴金、弗拉迪斯拉夫·佐罗塔耶夫、基里尔·沃尔科夫，阿列克谢·雷布尼科夫；弗里德里希·利普斯—亚历山大·舒尔宾、基里尔·沃尔科夫、索菲娅·古柏杜丽娜、亚历山大·霍尔米诺夫，弗拉迪斯拉夫·佐罗塔耶夫，谢尔盖·别林斯基，弗拉基米尔·里亚博夫，埃弗雷姆·波德盖茨，米哈伊尔·布朗纳，爱迪生·杰尼索夫等人（莫斯科）；维切斯拉夫·谢苗诺夫，尤里·希什金—安纳托利·库夏科夫，加琳娜·贡塔连科（顿河畔罗斯托夫）；柳德米拉·瓦西里耶夫娜—尤里·列图诺夫，安纳托利·库夏科夫，亚历山大·多伦斯基，米哈伊尔·富克斯曼（顿河畔罗斯托夫）；维克多·加鲁波尼奇—尼古拉·博尔鸠科，赫尔曼·科姆拉科夫，乌拉尔三重奏；维克多·罗曼尼克—尼古拉·普泽伊，安德烈·贝佐夫，弗拉基米尔·维克尔（叶卡捷琳堡）。

　　这种手风琴演奏家和作曲家的创意结合，在其他国家也很有名，例：莱赫·普赫诺夫斯基——波兰；布拉克·丘赫兰——斯洛伐克；摩根斯·埃尔加德——斯堪的纳维亚（奥列·施密特，托尔比约恩·伦德奎斯特等人）；马蒂·兰塔宁——芬兰；梅里克尔——奥地利。

在巴拉莱卡琴艺术中，这种联系存在于鲍里斯·特罗扬诺夫斯基、尼古拉·奥西波夫、莫斯科作曲家谢尔盖·瓦西连科和尼古拉·维果茨基；亚历山大·达尼洛夫和安纳托利·库夏科夫之间；叶夫根尼·布里诺夫和乌克兰作曲家尼古拉·舒尔曼，康斯坦丁·米亚斯科夫，克莱门特·多明钦，叶夫根尼·祖布佐夫之间。还有乌拉尔地区的作曲家：叶夫根尼·基查诺夫、尼古拉·普泽伊和其他许多人。正如他们所说，尽管政治和音乐的历史环境在不断变化，但对新思想、新形象、工具和技术手段及技巧的探索并没有停止。

巴扬手风琴音乐中的协奏曲体裁的第一条发展线，其发展的方向与某些趋势相关。因此，费奥多希·鲁布佐夫的《第一协奏曲》（1937 年）中的音乐是由民族体裁的基础主导的，相应地，该曲音乐材料的发展手段和方法也是民族器乐的典型。在 20 世纪 50—60 年代创作的协奏曲中，可以感受到上述作品受到传统的影响，比如：尤里·希沙科夫、尼古拉·列赫门斯基、尤里·扎里茨基、格奥尔基·申德列夫、鲍里斯·克拉夫琴科、彼得·伦敦诺夫、阿里宾·列普尼科夫等人的协奏曲。

尼古拉·柴金为巴扬和交响乐团创作的《第一协奏曲》是一首"交响化"的协奏曲，其主要特点是：意象和主题的对比，独奏和乐队部分的有机统一，以及作为戏剧性发展手段的独奏部分的技巧性。评估它在原创音乐文学史上的作用，我们可以清楚地讲到这种类型的巴扬音乐的交响化，即扩大形象和情感领域，应用交响乐的方法来发展音乐材料和主题。该作品概述了该类型的第二条发展路线，其特点是延续了专业交响乐和室内器乐的传统并在手风琴音乐中进行了独特的折射（如弗拉基米尔·弗拉基米罗夫、康斯坦丁·米亚斯科夫、阿里宾·列普尼科夫、雅科夫·拉宾斯基、尼古拉·西尔万斯基、弗拉迪斯拉夫·佐罗塔耶夫、伊霍尔·沙莫和弗拉基米尔·维克尔的协奏曲）。然而，这些作品中只有少数是"交响乐化"的协奏曲。

到 20 世纪 60 年代末，俄罗斯音乐中获得深入发展的协奏曲体裁已经发生了重大变化。目前来看，不朽的交响乐协奏曲正在让位于室内乐协奏曲。列夫·拉宾强调，这种现象与其说是一种时尚，不如说是在室内乐领域表达自己的迫切需要。这使得捕捉最精细的灵魂运动成为可能，即在技术上集中于形式的细节，把握这种或那种技术的表现力的深浅。打击乐器不仅发挥着丰富多彩的作用，还影响着协奏曲的戏剧性，正在发挥着前所未有的作用。

同时，室内乐作为一种新的器乐风格，不仅是这一体裁音乐的特点，也是所有当代音乐的特点。正如苏诺维奇·萨尔基相安所指出的："新的室内乐风格的原则，在室内音乐的背景下最明显地形成，也渗透到主要形式中，在交响乐中，有时也在戏剧音乐中被发现。这一过程的演变意义重大，由于每件乐器的作用和功能不断增加而出现的室内性，逐渐呈现出不同的本质。它已成为当代音乐思维的属性之一，是集中和'锐化'（鲍里斯·阿萨菲耶夫）形式的自然伴随物。"
这些倾向可以在尼古拉·柴金的《巴扬和小型交响乐团第二
协奏曲》以及阿列克谢·雷布尼科夫和基里尔·沃尔科夫的
协奏曲中看到。因此，巴扬协奏曲的体裁在其发展过程中经
历了几个阶段。这种体裁的许多作品可以归类为"演奏家"
协奏曲，其特点是，使用不同类型的音乐织体和音色。在这
种类型的协奏曲中，主题发展不存在或处于从属地位。这些
特点是阿列克谢·雷布尼科夫、尤里·希沙科夫、尼古拉·柴
金和伊霍尔·沙莫等人作品的特点。

　　因此，虽然 20 世纪 50—60 年代的一些作品保留了经典
的三乐章套曲形式（如：尤里·希沙科夫、康斯坦丁·米亚
斯科夫、弗拉基米尔·弗拉基米罗夫、尼古拉·里佐尔、尼
古拉·西尔万斯基和维克多·迪库萨罗夫的作品），但 70—
80 年代的协奏曲体裁倾向于背离这些传统：首先是扩大，
其次是减少。在彼得·伦敦诺夫的作品中（①《前奏曲》；
②《托卡塔》；③《两个主题的变奏》；④《托卡塔回旋曲》），
四乐章套曲有一种特殊的演绎方式；弗拉基米尔·维克尔和
雅科夫·拉宾斯基（第一、二号协奏曲）选择了单乐章形式。

　　有时，三乐章套曲被作为一个整体呈现（如：阿里宾·列
普尼科夫、阿列克谢·瑞布尼科夫、基里尔·沃尔科夫、尼
古拉·柴金的作品，还有《第二号协奏曲》）。在一些三乐章
套曲作品中，其中间部分的戏剧性作用在整个音乐概念上
发生了重大变化，有时被视为独奏者的快板（如鲍里斯·克
拉夫琴科），而在某些情况下，则作为独奏部分的重要材料

（如：阿里宾·列普尼科夫的《音诗协奏曲》、尼古拉·柴金的《第二协奏曲》）。

一些作品引入了新的体裁（彼得·伦敦诺夫协奏曲中的《前奏曲托卡塔》，伊霍尔·沙莫协奏曲中的《咏叹调》）和形式（伊霍尔·沙莫协奏曲中的《赋格》），更频繁地使用复调创作（尼古拉·柴金、尼古拉·西尔万斯基、弗拉基米尔·维克尔）。

巴扬协奏曲最重要的问题，是对"器乐对比原则"的解决，这决定了它的生命力和舞台命运。费奥多希·鲁布佐夫选择了俄罗斯民族管弦乐队为他伴奏。为相关体裁的发展提供了动力，费奥多希·鲁布佐夫定义了其中一条路线：①独奏和管弦乐部分的搭配，以对比音色的方式进行：巴扬的音色与管弦乐的纯正音色的对比。②在相当大的规模上，整个部分的并列：独奏—管弦乐队，其特点是巴扬和管弦乐器音色之间的自然融和力。

选择古典交响乐伴奏的作品要困难得多。尼古拉·柴金在《第一协奏曲》中定义了解决命名问题的第二个方向。以古典"交响"协奏曲的"器乐对比原则"为基础，在新的器乐条件下（巴扬和交响乐团），使用新方法之一（独奏乐器和管弦乐器的音色趋同，主要属于木管乐器的色彩范畴），尼古拉·柴金找到了"器乐对比原则"（独奏和管弦乐队并列）的最佳解决方案之一，实现了巴扬的音色和交响乐队乐器的有机结合。后来，康斯坦丁·米亚斯科夫、阿里宾·列普尼科夫、弗拉基米尔·弗拉基米罗夫、弗拉迪斯拉夫·佐罗塔耶夫、雅科夫·拉宾斯基、尼古拉·西尔万斯基和伊霍尔·沙莫进一步发展了"器乐对比原则"。随着 1970 年代初基里尔·沃尔科夫、阿列克谢·雷布尼科夫和尼古拉·柴金的《第二协奏曲》的出现，这个问题出现了新的发展趋势。因此，在后者中，在使用上述方法（通过融合进行对比）的同时，作曲家还用交响乐模仿俄罗斯民族乐器色彩范畴的方法，即以民族传说为主题，模仿演奏技巧和"再现"民族乐器的声音。后一种方法的起源可以追溯到 18 世纪的俄罗斯音乐文化。伊利娜·薇特莉西娜指出，俄罗斯第一个应用这种技术的作曲家是里尔特·布兰特（有歌剧《卖热蜜水的人》，1784 年）和叶夫斯迪涅·福明（有歌剧《马背上的驿站车夫》，1787 年）。这一传统被米哈伊尔·格林卡、柴可夫斯基继承，在现代音乐中被罗季翁·谢德林、伊戈尔·雅库申科和尼古拉·明克继承。在巴扬音乐中，作曲家经常会选择一套不同的伴奏，如采用俄罗斯民族乐器的管弦乐队，这在很大程度上决定了主题的不同演奏方式、其发展的方法和实现思想的手段。因此作曲家们不得不选择其他应对"器乐对比原则"的办法。对为巴扬和交响乐团创作的作品来说，器乐对比原则在过去、现在和将来都决定了该体裁的具体特征。

　　20 世纪 60—70 年代的俄国器乐协奏曲所特有的"室内"倾向，决定了作曲家对巴扬独奏者的伴奏选择。有时它是一个小型交响乐团，如阿列克谢·雷布尼科夫的《协奏曲》、基里尔·沃尔科夫的《协奏曲》、尼古拉·柴金的《第二协奏曲》；有时它是一个室内乐团，代表乐曲有伊霍尔·沙莫《第三协奏曲》、阿里宾·列普尼科夫《第三协奏曲》、阿纳托利·库夏科夫。随着以前未使用的乐器的引入，打击乐器的数量明显增加，它们在音乐作品中的作用增加了，一般来说，它们对作品整体概念的塑造的影响也增加了。

独奏乐器的作用，在交响乐团的音乐色彩中被解释为一种音色，正在明显地增加。与 20 世纪 70 年代的奏鸣曲体裁一样，作曲家们纷纷转向左手具有双系统自由低音的乐器（如弗拉迪斯拉夫·佐罗塔耶夫、彼得·伦敦诺夫、基里尔·沃尔科夫、阿列克谢·雷布尼科夫、鲍里斯·克拉夫琴科、伊霍尔·沙莫、雅科夫·拉宾斯基等人的协奏曲、尼古拉·柴金《第二协奏曲》），并寻求发展该体裁的新途径。

应该强调的是，重要的不是体裁的交响化以及对"器乐对比原则"和音色戏剧性的追求，而是其结果。与其他体裁相比，在协奏曲中，音乐和表演之间的联系甚至更加清晰。在这里，与传统的交响乐合奏相比，巴扬不仅是一种全新的音色，还是一个平等的伙伴。因此，通过对巴扬协奏曲体裁的交响化，作曲家们找到了折射民族器乐艺术、专业室内器乐和交响乐传统的方法，综合起来实现了一个质的飞跃。他们的工作标志着俄罗斯巴扬学术音乐的形成进入了一个新的阶段，并成为巴扬演奏普遍崛起的强大动力。20 世纪 70 年代已经开始谈论协奏曲体裁的室内乐化，这正是在谢苗诺夫的《壁画》协奏曲中所看到的趋势。

在创作之前，似乎有必要强调俄罗斯协奏曲作品的发展情况。在 20 世纪八九十年代，作曲家们创作了许多这种体裁的作品，特别是钢琴协奏曲，如塔季扬娜·斯米尔诺娃（1980 年）、亚历山大·巴尔廷（《第二协奏曲》1981 年）、罗曼·列杰涅夫（《浪漫协奏曲》1981 年）、瓦西里·洛巴诺夫（1981 年）、尤里·亚历山德罗夫（1983 年）、米哈伊尔·米罗维奇（《第二协奏曲》1983 年）、米哈伊尔·叶尔莫拉耶夫（1985 年）、维克多·库普列维奇（《第二协奏曲》1985 年）、阿纳托利·莱曼（《第三协奏曲》1985 年）、弗拉基米尔·多夫甘（第四协奏曲《史诗般的》）、罗基翁·谢德林《第四协奏曲》、瓦连京·西尔维斯特洛夫（《元音乐》1992 年）、尤里·亚历山德罗维奇（1993 年）、维克多·亚基莫夫斯基（《交响舞曲》1993 年）、梅拉布·帕斯哈拉泽（《第二协奏曲》1993 年）、维切斯拉夫·阿尔乔莫夫（1994 年）、安德烈·彼得罗夫（1995 年）、季洪·赫伦尼科夫（1997 年）和谢尔盖·斯洛尼姆斯基（第二协奏曲《犹太狂想曲》）。这表明，很多协奏曲都是为室内管弦乐团写的。瓦列里·基塔（《第三协奏曲》1987 年）、艾莲娜·费尔索娃（《第三协奏曲》1988 年）、阿尔弗雷德·施尼特克（1988 年）、塞吉·朱可夫（为钢琴、小提琴、大提琴和管弦乐队创作的《神秘协奏曲》1995 年）。稍有不同的是，亚历山大·拉斯卡托夫1984 年为钢琴和室内乐合奏而作的协奏曲，阿列克谢·尼古拉耶夫 1997 年为两架钢琴和弦乐而作的协奏曲，还有列昂尼德·波比列夫为两架钢琴和管弦乐队而作的协奏曲。

　　叶莲娜·多林斯卡娅给这一体裁做了一个相当精确和恰

当的定义：从历史演变来看，协奏曲作为最高和最难的合奏形式，今天仍然是表演者和乐队之间最发达的大规模对话形式，既和谐又相互对立。交响乐原则仍然是该体裁发展的主要动力，是它的基础，将音乐表达为一个过程，使对比成为整体形式逐渐发展的结果。由于当代文化的同步化发展，协奏曲在音乐创作中的意义得到了保留和加强。不光协奏曲这一体裁本身，其生动的戏剧性、哲学上的冥想和即兴对话的形式，也对主要器乐的发展产生了影响。

第二节
协奏曲《壁画》
——为巴扬、打击乐和室内管弦乐团而作

　　弗拉迪斯拉夫·安德列耶维奇·佐罗塔耶夫所创作的《第一协奏曲》，三十多年来不仅对俄罗斯巴扬手风琴音乐，乃至对世界手风琴音乐的发展都起到了极其重要的作用和影响。本节讲述的作品，是 2004 年谢苗诺夫根据古代工匠所作教堂画和圣像画中的圣经故事，为巴扬、打击乐和室内管弦乐团而创作的协奏曲《壁画》。这首曲子被誉为世界巴扬和手风琴艺术的真正杰作。

　　在此期间，巴扬和手风琴音乐在形式和内容上出现了重大的创新，主题和情感领域、乐器和技术手段、与新的音

色—织体等相关的结构类型和类型、独奏和管弦乐部分的比例等都发生了变化。民族文化发展上的一个重要现象是为巴扬和管乐器、打击乐器创作乐曲，有将组曲命名为安纳托利·库夏科夫的《五幅西班牙画作》（为长笛和自由低音巴扬而作，1986 年）、《颂歌》（为巴扬或手风琴而作，以"沙皇伊凡雷帝"命名）和基里尔·沃尔科夫的《大提琴》（1990 年）。

为巴扬、打击乐和室内管弦乐团创作的协奏曲《壁画》，是世界巴扬手风琴艺术中绝对独一无二的作品。2004 年 12 月 15 日，俄罗斯莫斯科格涅辛国立音乐学院举办了第十五届"巴扬和巴扬演奏家"国际艺术节中的音乐会，在哈萨克斯坦荣誉艺术家铁木尔·明巴耶夫教授的指挥下，俄罗斯人民功勋艺术家谢苗诺夫教授和格涅辛国立音乐学院室内管弦乐团，进行了首演。（作品时长：26 分 30 秒）

协奏曲《壁画》并不是对早期音乐体裁和形式的回归，也不是对乔治·弗里德里希·亨德尔和巴赫的致敬，而是作曲家对巴扬手风琴音乐范围的一次尝试。在某些表现形式中，这是一种音乐回忆——西欧文化（教堂、管风琴、教区居民、《圣经》和神圣罗马）的图画。也许壁画应该包含在 20 世纪 80 年代的新巴洛克风格中。不仅艺术和视觉原型是对这些主题的音乐呈现，是对创作音乐画布的想法的激励，俄罗斯文化、建筑、苏兹达尔、弗拉基米尔、基辅的寺庙的纪念碑，莫斯科、圣彼得堡的精彩壁画，也可为音乐画布的创作提供激励，如巴赫的《约翰受难日》《马太受难曲》、柴可夫斯基的《Liturgy of St John Chrysostom》、拉赫玛尼诺夫的《晚祷》、

谢尔盖·塔涅耶夫的《大马
士革的约翰》，还有俄罗斯作
曲家（卡斯塔利斯基、切斯
诺科夫、格列恰尼诺夫等）
为教堂节日创作的合唱音乐、
伊戈尔·费奥多罗维奇·斯特
拉文斯基的交响曲《圣诗》。

　　协奏曲形式是西欧和俄
罗斯最伟大的音乐家、艺术家的创作特征，是协奏曲《壁画》
出现的基础，对谢苗诺夫来说，这是该体裁的第一部作品，
自此他转向了作曲家。

　　协奏曲《壁画》由三个乐章组成：第一乐章《帕萨卡利
亚舞曲——耶稣受难的行列》；第二乐章《圣母神像》；第
三乐章作为终曲，由两部分组成，即《地狱和天堂》《人类
灵魂圣洁的一天》。（第一乐章：广板、中板、急板；第二乐
章：如歌的行板；第三乐章：适度的快板、热情的快板）。在
保留古典三乐章的同时，作曲家可以说将其压缩到极限。在
这方面，将其同罗季翁·谢德林献给大提琴演奏家姆斯蒂斯
拉夫·罗斯托罗波维奇的大提琴协奏曲《Sotto voce concerto》
做类比是恰当的。作曲家这样评价这部作品："自我克制的原
则让我能够将我的作品描述为一种后极简主义，当然，通过
我自己的个性的棱镜，可以相当自由地进行解释。"

　　在俄罗斯音乐中，效仿西欧音乐的浪漫单乐章（在弗
朗茨·李斯特的《第一钢琴协奏曲》《第二钢琴协奏曲》和

亚·冯·韦伯的《Concert piece》中有内部三乐章或四乐章）也很常见。"器乐协奏曲很久以前就已经突破了其经典的多乐章框架（我们不仅谈论单乐章，还谈论协奏曲的体裁形式）"，叶莲娜·多林斯卡娅说。"与交响乐不同，协奏曲抗拒成长为不受管制的多乐章。例如，很少有五个乐章的协奏曲（如谢尔盖·利亚普诺夫《第一交响曲》、谢尔盖·普罗科菲耶夫《第五钢琴协奏曲》、柴可夫斯基《钢琴协奏曲》、阿尔弗雷德·施尼特凯《第一大协奏曲》），或两个乐章的协奏曲（如亚历山大·格拉祖诺夫《第二交响曲》、罗季翁·谢德林《第四交响曲》、亚历山大·切列普宁《第二交响曲》）。单乐章（一个压缩套曲）和三乐章的完善结构仍然是标准。"在巴扬音乐中，阿里宾·列普尼科夫《音诗协奏曲》和阿列克谢·雷普尼科夫选择了这种形式。此外，还有基里尔·沃尔科夫、弗拉基米尔·维克尔、雅克夫·拉宾斯基、尼古拉·柴金《第二交响曲》。

谢苗诺夫转向了巴洛克风格，并在一个全新的水平上重新思考了这一体裁的特征。作曲家们分析了巴洛克时代器乐音乐会中乐曲的体裁，他们的判断将有助于帮助我们窥见协奏曲《壁画》的形成过程。"协奏曲不仅是一种独立的体裁，它在器乐作品中占据明显主导地位可以追溯到 17、18 世纪之交，并且与科雷利、维瓦尔第、巴赫和亨德尔的作品有关，"叶莲娜·多林斯卡娅说。在他们创造的最终样本中，形成了协奏曲的创作传统。渐渐地，确定出固定特征，即合奏和独奏的比例、套曲的戏剧节奏、持续状态及影响的比较。巴洛克音乐会中的后者，设想通过重复、组合和排列一些初始语调主题矩阵来增加张力。旧音乐会快板的发展，其意义不在于运动的目的性，而在于多次重复"安排"原本表现出来的思想。在这方面，曝光占了上风，鲍里斯·阿萨菲耶夫将其定义为"密集部署的动力"，具有"同时对比"的重要作用。主题本身不断突出新的方面，充满了新的语义差别。音乐会的主要驱动力是集中和分散，根据研究人员（鲍里斯·阿萨菲耶夫、米哈伊尔·塔拉卡诺夫、伊利亚·库兹涅佐夫）的说法，这导致了旧音乐会形式形成对立性质。自发性的影响使构图结构的内边缘变得模糊，这为即兴创作提供了广阔的空间。巴洛克协奏曲在缓慢的部分达到了特殊的抒情深度。在这类乐曲的实践中，将它与舞蹈联系起来，明显地表现出对舞蹈能力的渴望。在巴洛克时期的器乐协奏曲中，特定的风格模型和原型被广泛使用（特别是在"戏仿"协奏曲领域）。作者有意在主题材料的属性和音色的特殊性方面尝试更接近原作的风格外观。

让我们转向曲名《壁画》。在交响乐中，很少有作品使用这样的曲名，例如鲍里斯·格采列的《壁画交响乐》。这个词本身没有记录在音乐词典和百科全书中，至少在俄语中无记载，因此我们的陈述是基于听过录音后的感受。在这方面，管弦乐的内在结构和特征的问题很尖锐。

在音色戏剧领域分析巴扬协奏曲与交响乐团的作品，可以看到有以下创新：①改变巴扬的功能及其作为独奏器乐的主导作用，引入巴扬的不同音色并且不仅将其用作一个音色的组成部分，还将其用作管器乐组的结构和音色；②进一步加强巴扬音色的作用，寻找"器乐对比原则"的新解决方案，通过木管器乐的音色色彩使巴扬的音色与交响乐团的器乐"接近"，通过以它们的纯粹形式（通常在高音域中）或与弦乐组合来使用它们。这种在内部（内在）重新思考音色方案结构的过程，无论是纵向还是横向，都可以被认为是 20 世纪 90 年代至 21 世纪初巴扬音乐发展的主流趋势。通常，它由以下概念定义：它是现代音乐创作的音色调色板，所有组成部分的音色空间之间具有依赖性并互连，在一般音色中包含新的、以前未曾使用的音色——一方面是颜色背景，另一方面是整体音色背景下的从属关系。引入新的音色，也许从古典（传统）的角度来看，位于电子媒体不同音域（"等同音色—音质"）的"外来"音色（如 70 年代贝斯吉他的引入），带有它们的合成器（如 80 年代波兰手风琴音乐和美国先锋派实验音乐，包括：查尔斯·艾夫斯、约翰·凯奇、米哈伊尔·费尔德曼、爱德华·布朗、克里斯托夫·沃尔夫、大卫·都铎），在他们的作品中培养了音色、声学。

　　同时，在我们看来，恰恰是巴扬和手风琴对所有体裁音乐作品的音调结构和一般内容的保存，使音乐回归民间语调——深沉、充满活力、具有民族特色，这可以成为精神文化、道德和音乐语言"净化"复兴的主要假设。我们认为，在谢苗诺夫的音乐中可以看到现代潮流和民族艺术的融合。

　　作曲家被其他艺术类型的新的、未触及层面的吸引，本质是什么？这些层面可以充分将视觉图像"再现"为具象—听觉图像。我们认为，首先是管弦乐队的组成选择，他们是独奏者的平等伙伴，二者共同构成了音乐作品的整体，而他们是什么或是谁则不那么重要，都能创造新的音乐画面。即便二者是相反的、冲突的或平衡的力量；在声音提取方面相似的器乐，或者在管弦乐纵向上形成鲜明对比或不兼容的器乐；共同创作者或竞争对手。谢苗诺夫在协奏曲《壁画》中选择了以下管弦乐团的器乐：

长笛、单簧管（B调）、定音鼓、小鼓、铙、三角铁、大鼓、木琴、小钟铃、大钟铃、钢琴、巴扬、小提琴一、小提琴二、中提琴、大提琴、低音提琴

在谢苗诺夫的协奏曲《壁画》中，没有具体的规划来揭示作品的内容，它有机地遵循着：首先，来自观众和听众的感知；其次，来自体裁的经典（在《帕萨卡利亚》的第一乐章，最后主题的即兴变化）；第三，它存在于部署音乐材料的手段和方法中。

协奏曲《壁画》从主体部分主题的简要介绍（以音调核心和动机为基础）开始，它的体裁起源极有可能来自《帕萨卡利亚》或《恰空》。

谢苗诺夫的协奏曲《壁画》
（第一乐章）

Frescos
Concerto
for Bajan and Orchestra

协奏曲第一乐章的结构和功能特点

呈示部：

1—12 小节

《帕萨卡利亚舞曲》：主要主题为 13—20 小节，变奏主题为 21—92 小节

独奏者华彩段：93—122 小节

乐段 B：急板

调性布局：

引子、变奏，以 G 音为中心音

第 10 段落——不稳定调性

展开部：

123—195 小节

第 16 段落：高潮 196—202 小节

柔板——再现部：

主题为 203—213 小节

作曲家准确地标记了协奏曲《壁画》的调性——C 大调。同时，调性非常有条件，与 T—S—D7—T 型功能的古典浪漫主义规则和调性比例相去甚远。相反，协奏曲第一乐章的调性应该被理解为以 G 音为音调中心，《帕萨卡利亚》的主题围绕它不断回归，在这里呈现为统一体，下属调式依赖于

内部的调性，但沿着和声纵向发展，它与和声的细节相连。

　　呈现的主题可能被理解为扩展的调性。主题包含除 F 音之外的所有音调，也就是说，在这种情况下，主题是阿诺尔德·勋伯格的十二音列系统任意级数的不完整系列。

　　第一乐章第一部分，其材料发展的核心是"音色结构变化"，以及复音模仿技术（赋格、卡农）。如果《帕萨卡利亚》中，主题是在低音中表现出来的，那么变化最常是因为使用尤里·丘林的术语，而改变了"旋律节奏形态"（如节奏"压缩"，就是一种装饰变化的方法）。除了结构修改之外，作曲家还使用交响乐的方法来拓展音乐素材，即将新音色依次纳入管弦乐结构。在这方面，基里尔·沃尔科夫的意见是绝对正确的，他指出"结构—音色主题主义的水平，以及宏观主题主义，对应于感知的第三级水平——作品整体或它单独完成的大部分"。

　　呈示部，是固定主题和快板奏鸣曲的变奏曲。它没有善与恶、光明与黑暗、世界秩序与混乱、平静与焦虑、平静与风暴的对立力量的特征，就像一枚硬币有两面，而是展示出比喻主题的对比，同时保持了主题主义的音调特征。当然，第一乐章主题的音调在比喻和情感领域经历了重大修改：一方面，表达对世界的沉思，中板与建筑、教堂和寺庙的建筑纪念碑相关联，宏伟、严谨、精神崇高，将壁画的内容人格化；另一方面，乐曲活跃，充满了急板的强大能量，可作为中板的情感反作用力。

Frescos I

这种特殊的表达方式，很可能来自阿班·贝尔格安东·魏本，并且充满了如奥利弗·梅西安的《基督降生》一般的宏伟管风琴音调与巴赫管风琴音调的有机结合，他忠实于《圣经》主题——献给十二位使徒的《大前奏曲和赋格曲》。这种难以理解的心灵的精神，决定了作曲家对《圣经》的现代解读的结果以及希望在新音乐中体现更高意义的愿望。谢苗诺夫在为纪念基督教成立 2000 周年而举办的国际作曲家比赛中，摘得桂冠（1999 年，莫斯科），他的作品受到了关注。

　　严格延续了古典音乐的风格，符合所有复调写作规范的现代音乐语言，是协奏曲《壁画》第一乐章的音乐特征。拓展音乐材料的主要方法有：

　　①装饰变奏；

　　②管弦结构的织体和饱和度的复杂化；

　　③音色添加。

　　同时，第一乐章的整体调性布局是建立在其结构的安排上的，这是巴赫（《帕萨卡利亚》，c小调《赋格》，《恰空》）创作时的一种具有创造力的动态特征。

　　许多看似常见的拓展音乐材料的技术和手段，典型的如交响音乐，在传统器乐协奏曲体裁的音色全景中获得了全新的背景。叶莲娜·多林斯卡娅谈到了同样的事情："随着协奏曲的批准，对于揭示该体裁音乐语言各个元素表现力的潜力，作曲家们的兴趣增加了。"对每个作曲者来说，协奏曲词汇的一个或另一个组成部分都可以被解释为系统的中心。器乐特有的音色及其特有的质感，开始时会被优先提升用于独奏会。作曲家对独奏音色细节的认识，成为最有效的体裁形成因素之一。音色固有的表现力，在协奏曲中被指定为作品主要比喻和戏剧意义的承担者，也就是说，"它充当了该体裁风格的立法者，"谢苗诺夫强调。"决定器乐协奏曲在表演者中受欢迎的是，作曲家在展示独奏器乐的独特音色及其与其他器乐的差异时的完美技巧。"这些特征正是谢苗诺夫音乐的特征。

现在，让我们在协奏曲《壁画》整个作品中考虑音色的戏剧特点。在我们看来，旧俄罗斯的钟声，在 14—15 世纪的俄罗斯，是俄罗斯土地、东正教信仰、希望、爱的象征。当然，谢苗诺夫设法找到了对整个作品如此简短的语义描述，充满了俄罗斯精神。就像普希金说的那样："这里是俄罗斯精神，这里有俄罗斯的味道。"它以清晰而具体的语调表达，具有概括性和深刻的哲学意义，是呻吟和"灵魂的呼喊"投射到俄罗斯的哀歌。"鲍里斯·戈东诺夫"的形象（《圣愚的哀歌》），引出"俄罗斯人民"的渴望和绝望，巴赫管风琴音乐的《回声曲》（柔板），巧妙地再现了真实的混响。

在《壁画》第一乐章中可以听到很多内容。我记得安德烈·塔可夫斯基的电影《安德烈·卢布廖夫》中，关于精神的受难与上升，有殉难的耶稣被钉十字架的惊人镜头；脚步，哀悼，但不是因为失去了所爱的人，而是一种墓志铭，一种为亲近和不亲近的人、每一个人和每一件事、全人类的利益所做的捐赠。在我们看来，协奏曲《壁画》的音乐远远超出了事先准备好的计划的框架，它的内容更加广泛和深入。

主要部分的主题在左键盘上的暴露，显然是由于与管风琴音乐的音色有关，这里在中音变音器上有一种低沉的、哑光的管风琴音色，还有一种特殊的音色"光芒"。

　　在每个变奏中，作曲家都发现了功能不同的结构的新音色。当然，许多音乐发展材料的复调手段都用于此目的。在第 3 段落主题被委托给第一小提琴，然后是第二小提琴，旋律音型法——巴扬（管风琴变音器），持续音——中提琴；第 4 段落主题在大提琴上，V-ni I-II 的和声音型法，持续音在 G 音——低音提琴。

　　在第 7 段落中，作曲家将管弦乐结构的交响乐元素连接起来，将单一的音型线传输到不同的器乐，即所谓的"音色点缀"，纯粹假设这种功能可以由一种器乐来完成——无论是巴扬还是钢琴，"音色亮点"具有更强烈的管弦乐结构和丰富多彩的笔触，即在段落中连续包含新音色：钢琴＋单簧管＋长笛，通过 E—Es—E—F—Fis 增强，小提琴有特别丰富多彩的音色模式。

　　独奏者的华彩乐段是第一乐章的第一个伟大高潮，不仅
被解释为音乐材料先前发展的结果或音色戏剧中的对比片段

（这遵循"器乐对比原则"：管弦乐队—独奏者），也作为音乐戏剧的一个环节（变奏曲和快板奏鸣曲）。

　　如前所述，发展（急板）基于主题的音调，主题不断出现在整个乐曲的不同部分。交响音乐文化的古典和现代技术，音乐发展材料的手段和方法都得到了最大程度的利用。室内乐团的打击乐、钢琴和独奏者不是由 17—18 世纪的室内乐团以其精彩的杰作《格罗索协奏曲》呈现给观众，而是大型交响浪漫古典主义派别，即贝多芬晚期的交响曲，此类作品还有埃克托·柏辽兹、理察·华格纳的歌剧管弦乐队，柴可夫斯基的最后的交响曲，谢尔盖·拉赫玛尼诺夫、亚历山大·斯卡利亚宾的《第三交响曲》，肖斯塔科维奇的《交响曲》。如果从实际的音乐和艺术绘画联想中抽象出来，人们可以"听到"和"看到"俄罗斯的历史，看到早期王公贵族内乱的片段和战争的片段。

　　这是作曲家谢苗诺夫创作的一幅如画的音色肖像，展现了其独创性，展示了其卓越的专业技能，以新的音色——色彩伪装突出了现代器乐。

　　而且，作为回忆，第一乐章以《帕萨卡利亚》的主题结束，它在巴扬的左手部分发出放大的声音，在开始和结束之间形成一个语义。左键盘最低音域的音色是不寻常的，宣叙调的主题从这里移动到右手部分（巴松管变音器），并获得了声学上不寻常的神秘内容。最后的音符听起来像一个问号：接下来的第二乐章等待听众的是什么？回想一下，所有部分都在不间断地演奏。

　　第二乐章呈现出截然不同的音乐艺术画面，体现了音乐中"肖像"的风格。作者将其定为"圣母神像"——是纯洁、贞洁、梦幻世界、晴空万里、万里无云的宇宙宁静的象征。当然，第二乐章是整个作品的中心，用一位评论家的话来说，是"对体裁的概括"。如果说，相对而言，在第一乐章中，外部事物——教堂、东正教堂、钟声被人格化，虽然其有运动的动力和能量，但在第二乐章中，作者指的是精神的、崇高的世界——"上帝之母"，这决定了其他音乐色彩更柔和，更具有浮雕的特性。它们具有特殊的意义，因为它们让我们联想到面向山谷世界的圣母面孔风景如画的视觉原型。

　　众所周知，在音乐史上，将艺术作品的视觉和听觉表现相结合是常见的创作手法，那么让我们来为米卡洛尤斯·孔斯坦蒂纳斯·丘尔廖尼斯的作品命名，他的作品是音乐和视觉的有机结合体。

　　协奏曲《壁画》的第二乐章为奏鸣曲形式，以非常原始的体裁来呈现。由呈示部、展开部、再现部、尾声组成。第一，在套曲的诠释上作曲家选择了具有稳定模式的形式（行板，如柴可夫斯基的《第一、二钢琴协奏曲》、谢尔盖·拉赫玛尼诺夫的《三首协奏曲》、尼古拉·柴金的《第一、二交响曲》、尤里·希沙科夫的《协奏曲》）；第二，内在联系（如调性或调式连接）、体裁特征和"链接"部分的原则非常特别，也就是说，在这里我们可以谈论稳定或流动的旋律和声、体裁关系和形成元素；第三，主要主题（1—8小节）是复调与主调和声写作有机结合的罕见例子。让我们更详细地考虑这种现象。主要主题（主题 A）的第一次展示指派给中提琴，调式环绕着明确定义的纵向和声。

> 弗拉基米尔圣母神像

II

第二乐章的主旋律极富表现力，其音调结构接近于俄罗斯的长调，与第一乐章《帕萨卡利亚舞曲》的管风琴声相比，与开头部分的联系更为紧密。此外，民族表演本身（包括：链调式呼吸法、支声复调、音乐材料展开中的内部运动），以及旋律歌唱与支声复调的交叉，这两个基本因素在第二乐章的形成中起着重要作用。

值得注意的是，动态的因素，即音色结构的变化，与上述因素一起让作者以全新的眼光审视并巧妙地解决了管弦乐背景下独奏和管弦乐部分之间（巴扬和室内管弦乐团）的关系问题。

作曲家巧妙地使用了许多可变写作技术：①将对位线转移到另一个应用音域，改变右手部分的合奏变音器，在没有音色模拟的自由低音键盘上复制；②关闭管弦乐团的器乐，输送新的如歌部分。

一方面是悲伤，轻松而宁静；另一方面是抒情开头的崇高诗意。不由自主地，我想起了安德烈·塔可夫斯基的电影《伊万的童年》，当然还有《安德烈·卢布廖夫》中伤感的镜头：溪边的场景和主角与希腊人西奥芬斯说："看着俄罗斯女人的眼睛……"

在这里，您可以看到和听到俄罗斯东正教是怎样的存在，这些寺庙绝对令人惊叹，辉煌的仪式、暴力、爱情、野蛮和逃离这种邪恶的逆境地狱的愿望，由安德烈·塔可夫斯基生

动地展示出来，并真诚地扮演了俄罗斯画家的角色，他们生命短暂却努力工作，在弗拉基米尔、苏兹达尔、基辅、莫斯科绘制神庙的内部。在风格上，新片段（独奏第 1 段落）并没有脱离第二乐章和整个构图的一般概念；此外，它继续发展半神秘的、神圣的音色色彩和音型情感领域画面。我们似乎可以将这个相当庞大的部分与克洛德·德彪西的交响协奏曲（《云》《节日》《牧神的下午》）进行比较，这里是高音域中最微妙的应用音域，让人联想到一朵"白云"（这是亚历山大·勃洛克的说法），不是作为象征主义的寓言，而是作为最纯净的空气空间的一种天堂般的实体，以及丝滑的、俄罗斯田野上的微风轻拂，空无一人，在朝阳初升的早晨，一座小山丘上，金顶的神庙矗立在那里，仿佛在眺望远处，全貌地审视着俄罗斯的土地和普通村舍。所有这些美都在于一个非常富有表现力的第二上升音乐音调（第 31—40 小节），伴奏闪闪发光的八分之一，以及令人惊讶的美妙管风琴音色的外观。管弦乐组合的长笛和巴松管让人想起柴可夫斯基的《第一交响曲——冬日之梦》第一乐章的初始音调，令人惊讶地镶嵌着小提琴美妙的沙沙声。而这一切都是自由的俄罗斯。独奏片段（第 1 段落）的音乐唤起的正是这种联想。

　　如歌的第 2 段落是《壁画》总谱中最具表现力的页面之一，它包含了深刻而敏锐的感受，灵感来自圣母玛利亚诗意、明亮的形象。主旋律（弦乐组）的崇高、真诚的音调被独奏者节奏的随意优雅着色，被新的音调基础（以降 E 音为音调中心）遮蔽，柔和而流畅的 E 大调为最明亮和最阳光的音调之一，像西欧和俄罗斯交响乐画的回声，如爱德华·格里格的组曲《培尔·金特》中的北方风景《晨景》、穆捷斯特·穆索尔斯基的光芒四射的《莫斯科河上的黎明》、南部狂欢节《意大利随想曲》中最初的节日铜管乐和柴可夫斯基《第五交响曲》中肯定生命的结局的神话。此外，根据视觉和听觉对音乐中光和色彩的感知，里姆斯基 - 柯萨科夫认为 E 大调的调性是蓝色——大海的颜色，亚历山大·斯卡利亚宾则认为 E 大调是天空的蓝色。

　　不寻常且极具表现力的色彩色调对比，是 E 大调到 c 小调，再返回到主要调性（在 C 音上）。这种技巧非常新颖，但在戏剧上是合理的，是对印象派写作艺术特征的使用的另一种证实。

　　逐渐回到最初的音型——情感领域，但以一种新的、音调更平静的形式（在 A 音上），可以说，作者消除了情感—能量冲突。

　　华彩乐段——冥想（独奏者的独白），有机地将乐曲引导到慢板（长笛独奏与巴扬的和声伴奏，在这种情况下进行木管器乐演奏）。

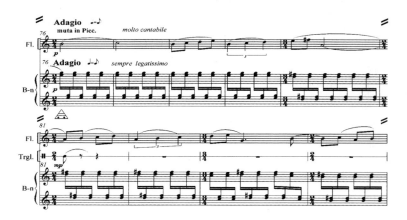

　　第二乐章的尾声完成了音乐的抒情——沉思并深刻精神化的音型，其内容证实了作者用新的音乐、新的表达方式和

技巧，来表达哲学思想和观点的能力。谢苗诺夫协奏曲《壁画》的第二乐章，不仅是作品中最好的抒情页面之一，也是20世纪末至21世纪初所有巴扬手风琴音乐中最好的抒情页面之一。

第三乐章《地狱和天堂》《人类灵魂圣洁的一天》，二者是活泼的快板，所采用的是双主题变奏曲式，这是一种特殊的变奏曲式，第三乐章结构简单、调性清晰，运用主题主义的语义和扩展音乐材料的方法（主要有多种形式：音色—结构织体、对比—音型、对比—动态等）。很难确定第三乐章开头的第一主题的起源。大胆，但不邪恶；尖锐的切分音，但不讽刺，因其非凡的独特结构而在节奏上不寻常，刺耳，不是由弓的上端演奏，它赋予声音以飞行特征，轻盈、优雅，但通过弓的下端和底部演奏，而不在靠近琴马处演奏。主题包含巨大的能量，一种特殊的神经、颗粒、电荷，能够"拥有发展的意愿"，正如鲍里斯·阿萨菲耶夫对这种主题主义的描述。在我们看来，这里面有某种恶魔般的东西，甚至是某种灾难的预兆，一种悲惨的结局。

当然，对于协奏曲《壁画》的终曲，作曲家只选择了器乐协奏曲第三乐章的模式，填充了新的主题、形象情感内容和新的器乐技巧。谢苗诺夫非常重视终曲（第1段落）第一主题的强调部分——独奏者部分，将第一小节第一拍和第二小节第二拍的重音有机地结合，用"短的风箱"弹出句内八分音符断奏。

独奏部分的强调，可以说是风箱奏法或分节发音变化。

终曲第一章充满了作者无边无际的梦幻色彩。他在每一

个变奏中都成功地将独奏和管弦乐部分进行了创意组合，有
的地方作为一种装饰性变奏单声部音型，其中嵌入了第 3 段
落中阐释的第三乐章第一主题，有的地方由低音提琴支撑，
将音型移交给弹奏者，接着随即出现带有新和弦和声伴奏的
独奏部分（第 4 段落），再然后是打击乐部分（铃鼓）中的
节奏音型（第 5 段落），由硬八分音符钢琴三全音配音。在
这一切的涡流冲击下，一种不安感油然而生，新的音型情感
领域在靠近。

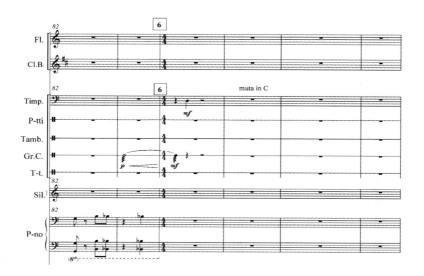

此处（第 6 段落），听者就如看了那部由果戈理创作的文学形象改编而成的电影《魔鬼的精神》一样呆滞。来自幽冥之力的恶魔之舞让灾难降临。

以协奏曲体裁的主要"竞争"手段（独奏和管弦乐部分的对比和并置）作为绝妙解决方案的典型示例，就是"暴风雨"事件的进一步发展，在一个小片段中展示了三组音色对比：

①节奏声音（钢琴、木琴、铃鼓）具有非常复杂的和声系统和巧妙的重音体系；

②巴扬是独立音色的"对手"，它能支持乐团进行双重奏法，因巴扬有它的独特之处——风箱和弦乐组合的演奏方法。

　　通过模仿民间管乐器（扎列卡管）不和谐的和声，低音区的中提琴、大提琴和低音提琴奏出了压迫感（第 11 段落），同时由单簧管配音（从民间生活里走出来的作曲家，精准捕捉到了这种在音色上极为独特的混声）。慢慢地，这个主题

渐变成了不祥之兆。阴郁的中世纪游行圣歌作为和声，出现
在低音区的管弦乐部分，伴着低音提琴与单簧管鼻音伴奏。
这种可怕力量的主题音调犹如地狱降临，结合《审判之日》
中世纪模进主题，预示着它即将出现。首先《审判之日》前
四个音出现在 140 小节里——以四分音符的时值连续演奏四
次，然后在 148 小节减半，于高潮时在第 13 段落的 152 小
节双倍增加。低音区里，在音色、应用音域、手法上有着巨
大反差，模进发声完整。

　　生与死、善与恶的主题，一直在不同时代的艺术家、诗
人、音乐家的作品中占有一席之地。自然、辉煌的艺术性质
以不同的方式体现在他们的作品中：巴赫和贝多芬、柏辽兹
和肖邦、柴可夫斯基和拉赫玛尼诺夫、肖斯塔科维奇和施尼
特凯，从引用方法的使用（例如，主题"审判之日"，在柏
辽兹的《幻想交响曲》、拉赫玛尼诺夫的《帕格尼尼狂想曲》
中被解释为"死亡主题"），然后转向哀悼音乐的体裁（这
样做的还有贝多芬、肖邦、欣德米特），空间平面上"摇摆"
主题的深刻主观主义（如柴可夫斯基《第四交响曲》、柏辽
兹的《幻想交响曲》中艺术家的个性与生活的碰撞），甚至
是全面动荡的广泛客观主义（肖斯塔科维奇的《第七、第十
交响曲》中表达的决定整个时代和人民生死的战争和哲学
概念，此外还有阿拉姆·哈恰图良的《第二交响曲》、罗季
翁·谢德林的《第二交响曲》）。

　　在俄罗斯的巴扬音乐中，生与死的主题首先被弗拉迪斯
拉夫·佐罗塔耶夫《奏鸣曲三号》提升到"通过体裁推广"

的水平。由亚历山大·纳加耶夫、维克多·弗拉索夫、维塔利·霍多什、弗拉基米尔·祖宾斯基、索菲娅·古柏杜丽娜延续，我们在阿纳托利·库夏科夫的几乎所有作品中都能找到它，在阿斯托尔·皮亚佐拉的外国原创音乐作品中也有提及。

为了实现创造一幅崩溃、混乱的地狱的艺术画面，作曲家使用了创新的音乐和表现手段以及乐器和技术技巧。独奏者以五排为一组的上升滑音在两小节里，它像雪崩一样从山上坠入深渊（第 148—151 小节），下降的滑音（第 13 段落），由一个弦乐组配合，以加速中死亡主题的初始音调为基础，加木琴配音，可以说，在大提琴和低音提琴的主题的怪异声音上串了起来。越来越多的动态和情绪紧张加剧，预示着一场灾难。古典技术——三角铁上的震音，发挥了重要作用。随后是渐强以及钢琴和打击乐（手鼓、铙钹、低音鼓、大鼓）的连接，使"恶魔"气氛升温。在管弦乐队突然变弱（第 14 段落）的背景下，独奏者和大提琴家的"呻吟"的下降音调交替响起（这种特定的技术是独奏者的无节奏滑音和大提琴家的下降滑音），展示了一个小的"乐器对比原理"的例子。第 15 段落是高潮，是三个组成部分的集合。

在管风琴位置的大鼓的支持下，弦乐器组在低音提琴以 E 音为中心音的不稳定的"漂浮式"滑音的任意演奏，产生了特殊的深渊声学效果。显然，这是作者的任务，即用声音手段描绘地狱的画面。在这种背景下，华彩乐段中独奏者不和谐的大七度听起来特别悲伤（第 188 小节）。

　　独奏家的华彩乐段是两个具象情感领域的分水岭：悲惨
和崇高的光芒。

　　在这里，听到了"死亡主题"的音调，但不是那么积极
有效，而是平静的，听起来只是对人类动荡事件的回忆。

　　尾声（第 17 段落）——一个独立的部分，集中了以前没有出现在一般音乐剧中的音乐材料。当然，这是一个伟大的戏剧演出，有管弦乐队所有乐器的参与，有时还要执行对他们来说不寻常的功能（模仿）。在我们看来，再一次，转向古典资源并将已经成为传统的相关表演艺术类型相提并论，是合适的。它将解决现代音乐中的"民间问题"。柴可夫斯基的作品在之后的音乐会大受欢迎，不仅是因为该体裁的大众化和戏剧性质，还因为其中日益增长的俄罗斯性，或者正如阿纳托利·利亚多夫所说："俄罗斯的在俄罗斯音乐里"。

　　当然，寻找新的已知，在传统中寻找创新，在经典中寻找最新音乐的新鲜气息，这是作曲家最艰巨的任务。但是，尽管如此，谢苗诺夫仍出色地解决了这个问题，并提出了"乐器对比原则"的最佳解决方案。让我们仔细看看那些反转。首先，当然，有必要谈谈主题，它成为一组接近米哈伊尔·伊万诺维奇·格林卡的《卡马林斯卡亚交响幻想曲》发展类型的变奏曲的基础。

　　尾声（第 17 段落）部分的主要主题是作者的。作曲家找到了独创的发展方法：主题多变，不断变换，变化多端，永不重复，营造出一种无休止的声音流动的感觉，充满了音色的彩虹色光芒，音色逐渐扩大，充满了整个声音空间。在主题的旋律中，依托第三音级（C 大调）、小音域（大三度）、非方整性乐段；在和声伴奏中，传统自然和声，由管弦乐团的钟琴强调。

　　随后的每一次表演都获得了一种全新的声音。这无疑是作者的想象力、独创性，因此也是一个出色的音色解决方案，是"器乐对比原则"的绝妙例子，但不是模仿伊戈尔·斯特拉文斯基的器乐发现（如芭蕾舞剧《彼得鲁什卡》中的《俄罗斯舞曲》），预先安排用于大型交响乐团。

　　在这里，音色及结构织体变化的特征进一步清楚地表现出来。

　　管弦乐团的许多乐器都以新的独奏形式出现，其中最罕见的情况是钟声独奏（第 25 段落）。也许，在欧洲音乐史上，人们只能说出"年轻人管弦乐团向导"的单一原型（模拟）。英国作曲家布里顿的主题变奏曲和赋格，在不同的音色组合中展示了管弦乐色彩的所有方面。但这是一个说明性的教科书例子，与谢苗诺夫协奏曲《壁画》的终曲形成鲜明对比，从专业的角度来看，这是一部具有高度艺术性、精心策划且高质量的作品，理所当然地被列入世界巴扬手风琴艺术的宝库中。

　　作曲家最有趣的音色发现是，第 26 段落中"荣耀上帝之母"的主题在第一小提琴和第二小提琴上响起，在独奏者身上响起。在这种结合中，发现了小提琴的一种新的音色功能，即民族乐器与管弦乐器之间存在一个融合的过程。小提琴具有色彩功能，在声音吸引力和接近民间小提琴的方式上，管弦乐结构织体上有一个音色和色彩相互丰富的过程。在俄罗斯交响乐中，它是众所周知的，如米哈伊尔·伊万诺维奇·格林卡的《卡马林斯卡亚交响幻想曲》、柴可夫斯基的《第四交响曲》中的《谐谑曲》和他的《第二管弦组曲》，都在乐谱中引入了和声。在原创音乐中，这样的例子很常见，但性质略有不同，如阿列克谢·雷布尼科夫、基里尔·沃尔科夫的作品中，与交响乐团合作的巴扬协奏曲，其中长笛的民间原型是牧羊人的长笛，双簧管是对扎莱卡的模拟，巴松管是弗拉基米尔的号角，而尼古拉·柴金的第二协奏曲的终曲——拨奏小提琴，用他们的传统技术模仿巴拉莱卡曲调——嘎嘎作响。

我们在研究现代音乐中音色的戏剧问题时找到了对我们论点的证实。玛丽娜·玛丽科夫娜·马纳福娃说:"爱迪生·杰尼索夫通过管弦乐团巧妙地'模仿'独奏乐器的声音。"

此外,独奏者演奏的音色、发音、动态和其他特征的特殊性,是作曲家选择管弦乐队组成并从其声音的整个"调色板"中选择个人的颜色和技巧的起点,独奏者演绎的音色变化不可避免地会导致管弦乐结构中的音色"变化"。可以说,独奏乐器的具体特征为作曲的音色和戏剧性概念的诞生提供了最初的推动力。因此,"音色模仿"的技巧让作曲家在协奏曲体裁的发展中开辟了新的前景道路。很明显,谢苗诺夫明确地使用了"音色戏剧"技术,揭示了音色混合领域的新空间,而巴扬手风琴的协奏曲体裁尚未掌握这些空间,因此具有戏剧性的启示。

协奏曲《壁画》以俄罗斯的国歌结束,寓意强大、不可战胜、永恒。俄罗斯主题(第 27 段落)的最后合唱表演,庄严地重现了俄罗斯音乐的经典篇章:格林卡歌剧《伊万·苏萨宁》中的合唱《荣耀》;《雪姑娘》中的东正教节日合唱团和《隐城基捷日的传说》;当然还有穆索尔斯基《图画展览会》中的《基辅大门》。

协奏曲《壁画》本质上是一种视觉与听觉上的双感官艺术形式。关于《壁画》，除前面提到的内容外，我们还可以聊聊"彩色玻璃画"，这是一种视觉对象，从两个方面来看：艺术的和视觉的、观众的和音乐的、听众的和沉思的。无论在哪种情况下，它都是一种空间艺术。

让我们试着将上述想法做个对比。

研究人员认为，"模仿"和"风格拼贴"的时代已经过去了，这影响到音乐的二次创作。受到当前现代化思想的影响，我们明白，将自己与别人的内容拼贴在一起的"合成"时代已经过去了。历史现代化、文化自我中心主义，使每个人都受困于此。从本质上讲，这个非常重要的认知问题得到了解决，我们找到了摆脱僵局的方法，其方法包括保护文化历史背景，或者更确切地说是以新的完整性重建文化历史背景，这不仅需要尊重外来词汇的自我解释，还需要说明在不可避免地涉及本土和外来文化的对话中阐释同一对象。这种阐释极其复杂、重要且富有成效。

谢苗诺夫在遵守所有守则、满足所有体裁标准的前提下，极大地扩展了活动范围，引入不同的音色领域，推动了新一代巴扬演奏家思维水平的提高，他们已经越过了"鲁比肯河"，越过了曾经在专业音乐家实践中根深蒂固的封闭受限的系统。我们认为，谢苗诺夫的协奏曲《壁画》若出现在20世纪六七十年代，不会引起如今这么大的轰动。

这样一部协奏曲的诞生，是现代巴扬手风琴艺术发展强有力的推动力，在这种情况下，以谢苗诺夫《壁画》协奏曲为代表的原创音乐证明了器乐艺术发展规律的不变性。正如著名学者康斯坦丁·维尔科夫（他提出三位一体：音乐—演奏者—乐器）证明的那样，音乐主导器乐艺术的发展，是最重要的催化剂。在国内外巴扬手风琴音乐的迅速发展中，最突出的人物毫无疑问是兼演奏家、作曲家和教师于一身的谢苗诺夫。

有一点需要提前说明：我们将俄罗斯和世界其他国家的音乐范本进行观察和联想平行对比，并不是为了突出不同作曲家的音乐材料在语调生动和情感上的相似性。我们知道，作曲家的许多创新性发现都来自他们自发和认真的探索，这才是新的创造性艺术成果。

让我们再参考一下罗迪翁·康斯坦丁诺维奇·谢德林对1994年写给莫斯季斯拉夫·罗斯特罗波维奇的大提琴和管弦乐队协奏曲的评论。"作品乐谱以抒情的基调和柔和的音调展开。我特意避免了尖锐刺耳、带撕裂感的声音和音域。协奏曲中有许多延伸了的结构和低沉的人类语调。许多音调的'弦'中心与空弦泛音（c、g、d、a、e）相关联。这些自我克制原则让我能使自己的作品具备一种后极简主义特点，我自己的个性棱镜可以非常自由地解释该特点。"

与上述相反，扩充纯器乐协奏曲体裁的界限，是20世纪60年代的音乐趋势。在此可以引用一位评论家的观点："肖斯塔科维奇在20世纪六七十年代的作品中，以个人和超个人棱镜折射出了很多东西。在它们交汇的一刻，个体不可避免地服从于整体，痛苦和死亡注定是宿命，他后期所有作品中都弥漫着这些想法。"

"正如肖斯塔科维奇一贯的那样，协奏曲多层次借喻主题频谱相互关联着诞生了，"评论家继续说道："游牧主题思想是作曲家在特定时期的作品中提出的。"贯穿语调出现，其内容无法在一部作品内全部展现，需要在多个作品中进行空间扩展。因此，20 世纪 60 年代的第十一号弦乐四重奏、拉辛的《死刑》和《第二大提琴协奏曲》都与游牧主题相关（通常基于易懂的引喻原则）。

　　作曲家最初打算将其定名为《第二协奏曲》，"在我看来，可以将其命名为带有大提琴独奏部分的《第十四交响曲》"，1966 年肖斯塔科维奇如此写道。就这样，该曲的类型被明确定义为：交响乐协奏曲。

　　"《第二大提琴协奏曲》与肖斯塔科维奇的许多交响乐一样，是一部剧作曲，这不仅体现在拥有不同功能的独奏者上（可以说这里的终止式是独立的部分），也体现在独立于管弦乐队的独奏者上（圆号、钢片琴、定音鼓）。"这些正是谢苗诺夫协奏曲《壁画》的特点。

　　在同类型的演奏艺术中，这些过程发生得更早。依靠历史体裁的原型，俄罗斯钢琴协奏曲最初（19 世纪）走的是自由改编浪漫主义协奏曲之路，后来进行了与古典和巴洛克风格协奏曲形式的对话（20 世纪：斯特拉文斯基、肖斯塔科维奇、切列普宁、普罗科菲耶夫等）。研究人员指出了一些后来巴扬音乐中沿袭的几个规则，特别是以下几点：①协奏曲形式的交响乐是体裁的内在特征，它使第一乐章和终曲具备不可或缺的比喻语调关系，在一些地方，独奏和管弦乐部分的最大黏合性接近交响乐协奏曲的体裁理念；②具备"一定稳定性和明显灵活性"的调式和相关体裁形式；③突出终止式作为最重要的剧作单元及在大规模环节的作用；④使用所谓的"外来词"，这是以民族风格的创作作为协奏曲基本主题的传统；⑤介绍曲目或声音符号等元素的特征；⑥作品间的联系，"沿着钢琴协奏曲的路线——交响乐"；⑦使用以即兴创作为首要原则的体裁符号；⑧引入室内乐团作为特别音色；⑨主音调语义阐释以自己的方式展现了作品的构图理念（如谢苗诺夫 C 大调协奏曲《壁画》）。在此意义上讲，谢苗诺夫不光延续了从前的流派传统，还以非模仿、非重复的方式重塑了它们，他在室内乐和多音色巴扬的条件下找到了音色剧作背景的解决方案。根据上述内容需要再次强调，在不同流派内部，各种器乐协奏曲在其发展之路上的特点很大程度上取决于独奏乐器（小提琴、钢琴、大提琴和长笛）的特点，在此情况下则是取决于现代巴扬琴的特点。

"我们提醒读者复杂的艺术形式的大致情况。协奏曲音乐词汇变革的过程，缩小了这种体裁特有的情感开放度。演奏者和听众都对最新钢琴协奏曲的词汇持谨慎态度。技巧上最复杂的写作，在一些情况下，如在全球演奏文化中，需求很小。"作者强调说。

"后来（指 20 世纪 30 年代），当作曲家对各种复古主义（不仅包括多元风格，还包括新浪漫主义和新民间创作风格）的关注超过了对新作曲技巧的兴趣时，公众对该体裁的兴趣就跟着提升了。在协奏曲中获得的新艺术理念不仅促进了它的自我发展，也加强了作曲家对听众的感知的关注度。""与此同时，明显的借喻变体比交响乐更密集，使协奏曲更接近剧院（有了再现非凡演奏的一席之地），亚历山大·波菲里耶维奇·鲍罗丁说：这一切都'应该清晰地用大笔画写下来。'

在钢琴独奏部分，大调与其说是响亮的宣言，如协奏曲开场是来自顶级音源的动态流露，不如说是终止式中情绪状态的波浪式积聚。另一方面，大笔画的实施通常是通过激活主要图像的对比或是发现贯穿内部的对比、冲突的借喻角度来实现的。"

综上所述，我们可以做出论断，即20世纪末、21世纪初的巴扬手风琴音乐成为俄罗斯音乐文化的珍贵财富。在创造、创新和革新方面，在延续传统与进一步发展世界巴扬手风琴音乐方面，做出首要贡献的自然是谢苗诺夫。

谢苗诺夫的协奏曲《壁画》拥有无法言喻的美，让人感受到直击心底的痛楚，它如人性的博爱之海，散发着善的光芒，将听众浸润其中，歌颂着最高尚的品质——爱。它犹如邪恶、暴力、鄙俗的解药，呼吁人们"创造美好"。但这不是面对残忍势力表现出的谦逊，也不是对邪恶的妥协，而是荣耀与正义的法则！

协奏曲《壁画》是对和谐世界的颂歌，是神圣俄罗斯的颂歌。

第三节
学术领域中的俄罗斯和西欧巴扬手风琴奏鸣曲与组曲体裁

尤里·希沙科夫《奏鸣曲一号》、亚历山大·季莫申科、弗拉迪斯拉夫·佐罗塔耶夫、阿里宾·列普尼科夫的作品，延续了大型"交响乐"奏鸣曲的类型。随着各体裁的发展出现了新的不同趋势，特别是受到苏联音乐影响的室内乐，这种音乐首先与"全方位打开内心世界的兴趣的增加"有关，特点是更加"关注个性的本质"。基里尔·沃尔科夫、亚历山大·朱尔宾、根纳季·班希科夫、卢西安·普利高津、弗拉基米尔·博纳科夫、玛尔塔·戈卢比、安纳托利·库夏科夫、彼得洛维奇·伦达诺夫和弗拉基米尔·祖宾斯基的巴扬奏鸣曲都具有室内乐的特点。

新趋势的影响反映在形式的选择与套曲的处理上。选择具有古典对照的四个乐章的套曲有：亚历山大·季莫申科、弗拉迪斯拉夫·佐罗塔耶夫（《奏鸣曲三号》）、尤里·希沙科夫（《a小调奏鸣曲》1972年）、安纳托利·库夏科夫（《奏鸣曲一号》1975年），基里尔·沃尔科夫（《奏鸣曲三号》1982年）、亚历山大·杜德尼克（《奏鸣曲二号》1980年）以及乔纳斯·塔穆里奥尼斯（《奏鸣曲"Ex anima"》1990年）。三个乐章的套曲有：尤里·希沙科夫《奏鸣曲二号》、尤里·索洛维约夫《小说奏鸣曲》、米哈伊尔·马吉登科、弗拉基米尔·博纳科夫、弗拉迪斯拉夫·佐罗塔耶夫《奏鸣曲二号》、根纳季·班希科夫《奏鸣曲一号和二号》、卢西安·普利高津《奏鸣曲》、弗拉基米尔·维克尔《奏鸣曲一号》（1974年）、玛尔塔·戈卢比《奏鸣曲一号》（1964年）、谢苗诺夫《奏鸣曲一、二、三、四、五号》、弗拉基米尔·祖宾斯基《奏鸣曲二号》（1982年）、亚历山大·纳加耶夫《奏

鸣曲一号》（1980年）、安纳托利·库夏科夫《奏鸣曲二号》
（1977年）和《奏鸣曲四号》（1990年）、弗拉基米尔·索阔
洛夫《1984年》、根纳季·利亚申科《乌克兰》（1990年）、
乔纳斯·塔穆里奥尼斯（1986年）、弗拉基米尔·洛赫里斯
《奏鸣曲一号和二号》、尤里·卡德里斯《C大调奏鸣曲》以
及埃弗雷姆·波德盖茨和弗拉基米尔·多夫甘《奏鸣曲·狂
想曲》（1977年）。

　　在奏鸣曲中使用了特殊处理的两个乐章的套曲有：根纳
季·班希科夫《奏鸣曲三号》（1987年）、瓦伦丁·比比克、
基里尔·沃尔科夫《奏鸣曲二号》、弗拉基米尔·祖宾斯基
《奏鸣曲一号》（1980年）、阿列克谢耶维奇·托姆钦（1978
年）、弗拉基米尔·维克尔《奏鸣曲二号》（1979年）、安纳
托利·库夏科夫《奏鸣曲三号》（1979年）和《奏鸣曲六号》
（2001年）。

　　延续了浪漫的单乐章奏鸣曲传统的有：玛尔塔·戈卢比
《奏鸣曲三号》（1982年）、基里尔·沃尔科夫《奏鸣曲一号》
以及安纳托利·库夏科夫《奏鸣曲五号"关于永恒的独白"》
（2005年）。

　　索菲娅·古柏杜丽娜《奏鸣曲"Et exsprecto"》（1986
年）选择了五个乐章的套曲；安纳托利·库夏科夫《奏鸣曲
七号》（2005年）选择了六个乐章的套曲。

　　基里尔·沃尔科夫的《奏鸣曲一号》由四个小乐章组
成，可以看作是一个单乐章套曲，所有部分均为连续演奏。
尤里·纳姆什（《奏鸣曲——诗歌》）、弗拉基米尔·博纳科夫

（《奏鸣曲——诗歌》《奏鸣曲——民谣》《奏鸣曲——独白》《奏鸣曲——托卡塔》《奏鸣曲——安魂曲》和《组曲五号"帕格尼尼肖像"》)、维塔利·霍多什（《奏鸣曲——诗歌》）在作品中提出了他们对奏鸣曲体裁的设想。

作曲家们对套曲的处理也已发生变化。有一些作品在套曲中引入了新的体裁和小曲式，特别是复调作品，如安纳托利·库夏科夫《奏鸣曲三号》、弗拉基米尔·维克尔《奏鸣曲三号》和尤里·索洛维耶夫《小说奏鸣曲》中的赋格。

他们对乐器的态度也发生了变化。如果说以前传统低音巴扬限制了作曲家的发挥，那么随着双系统自由低音——多音色巴扬的出现，这种限制就不复存在了。值得注意的是，在所有列出的奏鸣曲中，只有尤里·希沙科夫（《奏鸣曲一号》）、尤里·索洛维耶夫、玛尔塔·戈卢比（《奏鸣曲一号》）、米哈伊尔·马吉登科、亚历山大·杜德尼克（《奏鸣曲一号》)，亚历山大·季莫申科和弗拉基米尔·维克尔（《奏鸣曲一号》）的一些作品是为传统低音巴扬而作的。以下现代乐器品牌："优比特 Юпитер""热情 Аппассионата""Левша""АККО"，适合弹奏为双系统自由低音乐器而作的奏鸣曲。比如，玛尔塔·戈卢比《奏鸣曲三号》、基里尔·沃尔科夫《奏鸣曲一号和二号》、尤里·希沙科夫《奏鸣曲二号》以及亚历山大·朱尔宾、根纳季·班希科夫、卢西安·普利高津、弗拉迪斯拉夫·佐罗塔耶夫、安纳托利·库夏科夫、阿列克谢耶维奇·托姆钦和弗拉基米尔·多夫甘的奏鸣曲。

　　有必要再提一下国际室内乐手风琴音乐套曲（独奏）体裁的变革："流派扩散"（尼古拉耶维奇·列夫·拉本的术语）和"套曲解构"开始占据主导趋势。这些变化影响了整个系列的套曲作品，包括单乐章的大部分作品。

　　我们还应该指出奏鸣曲内部结构的变化过程，而这一过程是由古典交响乐奏鸣曲套曲发生变化导致的。回顾巴扬手风琴音乐中最重要的多乐章作品，它们交织出的画面展现在我们眼前，令人连连叫绝。库尔特·施瓦恩（《奏鸣曲》1968 年）挑选出了沿袭李斯特浪漫主义、具有四个部分的单乐章套曲。同时，汉斯·勒克《奏鸣曲一号》《小奏鸣曲一号》（1976 年）、瓦格·霍姆博《奏鸣曲 op. 143》、沃纳·里希特《奏鸣曲》、吉里·德沃拉切克《奏鸣曲》（1928 年），选择了四乐章的经典套曲。五乐章套曲的代表是亨克·巴丁斯 1981 年的《奏鸣曲》。但是，由于其缺乏统一的创作核心且最后一部作品为室内乐，我们将其归类为组曲。

　　音乐戏剧和结构正在发生变化，新的技术乐器不断出现，多乐章套曲有了更多体裁和结构。呈现三乐章套曲的作曲家有：布罗尼斯瓦夫·普日比尔斯基（三乐章作品，1963 年）、托尔比约恩·伦德奎斯特（《帕蒂塔》，1965 年）；四乐章套曲的作曲家有：费尔达（《组曲》1966 年：①《托卡塔》；②《浪漫曲》；③《间奏曲》；④《无穷动》）、道格·谢尔德吕普 - 艾贝（四首狂想曲，1976 年）、博格丹·德劳兹（《机器人之舞》《组曲一号》，1973 年）、克扎诺夫斯基（《四件小事》，1979 年）、奥特马·格斯特（《维尔·斯塔克》：①急板；②小夜曲；③快跳；④波尔卡)、于尔根·刚泽尔 (《Vier Charateristike》：①幽默；②间奏曲；③挽歌；④随想曲)；五乐章套曲的作曲家有：沃尔夫冈·雅各比 (《Bagateles》，1966年；《嬉游曲》，1969年)、哈特里克 (5个乐句，1969年)。

套曲呈现出一种既压缩又扩张的形式，如戴维·安扎吉的两乐章套曲《光与影》(1957年)、《Luci e embre》；莫里斯·卡科夫与卡尔科娃的《幻想精神前奏曲和谐谑曲》(1972年)；克扎诺夫斯基《夜曲与谐谑曲》(1979年)；基尔姆斯组曲：①托卡塔，②合组歌，③随想曲，④合组歌 II，⑤固定音型，⑥回旋曲。值得注意的是，试验作品《Anatomic Safari》是用音乐来表达身体感觉的一次尝试。《Anatomic Safari》的直译是《解析整体》(整个乐曲表达出汗水；时刻；集群—犹豫，不确定性；反对，碰撞；头晕；不耐烦；幻想；回归等情绪)。

套曲结构导致了以下规律的产生：随着乐章数量增多，它变成了具有内部微观组成的宏观结构，也就是说在这种情况下，每个乐章的剧情都同一化了。这样的套曲作品有：伦德奎斯特 20首小乐曲中的《Allerlei》(1967年)、《植物园》(10首乐曲，1967年)、《显微镜》(21首小乐曲，1969年)、利夫·凯泽尔的阿拉伯风格的《蔓藤花纹》(1974年)、尼尔斯·维戈·本特森《在动物园》、博格丹·德劳兹《组曲二号》(8个乐章)。除此外还有一些多乐章套曲，如洪德茨阿克和米恰的组曲 (1960年、1961年)、《神圣组曲》(1970年)、利夫·凯泽尔《心爱的梦》(1970年)、阿斯伦达《Deep

Suite》（1972 年）、斯内里克·达姆和鲁道夫·兹瓦特耶斯
《冬天和夏天组曲》、奥尔恰克《Telemarc-Suite》（1974 年）、
奥尔森《合唱组曲》、约瑟夫·波德普罗基《组曲》。

　　需要注意的是，20 世纪 60 年代和 70 年代，形成了很
多类型的多乐章套曲，其中也包括组曲，有流派民谣、新古
典主义、新浪漫主义和标题组曲。标题性套曲有托尔比约
恩·伦德奎斯特的《植物园》（1967 年，①向日葵；②仙子；
③蒲公英；④杜松；⑤仙人掌；⑥蓟；⑦垂柳；⑧风滚草；⑨
转；⑩平面）、尼尔斯·维戈·本特森的《在动物园 op.164》
（①闲游；②鸵鸟；③步行；④大象；⑤步行；⑥海狮；⑦步
行；⑧与鹦鹉喝茶；⑨走路；⑩骆驼；⑪走路；⑫猴子）、奥
尔恰克的《冬季》和《夏季》组曲（1979 年）、卢卡的《来
自马戏团的图画》（①号角；②来自不同国家的野兽；③号角；
④马；⑤号角；⑥五颜六色的小丑；⑦号角；⑧空中飞人艺
术家）、布罗尼斯瓦夫·普日比尔斯基的《小型组曲》（1978
年）、克扎诺夫斯基的《儿童乐园》系列（1979 年）；博格
丹·德劳兹的《晚安的童话故事》。

　　20 世纪六七十年代，西欧音乐中出现了首批原创复调
音乐，参与其中的作曲家有：亚历山大·洪德茨阿克（《前奏
曲和赋格》，1965 年）、特维特、托尔比约恩·伦德奎斯特
（《九个两部分的创意曲》，1966 年）、杰拉德·格里塞（《帕
萨卡利亚舞》，1966 年）、尤里·哈特里克（《序曲、赋格
和终曲》，1906 年）、罗伊特尔（《对位对话》：《Kanon der
Oktave》；《Krebs der Quarte》）、尤里·巴斯别日勒（《宣叙

调和咏叹调》)、奥利恰克(《前奏曲,舞蹈和赋格》)、费利斯·富加扎(《幻想曲和赋格》)、卡尔·奥格·拉斯姆森(《创意曲》,1975 年)。

综上所述,其他国家在 20 世纪六七十年代时形成了手风琴音乐套曲体裁,如协奏曲、组曲、奏鸣曲、多乐章套曲。

20 世纪八九十年代,手风琴奏鸣曲体裁的代表作有:克扎诺夫斯基《Sonata breve》(1983 年)和《奏鸣曲二号》(1987 年)、阿霍·卡莱维的《奏鸣曲一号》(1989 年)和《奏鸣曲二号》《黑鸟》(1991 年)、杜丽安娜《奏鸣曲三号》(1983 年)、博格丹·德劳兹《随想奏鸣曲》(1987 年)、哈利·韦斯玛《奏鸣曲》(1986 年)、约翰克万达尔《op.71》(1987 年)、普查尔斯卡《Sonata breve》(1987 年)、布罗尼斯瓦夫·普日比尔斯基《奏鸣曲》(1988 年)和《四季奏鸣曲》(1988 年)、图霍夫斯基《奏鸣曲》(1988 年)以及利夫·凯泽尔(1990 年)的作品。波兰手风琴的音乐先锋——克扎诺夫斯基的作品(练习曲 I—V,1973—1978 年;《Kalangra》,1981 年;《Relief I,II,IV,VII》,1984—1985 年、1987 年;《嬉游曲》,1986 年)为手风琴音乐体裁的解放做出了重要贡献。

民族传统,在波兰、捷克斯洛伐克、芬兰和瑞典的手风琴音乐中,有了新的体现。波兰的典型作品有:布罗尼斯瓦夫·普日比尔斯基的《波兰协奏曲》和《舞蹈组曲》(1979 年)、博格丹·德劳兹的五首《民俗节奏》(1973 年)、巴尔吉尔斯基的三首《波兰组曲》(1983 年)与《舞蹈和歌曲组曲》（1986 年）、多夫拉赫的《波兰舞曲》（1988 年）。捷克斯洛伐克的典型作品有：尤里·哈特里克和特洛阳的作品。芬兰的典型作品是：基列涅夫的芬兰民歌主题音乐会变奏曲《来吧，来吧，我亲爱的》（1980 年）。瑞典的典型作品是：托尔比约恩·伦德奎斯特的《变奏曲》，该变奏曲以《来吧，来吧，我亲爱的》（蒂莫·尤哈尼·基洛宁，出生于 1956年）为主题，使用传统的俄罗斯风格写成。延续了新古典主义和新浪漫主义传统的有：雅可比（《嬉游曲》：①吉格舞曲；②幕间剧；③小夜曲；④回旋曲；⑤谐谑曲，该《嬉游曲》以现代音乐语言延续了 18 世纪法国大键琴演奏家拉莫、库普林、达肯三人的创作传统）、托尔比约恩·伦德奎斯特（《Metamorphoses》）、基尔姆斯（《帕蒂塔》）。同时，以新的方式来诠释老一代大师们（伊戈尔·斯特拉文斯基、保罗·亨德米特）的体裁并不是一种简单的拼接，也不是要重兴洛可可音乐，更不是要照搬以前的东西，而是对西欧室内乐兴盛的大势的一种致敬。

　　显然，另一种现象也显现出来，并在学术音乐中以各种方式展露着自己，即对作曲体裁"浸渗"（本文作者的术语）的使用，实际上就是引入和声语言、节奏、学术室内乐方向的轻音乐或爵士乐演奏手法及开发音乐材料的方法（如托尔比约恩·伦德奎斯特《Duell》、安扎吉《光与影·第一乐章》《Bandoneon》《Zita》和阿斯托尔·皮亚佐拉的其他作品）。

　　我们还可以说说体裁的抽象化趋势。20 世纪六七十年代的音乐失去了典型的体裁特征，变得更加抽象、虚幻和

概念化，如：托尔比约恩·伦德奎斯特的《Assoziationen》
（1981 年）、古德伦·隆德的《Abstract》（1982 年）、约基宁
的《Alone》（1979 年）、奥尔森的《Witnouta Title op.72》、
盖尔斯泰纽斯的《Sokk》、图塞特的《Vah！》、泰戈尔贝格
的《A？》、林伯格的《Metallwork》、本特·劳伦森的《Tears
眼泪》（1992 年）、埃纳·坎丁的《Winter-Darkness》（1992
年）、欧·施密特的《Dialogue II》（1993 年）、利夫·凯泽尔
的《Confetti》（1993 年）、哈康·贝格的《Girlander》（1954
年）。

在描述 70—90 年代世界手风琴艺术发展趋势时应提到
以下内容：

①生动情感领域的扩张与新体裁的出现。

②背离最早的手风琴原创作品基础——古典与浪漫主义
的结构。

③套曲结构（包括奏鸣曲、组曲）和多乐章套曲式构成
的结构；使用各种曲式构成法探索能使音乐生动情感领域更
自由的新形式。

④由于对艺术问题的处理方式与 20 世纪五六十年代不
同而形成了室内乐。

⑤拒绝使用 20 世纪 40—60 年代作品常用的"引用法"
来开发音乐材料。

⑥西欧手风琴艺术中展示出民族特点，激发了波兰、意
大利、丹麦、芬兰和挪威作曲家的创造力。

⑦著名演奏家们与那些提高了手风琴音乐质量与整体演

奏艺术水平的作曲家们，如：丹麦（莫根斯·埃尔加德），捷克共和国，斯洛伐克（布拉卡、丘赫兰），波兰（普赫诺夫斯基），奥地利（梅里克尔），德国（艾斯贝特·莫泽尔、御喜美江、史戴芬·胡松），芬兰（马蒂·兰塔宁），挪威（弗克斯塔特），意大利（克劳迪奥·雅克穆奇），加强了创造性联系。

　　大多数其他国家的作曲家不接受大调—小调调式系统，这种系统在 20 世纪四五十年代的世界原创音乐文学中根深蒂固，主要与左键盘上有自由低音系统的乐器相关。自由低音手风琴的出现与音调思维的解放使作曲家们得以转向其他作曲方式：十二音技法、偶然音乐、声音主义、多调性。以连续技法创作的作曲家有：亨克·巴丁斯（《奏鸣曲》《即兴创作》）、布鲁诺·贝蒂内利（1993 年）；托尔比约恩·伦德奎斯特、沃尔夫冈·雅各比、亚历山大·克扎诺夫斯基和基尔姆斯（献给勋伯格的《画谜》和《圣咏组曲》，以 12 分级式为创作基础）。朱卡·提恩苏的（《飞翔》op.20，1977 年）在欧洲先锋派的创作传统中诞生。一方面，和声语言具有垂直方向（即非常规三元结构和音、声音或声组的自由组合、对音簇的利用）与水平方向上（即旋律拥有纯粹的符号表达，更多时候没有定义）的复杂化。

　　各种声音手段发挥了巨大作用，这里的"声音"通常包括噪音、对气阀的利用、不同的拉风箱方式、击打琴身（以主导节奏开头）以及左右键盘上的滑音。佩特里·马克欧恩1997 年创作的代表作品《穿越时空》中有一个片段，就是利用左键盘滑音的范例。海基·瓦尔波拉在三乐章组曲中使用了特别的颤音——四重颤音，在和声的变化处停止在左手的部分。

作品的风格正在发生翻天覆地的变化。如果说 20 世纪四五十年代的很多作品都在追求宏大的规模，当然，这与当年全球音乐趋向生动情感领域的发展有关，那么 70—90 年代的作品即倾向于典型的小型室内音乐，其中，伊戈尔·斯特拉文斯基和保罗·亨德米特的作品最先体现了室内器乐音乐的趋势。

这就是俄罗斯国内外巴扬和手风琴音乐奏鸣曲与其他套曲体裁的历史全景。

第四节
维切斯拉夫·阿纳托利耶维奇·谢苗诺夫的奏鸣曲

当然，在如此多的国内外作品中，找到适合作曲家自己的奏鸣曲体裁是非常困难的。与此同时，谢苗诺夫对世界巴扬手风琴音乐宝库做出了重大贡献，创作了四部真正的杰作，它们在主题、形象情感领域、原始的乐器手段和表现方法上都有所不同。

以下是谢苗诺夫在接受尤利娅·阿梅里科娃采访时谈到该主题时的一些论述：

"众所周知，我的《奏鸣曲一号》创作于 1984 年。那时我稍微成熟了一点，不仅是在年龄方面，也是在对生活的感悟和智慧方面。我在《奏鸣曲一号》中提出了人与社会之类的问题，这首奏鸣曲至今仍经常被演奏。我不愿意说我把自己和每个人都对立起来，尽管我经常是这样做的。所以《奏鸣曲一号》是我与他者。冲突是我内心的抗议。就是当你一直独自一人逆着风，你知道不论自己有多么坚强，都是很艰难的，有时会让人筋疲力尽。所以，《奏鸣曲一号》是一个人到了三十七八岁时的特殊自白——这是一个人开始意识到很多并开始理解的年纪。一下子就会想起我们的伟人，包括诗人、演员和其他人。这个年纪至少对男人来说是很关键的，所以是时候以最严肃的方式说出来了。顺便说一句，在巡演中，我注意到如果你真的用心去演奏，那么它会吸收一切力量和能量，在那之后很难演奏任何东西。在此层面上，这首曲子很难演奏。演奏起来体力上也比较吃力，但这不是主要的。

"这可能就是你不常演奏它的原因。

"当然！我只是在保护自己，我做不到。当时的巡演日程很紧，每次都需要全身心投入，就像是第一次演奏一样，让人满怀情感，感同身受。我记得有一场音乐会结束之后一位听众说：'我感觉自己过了一生。'我理解他。我也活在那一刻。"

谢苗诺夫对巴扬奏鸣曲一、二、三、四号的阐述

奏鸣曲一号

第一乐章	第二乐章	第三乐章
序曲　广板；小行板	持续的行板	有节奏的急板

奏鸣曲二号《巴斯卡里阿达》

第一乐章	第二乐章	第三乐章
序曲　庄严地	持续的慢板	轻快的快板、快速活泼的

奏鸣曲三号《回忆未来》

第一乐章	第二乐章	第三乐章
凶猛的、稍快活泼的 渐慢 活泼的快板 快板	小行板 更快 稍慢 原速	庄严的、速度稍快 活泼的快板 柔板 不太快的快板 果断的

奏鸣曲四号《融合》

第一乐章	第二乐章	第三乐章
快板	行板 如歌的慢板 中板地	广板 快板 中板

谢苗诺夫选择了一个由三乐章组成、具有典型节奏速度比例的古典交响套曲，即浪漫奏鸣曲：第一乐章——奏鸣曲快板；第二乐章——缓慢的，行板、慢板；第三乐章——快速的，急板、快板。同时，奏鸣曲的体裁内容千差万别。如果说《奏鸣曲一号》严格秉承了浪漫古典主义（钢琴和管风琴；弦乐和管乐）的传统，那么在《奏鸣曲二号》中，民族体裁典型的频谱可以追溯到西班牙文化。《奏鸣曲三号》与协奏曲《壁画》在意象主题上的联系十分明显，表现在其整体宏大的"展望未来"和作者称之为"回忆未来"的宇宙无限的空间感。当然，《奏鸣曲四号》中还有不同的内容，所谓"三流"的许多风格、趋势和体裁都被评论家"融合"了，由此找到了新的音乐表现手段以及独创的特定乐器和技术技巧。

《奏鸣曲一号》的决定性因素以 B 音为主音，谢苗诺夫凭借它侵入了奏鸣曲体裁，正如谢尔盖·拉赫玛尼诺夫在《第一钢琴协奏曲》中以升 F 音为主音侵入了钢琴协奏曲体裁，以及年轻的肖斯塔科维奇一样在《第一交响曲》中以 C 音为主音，但不是白色、明亮和不露面的，而是在以降 D "引入的"音调中，就像在多卷本的生命百科全书中一样，在人类生死、存在与遗忘的深不可测的哲学中。回想一下，以 B 音为主音在柴可夫斯基的《第一钢琴协奏曲》和尼古拉·雅科夫列维奇·柴金与交响乐团合作的《第一协奏曲》中也同样非常关键。

第五节
奏鸣曲一号（1984 年）

第一乐章以响亮醒目的军号开始，右手部分以降 B 八度音程（齐奏全开变音器）展开，左手低音部分展现了呈示部的主题，是整首乐曲的主要旋律动机。在奏鸣曲的一般结构中，序曲可以被视为与器乐协奏曲的"进入题材"相同的结构组成部分。它在音色处理中起到了连接第一部分的开头、结尾和终曲的作用。在这方面，巴赫在《d 小调托卡塔》中以著名的托卡塔形式为开头，以中央 A 音为中心音的创作手法可以被认为是这个特殊的符号。更重要的是它的戏剧性作用，让人想起过去流行的管风琴音乐。这种巧妙的音调包含宇宙的信息，即未知、神秘、不可预测、宿命的永恒。（当然，这是我们的假设，而不是事实）。按照作者的构思，写在曲目之前的序曲，在《奏鸣曲一号》中具有类似的戏剧性功能。

谈到有关颜色的听觉感受，那么 B 大调就是主音，表达灰蓝色、灰色、钢灰色。但如果同时分析《奏鸣曲一号》的整个调性结构，就可以得出降 B 不是主音的结论。它是 A 大调的降二级，随着最后的音从呈示部小行板开始，被定义为具有稳定和不稳定（T—S—D7—T）浪漫古典主义的 a 小调。对此，我想起了肖斯塔科维奇的《第二钢琴奏鸣曲》，其中三度大小调的"弹奏"很明显，赋予主题一种特殊的

"调式"风味，是音调上的"错觉"，调式的"玩耍"。

在如此宏伟、明亮、起着"体裁中的引子"作用的序曲之后，听众会期待一首充满活力和奋斗力的奏鸣曲快板。这在交响乐和奏鸣曲流派的浪漫古典主义作品中经常出现。然而，作曲家采用了不同寻常的非传统方式，从部分主题的"成熟"音调中展示主旨。

这样的套曲仅基于塑造和音乐戏剧的传统原则。当然，当发展过程中反复体现的主旨出现在一个全新的流派中，其中既有讽刺意味，也有特别的能量在奏鸣曲快板的编排中（急板）。

第一主题（主题A）的风格是对话式的。它并不代表古典音乐时期乐曲的单一主题，但同时，根据浪漫古典主义原则，谢苗诺夫初期的乐曲被挑选出来，并在奏鸣曲的各个领域蓬勃发展。作曲家选择了一种独创的方式——问答体裁，来揭示主题。从音调上来讲，提问在某种程度上激发了好奇心，因为不知道问题是从哪里来的，俄罗斯或其他国家、古典或浪漫都没那么重要。如肖邦《第二钢琴奏鸣曲》的终曲主要部分的乐曲也被选为主题纹理发展的基础，简短、精炼、势不可挡的能量，就在于它的初始动机。谢苗诺夫《奏鸣曲一号》第一乐章的主题，既有浪漫的激动，又有高度的振奋，不露痕迹地串联到浪漫主义音乐中。此外，还有罗伯特·舒曼的钢琴作品《幻想曲Op.12 No.2》《冲动》，还有12号；马克斯·韦伯为钢琴管弦乐队而作的《协奏曲》的前8小节。

七级（降G）低音级进在主体部分主题的语调结构中

起着特殊作用，作者将其解释为"支撑"，就像"充电"一样，"排斥"脉冲能量，成为音调的"推动力"，"自身主题的发展对应奏鸣曲传统主题的所有古典准则，有'发展的意志力'，凝聚强大的力量和能量"。也就是说，出于表现手法的层理性和复杂性，这样特殊的能量创造了"表现手法的改变"。

并且，主体部分的表现风格发展所引起的受难曲和情绪的强度越大，具象主题主义的对比就越鲜明。在这个过程中，一个非常重要的因素是引入了新的乐器技术，即三全音泛音上升，其精彩的风箱演奏手段有：三抖风箱和四抖风箱。

副部（主题 B）的主题内容完全不同。

当然，《奏鸣曲一号》是一首深情的、细腻的、精炼的抒情作品，隐秘而不可即，因而有些梦幻、虚幻，但并不是虚构。相反，它实际上不是《爱之梦》，而是它的期待，是对某种不为人知的新事物的预感，是未知的，但也是渴望的，类似于莎士比亚笔下年轻的朱莉娅爱情的最初显露，就像柴可夫斯基的《罗密欧与朱丽叶》中那样。根据尼古拉·里姆斯基 - 柯萨科夫和亚历山大·斯克里亚宾的色谱，初次展露的副部的主题是"雾蒙蒙"的降 D 大调音色：①黑暗的、暖色的，②紫色。柴可夫斯基的《罗密欧与朱丽叶》包含了热情、冲动、普希金式的浪漫主义和青春的李斯特式的幻想，唤醒青春最初的也是独一无二的不安和恐惧。

展开部是一种音乐语言形式的主题对话，但不是争论，而是问答；不是对抗，而是比较；不是主题（语调或特征，例如，勇敢的、赞扬生命的和抒情的，比如贝多芬的《第一、二、三交响曲》的第一部分，表达了戏剧性的悲情和抒情式的爱，再比如《第六交响曲》的第一部分和柴可夫斯基的《罗密欧与朱丽叶》），而是形象的对话。此处具有电影艺术特色，角色更替、通过视觉对比、真实拟人化，我们甚至听到莫杰斯特·穆索尔斯基（他是歌剧《鲍里斯·戈东诺夫》中的疯子）的呜咽语调，但没有得到肯定的回答。

确实，这种激情和能量的压力只能由非常坚强的、能接受任何考验的个性来抗衡。这里让人想起一些令人骄傲的人物，例如高尔基的《丹柯》和《海燕》；在音乐界有贝多芬的《第八歌曲奏鸣曲》《热情奏鸣曲》和《第五交响曲》，柏辽兹的《梦幻交响曲》，肖邦的《革命练习曲》（c小调练习曲）和亚历山大·斯克里亚宾《升d小调练习曲》。这里放置了主要的"爆点"和思想，在此基础上建立了谢苗诺夫的敏锐思想。哲学意义上，这句格言广为人知："还有一个战士在战场上！"也许，谢苗诺夫本人在接受采访时谈到了个人对命运的这种对抗，以及他无法控制的命运和环境。

镜像的再现带我们回到了第一部分的开头，形成了一个形象的拱弧，一方面结束了矛盾，另一方面也结束了悬而未决的问题。

我们强调，"流派变奏"是开发音乐素材的主要方法，也是哲学思想陈述的主要方式，谢苗诺夫将其设定为"我"和社会，或"我们"之间的两难选择，以何种形式实现并不那么重要：①作者/演奏者和听众；②艺术家与社会；③主体和客体；④人类与世界，广义的宇宙；⑤人与神……这些问题的表述是这种音乐和艺术发展动力的源泉。

　　如果《奏鸣曲一号》第一乐章的特点是特殊的、迅猛的"神经"，冲动、困惑、意想不到的情绪变化，或是嵌入主旋律三小节主题的、如电影般的、万花筒般的感受和状态，那么其固定的节奏（急促的）变化，动感的变动（突然和渐进，低音 p 和低音 f，短和长的渐强和渐弱），则接近亚历山大·斯克里亚宾的《第五、六号钢琴奏鸣曲》，然后是谢苗诺夫《奏鸣曲一号》的第二乐章《田园诗》，置于超然起伏的乐曲流中，然而，情感和精神上却异常激烈。

　　第二乐章（稍慢的行板）就像是在动荡的终曲之前的喘息。它堪称一首俄罗斯歌曲，包含许多作曲家和评论家用"俄罗斯风格"一词指定的语调，带有全音阶的变革进行，带有独特高音线的低声部复调和"第二"模仿。主题可以描述为"没有杂色的简洁"（电影《安德烈·卢布廖夫》中的人物如此命名丹尼尔·乔尼的壁画和费奥多尼斯的圣像画）；听说过但不广为人知，熟悉但不了解。这里重要的是管风琴主音点的作用，合唱部分（织体）的分层。力度的逐渐增加，引出强大的声音，比如米哈伊尔·格林卡的《伊凡·苏萨宁》俄罗斯合唱团；里姆斯基 - 柯萨科夫的《沙皇的新娘》和《天方夜谭》；亚历山大·鲍罗丁的《伊戈尔王子》，让人想起古代俄罗斯东正教教堂中的大型合唱团。一方面复兴了亚历山大·德米特里耶维奇·卡斯塔尔斯基、帕维尔·切斯诺科夫、米利·巴拉基列夫、里姆斯基 - 柯萨科夫、柴可夫斯基、谢尔盖·拉赫玛尼诺夫、谢尔盖·塔涅耶夫、尼古拉·切列普宁的神圣音乐传统。另一方面，揭示了俄罗斯民间复调音乐的根源及其独特特征。

在《奏鸣曲一号》的第二部分中，复调技术（赋格段）和民间声乐复调结合成俄罗斯合唱艺术的唯一共生体，巧妙地反映在新的器乐阵容中。

《奏鸣曲一号》的第三乐章是快速且富有节奏感，带有罕见的混合拍号 5/8 拍，也是演奏技术最为复杂的一个乐章。它的情感原型可以看作是巴托克·贝拉的钢琴曲《野蛮的快板》和《奏鸣曲七号》的终曲，谢尔盖·普罗科菲耶夫的《斯基泰组曲》《第一钢琴协奏曲》。独特的重音与强调的（a—g—b—c）高音，创造了一种朴实无华的节奏模式，在不断的节奏变动中展现充满活力、自信的主题，托卡塔式地创造了一种明显的浮躁、大胆的"摇滚"感觉。独特的动荡、音乐结构充满活力的饱和以及作者展示的刚硬，所有这些都是奏鸣曲终曲的音乐特征。在这种强大的能量流动中，融合了二抖风箱和三抖风箱的演奏技巧。就像第一乐章主体部分主题（主题为"闪烁"）的音调在低音中出现，从第二乐章的主题开始经过了较大的修改，听起来更加感觉到命运的不可违抗，就像《命运的摇滚》。增加了第一乐章主题的对话部分，既象征着对生命的肯定，又表达了对不屈英雄的浪漫抗争的崇敬情怀。接着是五度固定低音的震耳欲聋的空虚，一个间断（慢板）和响亮的、未完成的（副部主题）的再现，突然以充满活力和决定性的最终爆发结尾（尾声部分急速且富有节奏感），它完善了谢苗诺夫《奏鸣曲一号》的音乐语言和哲学理解最复杂的方面。

　　谢苗诺夫在音乐艺术、作曲和表演方面的地位接近谢尔盖・普罗科菲耶夫。让我们看看著名学者列昂尼德・加克尔的一些研究："普罗科菲耶夫的积极创作是朝着什么方向？首先，为大礼堂作曲，为广大观众工作，这意味着音乐必须响亮、对比鲜明、节奏明确。除此之外，写出有趣的作品是基于寻找新方式、创作具有感染力的音乐（移动式的发展格式）、动感的节奏（注入动态……）。作品的创作方向是'为了所有人'（在社会关系中，没有人提出"所有人"是指谁这样的问题）……"

　　《奏鸣曲一号》写于1984年，而协奏曲《壁画》写于二十年后，因此我们有充分的理由可以这样说：在《奏鸣曲一号》中，作曲家在作品中首次转向新的主题，出色地完成了创作任务（该作品被列入巴扬手风琴音乐"金色基金"中），并转向研究另一种流派，以传统方式继续创作了以体现新浪漫主义情感（巴扬和室内乐团）的作品。最后的结论是，谢苗诺夫的协奏曲《壁画》和《奏鸣曲一号》被视为其代表作品。我们的研究再次与钢琴音乐相交。"补充一点，谢尔盖・普罗科菲耶夫早期的'敲击风格'不应该用浪漫撒旦主义或是梅菲斯特式的音调来描绘。毕竟，这在民俗中是'有趣的邪恶'，朴素的调式！然而，我们多次在《第二奏鸣曲》（尤其是终曲）的演奏中听到李斯特式的某种恶魔般的转折。"学者的这种说法可以充分归因于谢苗诺夫的《奏鸣曲一号》

和先前讨论的协奏曲《壁画》中表现的恶魔力量。

"让我们回想一下，"加克尔写道，"1960 年代初期，在谢尔盖·普罗科菲耶夫的带领下，苏联钢琴家罗曼·列杰涅夫、尼古拉·希德里尼科夫取得了多大的进步！"阿列克谢·季先科（1965 年）的《奏鸣曲三号》是复调形式（第一乐章的五声部双卡农、利切卡尔终曲），它是钢琴线性演奏法各种热情和技巧的实现，然而，与俄罗斯的钢琴声学、钟声的起源并不是完全不相干（如第二乐章的音簇、终曲的对比）。阿列克谢·季先科 20 世纪 70 年代创作的《奏鸣曲四号》（1972 年），在初始的快板节奏中是线条性的，但随后的两个部分（至少，我们是这样听到的）是日常，是舞蹈；主调音乐的表现手法，接近 20 世纪二三十年代的钢琴舞曲（代表作曲家有欣德米特、肖斯塔科维奇）。演示是概括性的（"旋律—伴奏"），并不比欣德米特《Tanzstücke》（那里也有音簇）或《1922》中的刚硬。只有阿列克谢·季先科的华尔兹舞曲（第二乐章的自由速度）明显更加温暖和欢乐：欧洲，布拉格……忍受了一切并幸存下来，仍然充满活力和善良。所有的舞蹈，终曲的重音都伴随音簇、双音符噪音、齐奏（即双手放在同一个键上），这也成为亲切的体现。舞蹈，尤其是双部的喧闹的舞蹈，注定要超越怪诞、模仿的界限，钢琴注定要收获新的色调微差。阿列克谢·季先科与 60 年代和 70 年代的所有苏联钢琴家有着同一个特点；从"普罗科菲式"重音到线性复调，再到多色重音，在思想和体裁应用上几乎是普遍的。这就是最后一个特征——《奏鸣曲一号》

终曲中的托卡塔和重音。我们可以归因于这是属于"普罗科菲耶夫"系，谢苗诺夫以深刻的理解和巧妙的奇思将其"复刻"成了巴扬手风琴音乐。

在《奏鸣曲一号》中，谢苗诺夫转向了一个新的情感领域（神秘主义、普遍理性、生与死的主题），并已经在 70 年代和 80 年代巴扬手风琴作曲家所创作的作品中得到了肯定：弗拉迪斯拉夫·佐罗塔耶夫《帕蒂塔一号》《奏鸣曲三号》和《第一交响协奏曲》；阿纳托利·库夏科夫《奏鸣曲一号、四号》；维塔利·霍多什《诗歌奏鸣曲》，还有索菲亚·古柏杜丽娜和根纳季·班希科夫的作品。如今，这些作品已经在俄罗斯及国际音乐文化中具有了令人信服的代表性。此外，还有柏辽兹《幻想交响曲》；安东·鲁宾斯坦的歌剧《恶魔》；亚历山大·斯克里亚宾的第三交响曲《神圣之诗》；柴可夫斯基《曼弗雷德交响曲》《第五、六交响曲》，歌剧《黑桃皇后》；肖斯塔科维奇《第七交响曲》，尼古拉·米亚斯科夫斯基《第六交响曲》等。

第六节
奏鸣曲二号《巴斯卡里阿达》（1992 年）

西班牙主题，为俄罗斯作曲家提供了沃土，如米哈伊尔·伊万诺维奇·格林卡的《西班牙序曲》《阿拉贡霍塔》，里姆斯基-柯萨科夫的《西班牙随想曲》、柴可夫斯基的芭蕾舞剧《天鹅湖》中的《西班牙舞曲》，以及其他国家的作品，如弗朗兹·李斯特的钢琴曲《西班牙狂想曲》、里斯·拉威尔的《波莱罗舞曲》、爱德华·拉罗的小提琴协奏曲《西班牙交响曲》。我们注意到，在现代巴扬音乐中，有两个体现西班牙主题的生动例子：弗拉迪斯拉夫·佐罗塔耶夫的巴扬作品《西班牙狂想曲》（1974 年）以及安纳托利·库夏科夫为自由低音巴扬和长笛所作的《五幅西班牙画作》。毫无疑问，从西班牙主题在学院派民族器乐音乐中的出色运用来看，尼古拉·舒尔曼为巴拉莱卡琴和管弦乐团创作的《波莱罗舞曲》和《阿拉贡霍塔》令人很感兴趣。

对于谢苗诺夫来说，西班牙主题是巴扬奏鸣曲体裁的主要来源。如果第一首奏鸣曲中的前奏（开端）可以被视为"体裁前奏"——一种与俄罗斯传统音乐（代表人物有：里姆斯基-柯萨科夫、莫杰斯特·彼得罗维奇·穆索尔斯基、亚历山大·斯克里亚宾、谢尔盖·普罗科菲耶夫、肖斯塔科维奇）相关的象征性音乐符号，那么以军号声为信号声的降 B 调是对《巴斯卡里阿达》中"体裁前奏"的另一种演绎。此处的前奏是西班牙夏季国庆节"斗牛季"的开幕。

《巴斯卡里阿达》是一幅广阔的全景音乐画面，有独特的创作方式。这里有大张旗鼓的表演、戏剧性、特殊的音乐会和舞台表演，作曲家在巴扬手风琴文化的历史上第一次尝试用一种乐器来概括具有纪念意义的大型音乐和听觉表演。就像每年 1 月拉丁美洲的"墨西哥狂欢节"，意大利 1—2 月的"威尼斯面具盛装大游行"，俄罗斯 3 月伴着煎饼、馅饼、浓味格瓦斯的"谢肉节"，以及西班牙和其他拉丁美洲国家的"斗牛"，都是国家艺术表演的象征。

《巴斯卡里阿达》可以理所当然地被称为音乐科学的"新民俗学浪潮"或新民俗主义。它有机地融合了三个层面，与其说是民俗，不如说是三个共同的民族组成部分：①斗牛；②巴斯克歌曲；③狂欢节。第一和第三乐章是西班牙民族文化活动，第二乐章是地区农民歌曲文化（即巴斯克歌曲）。几个世纪以来的传统将它们连接在一起。

《巴斯卡里阿达》的第一乐章是决斗的仪式场景，是在市中心露天竞技场举行的一场狂热表演。序曲包含了表演动作固有的特征和准则，在这种情况下体现了"斗牛"的开场。它以自由的形式呈现，在特定的节奏之外，将其作为动作本身的准备工作。用戏剧的语言来说，它是歌剧表演的序曲，其中展示了舞台动作（可能是歌剧或芭蕾舞表演）和主要人物的所有主要音乐和主题部分。

根据传统，铜管乐队奏起音乐（此为序曲的开场小节）宣布斗牛开始。因此，作曲家动用了所有乐器资源，包括动态、音色、结构音域（包括中间音区、最亮音色、右键盘上的四音和弦和左键盘上的浑厚低音）。此外，在各种非凡的组合（如三抖和四抖风箱）中风箱的原创演奏技巧开始生效，这会形成丰富的局部高潮和辉煌的小提琴华彩乐段以及"神秘的广板"动作的开始。这种"号召"在内容上与米哈伊尔·伊万诺维奇·格林卡的《阿拉贡霍塔》的前奏或柴可夫斯基的《意大利随想曲》开头（尽管艺术和审美顺序略有不同）中的信号很接近，即以 E 音为主音，然后是整个铜管乐队齐奏的声音。这种音色和质感来自一种多音色的现代乐器——巴扬，它将创作意图转化为其他角色，即学术体裁奏鸣曲。在世界巴扬手风琴音乐中没有类似的现象。显然，正是作曲家对乐器音色能力的"深刻理解"及其对演奏实践的引入，成为谢苗诺夫的作品吸引年轻一代的所在。对他来说，一个重要的目标是希望在一个全新的水平上实现演奏者的潜力。

序幕开始了：在阴郁的低音区（音色 ☲☲——巴松管），伴随着男低音可怕的"咆哮声"，生动仔细地描绘出表演"半音牺牲"的强大力量，一种能够扫除任何障碍的邪恶力量。可以清楚地听到本性兴奋的嘶哑声，仿佛感觉到自己不可避免的死亡正在逼近。在情节上，该片段与穆捷斯特·彼得洛维奇·穆索尔斯基《图画展览会》中《巫婆》的中间部分相呼应（在令人毛骨悚然的低音颤音背景下，低弓弦的三全音下行转调，在小提琴和中提琴的半音阶"弥漫"下降的背景中进行，穿插着木琴和箱子打击声的意外入侵），事实上是地狱或地下王国一样的邪恶力量。

在快速的部分，音乐异常明亮并富有想象力。作曲家发现了新的器乐技巧，其中包括右键盘中四度的上升段落，伴随着带有重音的三全音的到来以及随后的滑音（托罗主题），就像在模仿注射一样。在十六分音符的华彩和管风琴沉重的低音背景下，高音中出现了一幅图画。在音乐素材的展开过程中，引入了新的器乐色彩（从小提琴的双笔画中衍生出来的双重笔画风箱），从而达到动态的高潮。

显然，这个片段是一场斗牛的结束，传来嘶哑声，因变音器上低音域中的空五度和弦——巴松管在中心音调 C 音上。第一乐章的结尾是"白色隧道"。作曲者以逐渐消失减弱的方式证实了我们的论点。

结果是可悲的：谁是赢家，谁是输家？！公牛还是斗牛士被杀？谁会在最后一刻流着血，满心希望自己能再次进入竞技场，但不是以生死之名，而是为了"公众的需求"，对起着强烈"药物"（兴奋剂）作用的红布的渴望，对撩拨（真正的血）的渴望，而不是对戏剧或牺牲的渴望！因此，第二乐章（巴斯克歌曲）不被视为抒情史诗的主题，而被视作墓志铭、仪式程序，但没有哭泣和哀叹。持续音、中心音调 C、全音阶小调、空虚、毫无出路、绝望……天堂般的幸福还是灵魂的安宁？沉浸在过去的悲伤里还是转向新的生活？但是，生活总还是要继续，它是永恒的！

《巴斯卡里阿达》结尾的音乐非常有趣，写得无可挑剔。它体现了伟大的西班牙小提琴家"卓越的高超技艺"，如形式简洁、音乐表达精致熟练、音乐思想集中、表达具有张力、情绪克制、节奏丰富多样、主题对比突出鲜明。强大的情感能量流，脉搏的感觉，深厚的西班牙（巴斯克）音乐的炽热神经，南方人热烈的炽热激情。在谢苗诺夫的演绎中，人们感受到了民族风格如此无可挑剔的准确性，以至于仿佛这段西班牙音乐像是由来自巴斯克地区的西班牙当地人演奏，而不是由俄罗斯音乐家演奏的；也不是由民间小提琴演奏，而是由巴扬（一种并非起源于西班牙的乐器）演奏的。这一特点无疑是对《巴斯卡里阿达》的作者和杰出的演奏者谢苗诺夫的最高赞美。

谈及谢苗诺夫《奏鸣曲二号》主题的由来，首先要指出的是，终曲灵感的首要来源是霍塔舞——一种西班牙三拍子民族舞曲。音乐评论家经常注意到西班牙舞曲的一个特点是主题的节奏功能，其中之一是 5/8 拍（第三乐章）。正是这种拍子被选为了《奏鸣曲二号》终曲的另一主题。它不仅在民族舞曲激昂的节奏中散发出太阳般的"光芒"，作为一种强大的推动力，一股巨大的能量，还吸引着身着鲜艳节日盛装的年轻舞者以奇妙的动作进入舞蹈表演圈，他们并非在舞台上，而是在海边的山区，在晴朗、万里无云的蓝天上，在烈日下的游艇上，展示自己的艺术。这种以 G 音为主音对应俄罗斯天才的色调特征（里姆斯基-柯萨科夫的深棕色，亚历山大·斯克里亚宾的橙色）。

关于谢苗诺夫的 G 大调终曲，里姆斯基-柯萨柯夫曾说，其颜色是棕色的、金色的、明亮的、闪烁着炽热的火花，斯克里亚宾也曾说橙色是生命的颜色。还有西班牙响板的节奏、琶音以及西班牙吉他的全声响！这就是作曲者演奏时对《巴斯卡里阿达》音乐的看法与感受！

在我们看来，民俗来源不是俄罗斯而是其他国家（此处是来自西班牙），重要的是作曲家如何将民族传统转化为新的"音色结构等价"，将最新的器乐和技术技巧引入跟 20 世纪 60—80 年代世界巴扬手风琴音乐传统"相去甚远"的作曲语言中。在不预测巴扬手风琴未来发展的情况下，有理由充分相信谢苗诺夫的作品将对未来巴扬手风琴文化的发展产生显著的有益影响。

谢苗诺夫的《奏鸣曲二号——巴斯卡里阿达》的音乐鲜明而深刻。凭借对西班牙民族文化丰富主题（斗牛、狂欢节等）的覆盖，作曲者出色地完成了他的艺术任务。

谢苗诺夫通过西班牙音乐、西班牙民族传统、巴斯克音乐语言风格的折射，发现并提出了一个看待永恒问题的新角度。

谢苗诺夫在之后的每一首奏鸣曲中都以独特的新方式宣告了一种高度人道的、面向世界的理念，这在 20 世纪 70 年代的杰出作曲家佐罗塔耶夫、索菲娅·古柏杜丽娜、安纳托利·库夏科夫、根纳季·班希科夫、维塔利·霍多什、纳加耶夫的巴扬手风琴作品中都有所体现。生与死作为一个哲学概念，是相互联系的主题：我（个人）和社会；人类的有限与宇宙的无限。这一主题，在为巴扬、打击乐和室内管弦乐团创作的协奏曲《壁画》和《奏鸣曲三号——回忆未来》中得到了延续。

第七节
奏鸣曲三号《回忆未来》（2013 年）

对于维切斯拉夫·阿纳托利耶维奇·谢苗诺夫的《奏鸣

曲三号》的阐述，将以不寻常的方式展开，巧合的是，由于尤利娅·阿梅里科娃的倡议，我们有一个很好的机会来了解"作者的话"。尽管采访形式并不新鲜，但从新闻的角度来看，它对所有读者来说总是真实而有趣的。非常具体、简单的问题，对于任何艺术家，无论是诗人、作家、作曲家、画家、雕塑家、剧作家还是导演，都可能是非常复杂的。谁能明确回答：创作的想法是如何产生的？众所周知，这是一个漫长的过程。有时，从一个想法到具体实现需要数年、数十年的时间。一个想法酝酿良久，主题诞生，以发展的细节为基础，精心选择体裁（交响乐、奏鸣曲、组曲、协奏曲等），才能将形式构建为一个套曲并形成一个整体概念。

下面是尤利娅·阿梅里科娃的采访：

尤利娅·阿梅里科娃：今天我想向大家介绍伟大的音乐家、教师和作曲家谢苗诺夫的采访，他在采访中谈到了自己的新作品：奏鸣曲三号《回忆未来》。这首奏鸣曲创作于2013 年，发表于 2014 年，无论是从意象的深度、蕴含的思想，还是表现力来看，都堪称是作曲家创作进入新阶段的象征。谢苗诺夫同意回答我的问题。在您第一首奏鸣曲问世近三十年后，奏鸣曲三号《回忆未来》诞生了。无论是构思还是体现，这首奏鸣曲可能是您继协奏曲《壁画》之后创作的最宏大的作品。这一切是从哪里开始的？告诉我们如何、何时以及为何需要如此宏大的命题？是一开始就有写一首奏鸣曲的想法，还是它只是一首在工作过程中发展成奏鸣曲的新作品？

　　谢苗诺夫：总的来说，我生活中的一切都是不走寻常路的，我很少按照专门制定的计划去做某事。也许是因为我这辈子从来没有从事过系统的工作。换言之，我一直在工作，而且工作量很大，但我的音乐体系是如此宽泛，以至于似乎看起来不成系统。但尽管如此，还是有一些东西在向好的方向发展。就像一棵树有很多树枝一样，我的生命也是一棵树，树枝很多，有的越来越近，有的越来越远。但总的来说，还是某种原因导致的。

　　我会从远处开始。每个人，特别是有创造力和思考能力的人，都会在脑海中不断浮现一些想要找到答案的问题。因为生活不会停滞不前，尽管生活中有很多重复，但这种重复发生在人类历史、社会和认知发展的某个新阶段。因此，我记得在 2002 年，在著名事件（2000 年库尔斯克潜艇沉没）之后，我想创作一部能够反映我灵魂中所积累的东西的作品。当一个人遇到一些无法克服的情况、一些极端的情形时，不同的人会有非常不同的表现。有真实的人、高尚的人，也有人形的生物。至于高尚的人，我想反映自己对此的理解。《随想曲二号——"S.O.S."》的基础材料应该成为《奏鸣曲三号》的第一乐章。但情节如此沉重，以至于我只是为未来的听众感到难过，并没有用一部伟大的悲剧作品来折磨他们。我自己也在艰难地熬过这些悲剧，因为我想让一切都过去。写一些重要的东西，五分钟是不够的，听众必须听一首足够宏大的作品。结果，狂想曲就足够了，所以在那个时候我试图进入《奏鸣曲三号》。

然后在 2003 年，协奏曲《壁画》（带有室内管弦乐团的巴扬协奏曲）问世。在这首曲子里，我提出了更广泛的问题，并试图通过基督教的思想寻找答案。我想我找到了。音乐不言自明，受到了热烈的欢迎。虽然当我开始写这首协奏曲时，并没有打算创作一部大型作品。我只需要和室内乐团一起为苏尔古特的全俄比赛写一部作品，大约八分钟。但是当我开始工作的时候，我就入迷了，构思大大丰富了，结果就成了这样一部大规模的作品。

在之前的"世界杯"国际手风琴比赛结束之后，经常有人问我："我们什么时候能听到《奏鸣曲三号》？"还有谁没在互联网、Facebook 或其他任何地方写过（评论）。我觉得也许是时候了。着手写作让我感到恐惧。因为比方说佐罗塔耶夫的《奏鸣曲三号》意义重大，某种程度上是一个转折点，此后巴扬音乐发生了很大的变化。这是他第一次在作品中，也是在巴扬曲目中，提出如此深刻的问题。由此我完全转向了……无限。

尤利娅·阿梅里科娃：为什么您还是决定把它写成一首奏鸣曲？

谢苗诺夫：可能是因为奏鸣曲或交响曲对我来说是一样的。只不过交响曲是为交响乐团创作的，奏鸣曲是为独奏乐器创作的。我注意到贝多芬其实很多奏鸣曲也是交响乐（笑）。好吧，我们要做的就是把注意力集中在伟大的事情上。如果贝多芬的作品是奏鸣曲，那么为什么重要的作品都必须被称为交响曲呢？毕竟，交响乐还在发展中，它当然应该出现在奏鸣曲中。由于我仍然决定将我最重要的作品之一献给我们的巴扬手风琴团体，所以它成了一首奏鸣曲。

尤利娅·阿梅里科娃：创作是一个复杂而多面的过程，因为在此过程中会诞生一些新的东西，一些从未存在过的东西。您曾把它比作一种疾病。为什么？这个过程是如何发生的，蓝图是如何浮现的？

谢苗诺夫：我总是很难接受，因为我不喜欢做任何正式的事情 —— 既不玩儿，也不教书，更不用说写作了。最简单的方法是按照一定的规则工作，当然，这就是一个想法，是你的概述，是现成的工具。但是你不能在不同的作品中无休止地使用相同的手段，明白吗？所以这是一个非常困难的时刻。有时碰巧作曲家积累了一些材料，然后他开始从中收集一些东西。这种情况下几乎所有的东西都必须从头开始创建。幸运的是，仅在第二乐章，我保存了两首在库尔斯克创作的旋律，是那个夏天我们一起参加大师班的时候创作的。它们成为了第二乐章的基础，而其他一切真的变成了艰巨的任务。

为什么会生病？好吧，没有什么新事物可以毫不费力地出现。只有莫扎特是没有痛苦的。但是不好意思，没有第二个莫扎特，而且未来也不会有。对其他人来说，分娩因为有新生儿出生而令人欣喜，但女人总说这真的很痛苦。对我来说，任何这样的创作都是一个痛苦的过程，因为我感到身体不适。当几乎所有事情都已经发生并且你已经在处理一些技术问题和设计时，才可能会变得更容易一些。但是创作的过程实在是太糟糕了（微笑）。试着写一个主题，至少七个音符，这样它就不会重复之前的内容。正如他们所说，我已经通过使用民族风格的方式来创作。我需要找到一些能够传达我灵魂状态的材料，而这将反映在那些听众的灵魂中。此外，你还可以使用并开发这些材料。

　　整个过程花了我几个月的时间，也可以说是一年。事实上，当然，我已经一年没有工作了，而第一乐章和第二乐章花了几个月，第二年又花了几个月。所以奏鸣曲是 2013 年写的，其实是 2012 年和 2013 年。第一乐章和第二乐章是在 2012 年写成的，最后的乐章是在 2013 年前三个月内写成的。我未能在 2012 年完成，当时还不知道这首奏鸣曲会以何种方式结束，也不知道如何结束。就像写小说一样，作者自己也不一定知道结局。结局可能并不完全像想象中的那样，这部作品也是如此。我的一个重要部分已经来到这里，可能不仅仅是我，还有通过我的灵魂所感知的环境、变化。

　　尤利娅·阿梅里科娃： 这首奏鸣曲有一个生动的名称《回忆未来》。这是一个美丽的意象，抑或是这个名称背后有更深层次的东西？

　　谢苗诺夫： 很多人都记得埃利希·冯·丹尼肯有一本类似标题的书，这本书风靡全球，后来被许多人以不同的体裁采用。这本书中描述了另类历史理论，从不同的国家收集证据，这位研究者和梦想家实际上揭示了我们复杂世界的本质，过去的图像和事件为理解现实和塑造我们对未来的看法提供了基础。

　　奏鸣曲名称背后的思想是世界的多维性和连续性。当我写奏鸣曲的时候，我并不知道小说的思想，但我的思想以某种神秘的方式与之相呼应，我自己想出了这个题目！很多信息表明，地球上的一切都不是第一次发生。文明出现，被完全抹去，消失了，然后又重新出现。还有许多其他的想法——关于外星人和其他一些事情。也就是说，这是一个如此复杂的全球性问题——与我们、与人类相关的一切。有时你学到了一些新东西，但不知怎的，我早就知道了。也许我前世已经经历过这一切。这可能是真的。

　　尤利娅·阿梅里科娃：你对世界螺旋式发展的理念有什么思考？

　　谢苗诺夫：你知道，我甚至不确定它是否呈螺旋式上升。不如说，某种构造冲击彻底改变了世界。这种螺旋式上升太过于平滑了，我认为这不是哲学家最好的表达方式。当你在一个新的层面上提出同样的问题时，它更容易被引证。从这个意义上说，是的。但有时极地会发生出人意料的事情，所以我会将整个发展历史与某些构造转变进行比较。不仅是人类，也不仅是地球。我们对宇宙中发生的事情一无所知。虽然我们知之甚少，但有很多值得期待的地方。

　　尤利娅·阿梅里科娃：这首奏鸣曲是给您的学生——世界级巴扬演奏家尤里·希什金的。专门给尤里·希什金作曲的想法是如何产生的？

　　谢苗诺夫：我如实告诉你这是怎么发生的。我通常不考虑献曲。正如常说的那样，这是陛下的干预。不知何故，我想到了我最好的一个学生（可以说是第二代）尤里·希什金，事实证明，他已经年过半百了。哇！我想，好吧，我应该送他什么样的礼物呢？总的来说，很少有人为我们的艺术这样献身……我甚至不知道……世界巴扬艺术中很少有人可以与尤里所做的贡献相提并论。他以表演为生，并且做了很多事情。我决定在他五十岁生日时送给他这五十页。此外，奏鸣曲是如此复杂，以至于在第一次演奏时，他向我推荐了最合适的人选。我希望他能做到，他真的没有辜负我的期望。此外还有另一个困难：我不知道在巴扬上听起来会怎样。它就像一首交响乐，至今仍在我耳边响起。而尤里试图在巴扬以外做出更多的东西，他表现得像一个管弦乐队，我认为这首奏鸣曲真的很适合他。尤其是第一次演出，他就最终担任了这样的角色，因此我在乐谱中注意到了这一点。这是由于他的 50 岁生日、他的成就，也与我对他室内学术流派贡献的评估有关。这是我送给他的完美礼物。

因此，更深入地说，也许应该献给我最亲密的朋友，那些在各方面都与我相似的非常亲密的人、思想相关联的人。这是一个复杂的问题。

尤利娅·阿梅里科娃：谈到奏鸣曲中包含的思想，尤里·希什金在该出版物的介绍性文章中说："《奏鸣曲三号》这首独特的交响乐的出现是大师迈出的全新一步，他继续在《奏鸣曲一号》中寻找具有现实性问题的答案。作者在新作中向全人类发出呼吁：一个人是否能够捍卫自己的爱情？是否能够承受并听到理性的声音？作曲家揭露那些煽动恶的人，呼吁那些对善失去信心的人，并提醒我们'心中有爱，我们就会永恒'（尤利娅·阿梅里科娃为自己老师找到的海涅的引述，后者用摩尔斯电码加密了这些词）。奏鸣曲的第三乐章以德国诗人的这句话为开始，仿佛给后世传递了无限信息，乐曲继续，第三乐章就结束了，因为只有用爱完成的事情才能永垂不朽。"您可以再补充点什么吗？

谢苗诺夫：带着热爱做的事总能做成。爱，可能是一个理智的人与生俱来的最好、最崇高的东西。你赠我的海涅名言有很多含义。一般来说，没有爱就无法创造出任何伟大或重要的东西。毕竟没有爱就没有生命本身，也没有生命的延续。总的来说，在其他一些文明中也是如此。即使事实证明平行世界存在，为什么那里不存在爱呢？从这个意义上说，这句话根本没有价值。它以某种方式让我们陷入无限之中，甚至不是发展，它不知何故微不足道，陷入一个人、全人类、灵魂的无尽飞行。我们不能确切地知道在我们之前有什么，在我们之后将有什么，但我们有权奔向未来。我让自己参与了这首奏鸣曲，我不能说全部，但是这很可能不是作曲家需要做的。让每个人都找到自己的愿望、自己的想法、自己心灵的飞翔。但奏鸣曲让你思考的是明确的，从人们接受和聆听它的方式中就可以看出这一点。

尤利娅·阿梅里科娃：关于奏鸣曲的形态范畴，您有什么想说的吗？第一、第二乐章和最后乐章中反映了什么形态？例如，第一乐章是帕萨卡利亚曲。顺便说一句，帕萨卡利亚曲是一种哀悼的戏剧形式，而帕萨卡里亚曲是一种庄严的舞蹈形式。哪个形态更接近第一乐章的意图，为什么？

谢苗诺夫：是的，帕萨卡利亚曲和帕萨卡里亚曲是一个非常有趣的问题。总的来说，我很喜欢帕萨卡利亚的形式，你知道为什么吗？有时我们在思考某事，有时我们受到同一个主要想法困扰。其余所有内容似乎都被吸引到这个想法上了。内容就是理念，就是主题！出现在第一乐章的第一首合唱：那是整首奏鸣曲——是它，一首合唱。然后就像在生活中一样，充满了大量的事件——有时很重要，有时不那么重要，有时主观，有时客观，有时不可避免。

第二乐章在奏鸣曲中占有特殊地位。很多人告诉我，我作品的第二乐章是一个特别的故事，每个人都喜欢。我真的很喜欢它，很爱它。所以这里的第二乐章也不简单。这是一种微妙物质的表现、灵魂的反应。如果从形式的角度来看，根本就没有形式，我也不想要任何形式。有一些想法的陈述，一些感觉，一些非常私人的东西，别人不能碰。有一些想法、感受的叙述，一些非常私人的、其他人无法触及的东西。这就像冥想。我有《两次冥想》和《在梦境中》。可以说，这是同一系列和同一形态的下一次冥想。有两个主要主题：第一个是追求幸福，这是奏鸣曲中唯一明亮的主题；第二个主题是这种无止境、无底的悲伤。如果表演者感觉不到，那这首奏鸣曲还是不弹为妙。我在第一、第二和第三乐章中多次提到这些主题的语调。《回忆未来》并非巧合。

关于第三乐章，有很多事情你从形式上分析是一回事，从形象上分析是另一回事。我认为在奏鸣曲的结局中设法延续我在随想曲《S.O.S.》中体现的想法是很难得的。当然，只有三个字母，但它们意义重大。这里是引用。顺便说一句，当奏鸣曲首演的时候，记得他们没有公布加密词，但人们感受到了这种对无限的渴望。所以这句话即使没有说出来也能奏效。但是在出版的时候，我还是把字母放在音符上面，让演奏者不只是演奏节奏，还要用这种节奏来传达意思。这很有帮助。总的来说，我感到很有趣，毕竟这只是一种正式的节奏，若是另一种节奏，它很快就会变得无聊。当节奏有意义时用摩尔斯电码，虽然很少有人知道，但却能以一种完全不同的方式感知，这既新鲜又深刻。

好吧，在这段引用了第一乐章合唱主题的文本结束后（通常，奏鸣曲中的所有内容都基于第一乐章的主题），出现了一个完整的万花筒图像。变奏曲开始了。可以在他们身上听到第二乐章光明主题的回声，只是以变奏曲的形式，带着向上的渴望，因为一个人总是追求光明，追求欢乐。但这种运动很少能持续很长时间，在这一乐章也没有奏效。几页后出现了其他图像，遗憾的是，一切都恢复正常了。

人性和情感常常受到虐待、压抑，并受制于外部观念和环境。这里也一样。一种带有犹太音乐风格的讽刺舞蹈突然打破了紧张的情绪。这种舞蹈是对犹太民族历史的暗示。公众的智慧和权宜之计常常与个人的情感和悲剧发生冲突。这支嘲讽之舞、绝望之舞和信仰之舞的主题不是真正的民族主题，这是我的主题。

由此引出了战争、军国主义的主题，这类主题自人类出现以来就一直存在。只要一个人活着，他就不得不为某些东西而战 —— 为了女人，为了真理，为了阳光下更美好的地方。这大概就是物种的生存法则。这种争斗几乎总是由其他人、环境或国家强加于一个人的。对于民族和国家来说是自然存在的东西，对于一个人来说往往变成必然和悲剧，或者是胜利的喜悦。

尤利娅·阿梅里科娃：在这一片段中出现了拉科奇进行曲中的一句话。在您的作品中，您很少提及非民族传统的材料。唯一的例外也许是《回忆勃拉姆斯》第二部分中约翰内斯·勃拉姆斯的主题和《红莓》中扬·弗伦克尔的主题。在同一首奏鸣曲中，如果你仔细聆听，你可以很容易地猜出巴赫第一卷和拉科奇进行曲中《d 小调前奏曲》的转换引述（或者如果你愿意引用的话）。是什么导致需要使用引文？

谢苗诺夫：你说得很对。这些引用的暗示是时间的联系。应该有更多，但音乐的历史比我们的文明要短得多。

尤利娅·阿梅里科娃：为什么选择这些主题？

谢苗诺夫：巴赫是智慧和深不可测的象征。右手派的这种纹理形象很容易被识别，并与巴赫联系在一起。当然，这不能称之为话题。对我来说，巴洛克时代是音乐艺术开始蓬勃发展的象征。好吧，拉科奇进行曲的主题似乎是无休止战争的象征。

人类从来没有过轻松的生活，显然永远也不会有。总会有一些问题，因为这与个人、群体的利益冲突有关。我在这里用比喻的方式谈到了这些地壳的构造破裂。因此，在这首奏鸣曲中，各种形象的碰撞就是这样发生的。

还有一段，我最喜欢的一段，在结尾的两个乐章之间。就像灵魂呻吟什么的，我不知道怎么称呼它更好。过去发生了什么事，留下了痛苦。当旋律中断、消失时，这个想法变得有表现力，而左手部分仍然不断发出声音。也就是说，一方面它是一种支离破碎、回响的辩证法，同时如果你愿意的话，它又是一种持续的、深沉的心境。我不是故意想出来的，结果就这样出现了。

在奏鸣曲的结尾，一切都进入了时空的无限之中。我们或我们的想法、我们的后代、我们的思想，即使不在这里，也会在更远的地方。没有人知道，但有些事情会发生。因为不可能什么都没有。什么都不会平白无故出现和消失。

总的来说，一首乐曲的结尾对每个作曲家来说都很紧要。当代作曲家（我不说他们是谁）有一些有趣的作品，这些作品因为结尾部分不够成功而不能广泛并长久流传。对于一首乐曲来说，作曲家可以致力于某种技巧，也可以在结构上下功夫，但结尾必须是有意义的……结果不是某个词……而是以上所有内容的综合。听众们不应该以现成的形式下结论，而应该根据内容得出结论。这就是我在这里的超级任务。我记得在协奏曲中，当灵魂的升华由三个音符形成时，一个成功的结尾出现了 —— 升华！这是同样的想法。在开头和结尾部分加密引用相同的节奏，给人的感受却完全不同。大概就是这样，很难添加任何其他内容。

尤利娅·阿梅里科娃：请简单介绍一下作品的形式和各

个乐章。

谢苗诺夫：首先，这里有一些与主题相关的东西，就像在歌剧中一样，就像在任何或多或少重要的交响曲中一样。当然，你可以说这是一种单一主题。贯穿整个第一乐章，从第一个音符到最后一个音符，第一首赞美诗的主题贯穿始终。它要么在低音中，要么不在低音中，要么在逆行中，要么在倒置中，但它始终以某种形式存在。而且我敢肯定，并非每个理论家都会在所有情况下发现它。它无处不在。但是周围有很多内容，有时对比如此强烈，以至于看起来像是一个完全独立的情节，与之前的材料完全无关。我会说这不是帕萨卡利亚，而是合唱和变奏曲。帕萨卡利亚更像是一场音乐会。低音在那里一直是主题，而这里一切都不一样。

假设合唱之后，快节奏的乐章就开始了，对吧？然后突然是缓慢的乐章。但在这里，在较低的声音中，同样的主题是它的核心！它根本没有脱颖而出，甚至没有出现在背景中。但它把一切联系在一起。因此，奏鸣曲尽管很长（我甚至没想到它会持续二十五分钟），但一气呵成，因为这种材料暗中结合了一切。更重要的是，在结局中出现了海涅的名言。毕竟，正如我之前说过的，摩尔斯电码再次响起这首赞美诗的主题！只是和声和节奏不同，但主题是一样的。结果从第一乐章到第三乐章都是这样一个巨大的拱门。

顺便说一下，在形式上，我在协奏曲中也有双声部，这在奏鸣曲中得到了解决。这是一个呼应。而且我根本没有为此而努力。也许这就是我的内心，也许这就是我的想法。第二乐章是双重的，还有结尾。一般来说，一首三乐章奏鸣曲实际上是五乐章奏鸣曲。协奏曲是五个乐章的，虽然名义上是三章。还有前两个乐章（笑）和两个结尾——一个是地狱，另一个是天堂。

尤利娅·阿梅里科娃：您对奏鸣曲的音乐语言有何看法？您在作品中使用了哪些叙述技巧和发展方法？

谢苗诺夫：我经常告诉学生们，世界上没有多少故事。这甚至不是我的想法。如果我们选出一百首最好的作品，就会发现所有作曲家本质上都在谈论同样的事情——关于一个人在世界上的道路，关于沿着这条道路出现的爱、激情、嫉妒和仇恨。在这方面，如果我用汉语、俄语或英语谈论爱情，会有什么区别？爱就是爱。那么，我何必随波逐流，选择音乐作曲的技巧，写得既曲折又难懂复杂呢？一定要十二音吗？对我来说，十二音已经过去了。

新维也纳学派的作曲家、十二音的创始人试图摆脱"太人性化"和可预测性，更喜欢禁欲主义、抽象的领域、严厉的表达方式，并试图以此刷新语调语言和节奏。尽管如此，十二音的创始人勋伯格仍拥有最流行的作品，但那根本不是十二音，而是他在二十岁时写的《启蒙之夜》六重奏，比他的第一个十二音实验出现早二十年。所以这也说明了一些事情。

在《奏鸣曲三号》中，我使用了各种各样的工具，包括最现代的工具。当然，我不接受"向钢琴灵魂扔瓶子"之类的事情。我认为你不应该去做粗俗的事。虽然作曲家在编曲的时候有这样的创作技巧，结合一些自然存在的音乐声音之类的。

　　在协奏曲《壁画》中，为了表现地狱，这些流行趋势非常合适，如复杂的作曲技巧、无调性语言等。虽然我不认为这是一种非常复杂的语言。相反，觉得它更像是听觉感知的复杂组合。不仅是集群，还有系列，不一定必须是十二种声音。在那里我真的使用了这种技术。同时，如果出现明亮、纯净的形象，那么音乐可能应该是相同的。当你需要一个棱角分明、讽刺或任性、险恶的形象时，我会使用尖锐的现代语言。当你需要水彩、纯粹的美时，当然是用完全不同的手段。还有和声、节奏、音色和其他一切……顺便说一句，我喜欢美妙的和声。从经典中挑选任何音乐，他们写的所有东西都是某个和声平面上的变体。它通常决定作品的整个形式，通常还决定内容。这些或其他和声是轻盈的，或者相反，是饱和而紧张的。降七和弦通常是不同的语义负载，当然，我的意思是在古典音乐中。我想我在某种程度上也有这个想法。

　　至于调性问题，在很多情况下，这里的音乐都是有调性的，因为很多情节大多带有调性基础。但我不会断言奏鸣曲有某种特定的调性。可能这个任务不存在，也没有必要。总的来说，我认为奏鸣曲的语言是相当现代、复杂的，而且我使用了各种各样的作曲工具。那些教会我的、我自己从伟大的作曲家那里学到的，我都尽力体现出来。

　　尤利娅·阿梅里科娃：奏鸣曲《回忆未来》是您的第三首奏鸣曲。它是否与以前的奏鸣曲有什么相似之处？比如构思、体现的意象、创作的过程？

谢苗诺夫：最有可能与《奏鸣曲一号》相提并论。

尤利娅·阿梅里科娃：在这个意义上，我认为《奏鸣曲一号》和《奏鸣曲三号》之间确实有很多相似之处。《奏鸣曲二号》有点脱离了这条线。这是对民族音乐的一种回归。

谢苗诺夫：是的，奏鸣曲二号《巴斯卡里阿达》，就像柴可夫斯基的奏鸣曲，他曾一度走向人民——《田野里有一棵白桦树》（柴可夫斯基使用了这个《第四交响曲》终曲的主题）。而我在《奏鸣曲二号》中一头扎进了巴斯克地区。然而，虽然《巴斯卡里阿达》是基于民间传说创作的，但我使用了发展的学术原理，介绍了我自己对传统的改造。第二乐章是赋格段。在管弦乐（包括巴扬手风琴）中以赋格或赋格曲的形式来创作乐章并不新鲜，但并没有这样的赋格曲，这是我的作曲诀窍。《奏鸣曲二号》第二乐章的主导复调部分，以不同声部的主题、相同的调性演奏，但听起来却无调性；有趣的是，赋格段的主题从一个声部开始，持续了两个小节，然后突然以另一个声部继续，创造了一种不寻常的音色立体声效果，而第一个声部继续在其他声部的合唱中紧密发展。这是一种非常有趣的、色彩上不同寻常的复音效果。

如果我们回过头来考虑构思和内容方面的相似之处，那么我会说出三部作品：《奏鸣曲一号、三号》和协奏曲《壁画》。它们似乎在不同的层面上提出和解决了某些哲学问题。例如，如果《奏鸣曲一号》是个人和社会，《壁画》是在基督教信仰的基础上形成的，那么《奏鸣曲三号》中就有一个总体计划，甚至更进一步……可能奏鸣曲写够了（笑）。

尤利娅·阿梅里科娃：事实证明，在三乐章的奏鸣曲中，第一乐章和第三乐章之间总有一个语义拱门，它也可以追溯到第一乐章和第三乐章奏鸣曲之间，这是一种理解周围世界的尝试。

谢苗诺夫：是的，顺便说一句，这是一个想法。

尤利娅·阿梅里科娃：您如何看待《奏鸣曲三号》在您作品中的地位？您对自己工作的结果满意吗？

谢苗诺夫：我非常感谢你开始理解作曲家创作的主题。我认为没有人会比你做得更好，因为你观察了奏鸣曲的整个创作过程，并且看到了它，有人可能还处于起步阶段。这也给了我很多，因为我知道如何积极地接受善意的批评。否则奏鸣曲可能不会变成那样。它在我看来非常完美，因为作为作曲家，我在这首奏鸣曲中没有看到任何多余的音符。相反，当我完成并展示给一位作曲家看时，他认为尾声有点短。最后我把它拉长了一整页，我做得很好。当你写东西的时候，你在作品中重复了很多次同样的事情，在你看来，重复的次数已经足够多了，但对于第一次听或不常听的人来说，这还不够。在摇滚音乐、流行歌曲中，音乐材料的呈现有一个特点，即它是相同对联的多次重复，不是因为有难以理解的词或其他原因，而是因为当这种或那种材料被多次肯定时，它已经开始对我们产生不同的影响了。

是的，顺便说一句，有趣的是今天我在音乐会结束后去学校，我从奏鸣曲的结尾中听到一段犹太民间传说风格的舞蹈用乐曲。我问我的学生还有谁学过奏鸣曲。他说，我们学校有一半人在听这个主题，他们已经学会了。我立刻想起听众在街上背诵和演唱威尔第和莫扎特歌剧中流行的咏叹调。现在时代不同了，歌曲也不同了，但是我奏鸣曲中的素材被演奏得非常有趣，是的。这意味着它上钩了。而且你知道，从声音上说，音符一出现，就已经在演奏了。因此，我很满意。但我已经说过，我有一个更广泛的想法，当然，它不适合一个工具的框架。最初，我有为巴扬和管弦乐队作曲的想法。但是，如果制作交响乐，可能不需要巴扬，我不知道，但有些材料需要用巴扬演奏。

尤利娅·阿梅里科娃：也许不是将巴扬用作独奏乐器，而是在管弦乐队中使用，就像油漆一样。

谢苗诺夫：是的，我想是的。需要的时候就会出现。不要称之为音乐会，这不是音乐会。

尤利娅·阿梅里科娃：总而言之，您如何评价奏鸣曲在您作品中的整体地位？

谢苗诺夫：许多人说这仍然是一个高峰。我不知道，也许我也会这么说。虽然我不能贬低前一个。那里也有一些独特之处。

尤利娅·阿梅里科娃：您是否同意我在采访之前的想法，即《奏鸣曲三号》无论是在意象的深度上，还是在其中所蕴含的思想、表达的力量上，都可以算作是您创作新阶段的象征？

谢苗诺夫：当然，是的，是的，是的。

尤利娅·阿梅里科娃：非常感谢您同意回答我的问题，并与读者和您作品未来的演奏者分享您的思想和想法。我相信，您的新作品会像以前的作品一样，将在世界手风琴曲目中占有一席之地。谢谢您，还有您新的创造性成就。

谢苗诺夫：谢谢你首先选择我作为你撰写俄罗斯作曲家系列文章的对象。

尤利娅·阿梅里科娃：没想到，是吗？

最后我想补充一点，《奏鸣曲三号》的出现是巴扬手风琴艺术界的一件大事。在奏鸣曲首演之后，我听到一位权威听众的意见，就像弗拉迪斯拉夫·佐罗塔列夫的《奏鸣曲三号》一样，谢苗诺夫的新作品无疑会对未来的巴扬创作产生影响。可以肯定地说，没有那么多作品，尤其是巴扬音乐中，能在这样的水平上提出并解决人类生存的全球性问题。

目前，谢苗诺夫正在创作一部新作品，我们希望他很快就能以他特有的情感，用真诚、清晰和生动的形象给我们带来快乐。

巴扬《奏鸣曲四号》并没有延续这一主题，而是成为这样一首新作品。此外，它还开启了巴扬音乐比喻情感领域的一个全新的、完全不同的方面——尘世的！

然而，回到《奏鸣曲三号》。强调一下，《奏鸣曲一号》、协奏曲《壁画》和《奏鸣曲三号》之间的时间距离是巨大的，但两者都反对宇宙无限和灾难预兆的想法很重要。毫无疑问，作者的上述评论将有助于更好地理解这个想法本身以及作曲家对周围世界的态度。

《奏鸣曲三号》由三个乐章组成：第一乐章 —— 中板，稍快活泼，渐慢，快板；第二乐章 —— 行板，快速，渐慢；第三乐章 —— 高贵而庄严的，慢板，不太快的快板，光拍。它完成了与神秘相关的主题，神秘幻象作为一种现象。很明显，它可以被称为：

> 抗议的交响乐
>
> 不朽的交响乐
>
> 地球生命的交响曲

为此，我们有理由和论据。

谢苗诺夫用音乐语言的既定性、高度概括性和所具有的深刻含义，丰富了奏鸣曲的音乐结构。

俄罗斯音乐中大量使用，并具有全面、多面含义的语义符号之一是钟声。如果说在协奏曲《壁画》和《奏鸣曲一号》的前奏中，钟声是俄罗斯强大和伟大的象征，那么《奏鸣曲三号》的开头则更清楚地表明了这种现象的音色本质。在这方面，我们可以参考拉赫玛尼诺夫的《第二钢琴协奏曲》，已成为俄罗斯民族文化的象征。亚列什科这样写道："拉赫玛尼诺夫特别受欢迎的作品的象征意义与钟声密不可分，钟声通常发挥主要的音乐和戏剧功能。"

难怪许多俄罗斯作曲家使用的音乐标志性形象与谢苗诺

夫接近，如穆捷斯特·彼得洛维奇·穆索尔斯基的歌剧《鲍里斯·戈杜诺夫》《霍万兴那》、交响乐图画《荒山之夜》（尾曲），里姆斯基-柯萨科夫的歌剧《沙皇的新娘》《隐城基捷日的传说》，罗季翁·康斯坦丁诺维奇·谢德林的交响乐《钟声》。拉赫玛尼诺夫的诗《钟声》可能是《奏鸣曲三号》的比喻情感的原型之一，尤里·弗谢沃洛多维奇·克尔德什对此有如下描述："在第三乐章急板乐曲中，作曲家描绘了一场宏大的'普遍灾难'，人类所有的梦想、希望和期望都破灭了。研究者写到，一种可怕的、无情的因素，不放过正确或错误的人，入侵每个人的生活，不分个人命运，将一切变成废墟和灰烬。这一形象是革命前俄国艺术的典型，以不同方式折射在许多艺术家的作品中，却没有了拉赫玛尼诺夫的神秘主义和'超凡脱俗'的神秘色彩。这部分的音乐以恐惧和绝望的感觉为主，将被突然行动困住的群众团结在一起"。

谢苗诺夫选择的音乐表达方式，使创造与世界交响乐样本相对应的图像成为可能。方式包括使用民间主题《拉科齐进行曲》，这在柏辽兹的杰出作品中永垂不朽。重要的是，21世纪的现代作曲家谢苗诺夫，通过巴扬音乐的棱镜表达了柴可夫斯基、普罗科菲耶夫、肖斯塔科维奇音乐中的许多音乐形象，其中将完整、恶魔般的原则社会化，就像其他同行已经做的那样，如：弗拉季斯拉夫·安德烈耶维奇·佐洛塔里亚夫、索菲亚·阿斯加托夫娜·古拜杜丽娜、阿纳托利·伊凡诺维奇·库夏科夫、根纳季·伊万诺维奇·班希科夫、埃弗雷姆·波德加伊茨、阿列克谢·纳加耶夫。

几个世纪以来，使用音乐符号的另一个例子是对巴洛克式帕萨卡利亚的引用。对于《奏鸣曲三号》，作曲家一方面选择帕萨卡利亚作为形式结构，另一方面将其作为音乐和语义内容的基础。作者曾说："内容是一个想法，它是一个主题"，不仅是变化的特定方案，也是特殊的可变性，它是音乐材料发展的原则，并非主题、语调或旋律成为作品的发送常量，而是一种符号，存在实体事件的象征，具有普遍的人类价值。

对于奏鸣曲快板来说，第一乐章副主题的作用是不寻常的，也不典型。关于第二个主题，有必要说明一下：它只能在一定条件下称为主题；更确切地说，它是一个语调形象，并不能决定整个乐曲的特征。它并不声称具有主题的作用，它在奏鸣曲体裁中起着"催化剂""能够发展"的语调核心的作用，决定着主要和次要部分的主题与最终什么占主导地位。世间的普遍秩序、具有世界意义的主旋律，支配着一切，而亲密、私人的主观第二主旋律，自然被其压制，在其面前，个人的小"我"不可能成为"赢家"。

在柴可夫斯基的《降 E 大调协奏曲》中，一位评论家曾说，结局的概念被简化为对爱情和乐观的肯定，而在交响曲六号《悲怆》的结尾呈现了悲惨的一页（生命的结束，即死亡作为任何人生命的结果），谢苗诺夫的奏鸣曲三号和四号则相反，被解释为"消失在虚无中"，进入太空，进入未知。

由于巴扬被谢苗诺夫巧妙地使用，现代音乐表达和视觉手段的丰富令人惊叹：在巨大的声音空间中发出求救信号，具有丰富的音色技术、声乐效果，还有各种带有风箱、乐器和技术手段的抖风箱。

《奏鸣曲三号》第一乐章中，呻吟的语调具有特殊的意义，但不是某人的、作者的、个人的，它是普遍的，这是离开者的痛苦、呻吟、哭泣，它使每个人都平等，但地球是国王和平民、总统和天才、亿万富翁银行家和乞丐的避风港。这些信号不是事件性的、私人的、一次性的，而是对人类的警告，不是对我们生活现实的幻想，而是"白色隧道"——死亡和回归。这些正是作者在注释中所写的语调，是概述和预测第二乐章和第三乐章的意象情感的语调。他们似乎给音乐结构上了色，使其更简单、更干净、更明亮，消除不和谐的呼唤和泛音。当然，这创造了一幅可信的灾难画面。在这里，一连串看似混乱的声音层导致了第一乐章以初始钟声告终。

第二乐章将听众带入一个完全不同的情感世界。如果与交响乐传统密切相关的比喻情感在第一乐章占主导地位（不仅包括主题材料本身、音乐和表现手段、它们发展的方法、纪念性、规模性，而且包括广泛光的全景、彩色音乐、各种音色以及管弦乐谱和变音器的比较），第二乐章更具有室内私密的、透明的质地。这些是对生命意义的反思，"自我反省"，试图停下来，思考、理解过去，评估生命的里程碑。

有点沉闷的巴松管音使其更接近《奏鸣曲一号》的第二乐章。行板可以说是前一个乐章音乐素材展开的动态过程中的暂时喘息。大概，在写作的一般概念中，它是由戏剧策略驱动的第二波活力的开始。作曲家将第二乐章呈现为自由冥想（沉思，保持变速）。相当准确地定义音调（在 g 小调）中心带有六级的序言（1—3 小节）。快速活跃部分和主题以其发展的开始和开放的结构引入了一些活力，摆脱了节奏音调系统，但具有明确定义的 D 大调音调中心和宽阔气息的浅色。回想一下，里姆斯基 - 柯萨科夫和亚历山大·斯克里亚宾作品中的 D 大调是黄色的，代表了太阳、黎明和精神高度。首先"没有斑驳的悲伤"，然后在更快的节奏中，旋律的情感快速上升，就像在无限中飞行，进入太空，实现灵性爆发！

第二乐章（渐慢）的中间部分没有对平静、平衡状态的整体基调进行重大调整。同时，正是这种看似克制和专注的状态"点燃"了气氛，营造出一种对意义重大的事物的期待感。当然，在我们的案例中，回到作者表达的程序问题，我们可以谈论有条件的，但不是直接从作品内容中得出的特定情节程序。在这种情况下，降 E 大调奏鸣曲尾声的稳定音域是完全可以理解的，左手部分的三和弦（降 E 大调，里姆斯基 - 柯萨科夫认为是灰蓝色的，亚历山大·斯克里亚宾则认为是黑灰色的钢铁，实际上是夜空的颜色，带有星星和星座的亮点和图案）和摩尔斯电码的节奏模式，让人联想到灾难。同时，音调在持久性中带有一些和声溢出（降 e—g—h，升 d— 升 f—h），产生了一种"闪烁"的说明性声学错觉，有时消失，有时出现在太空中的光点，就像消失的恒星的脉冲，或者可能是人类生命的消退，"心脏的最后一次跳动"。音

调"演奏"（降 E 大调 —H 大调）汇集了灰—蓝—蓝—钢色的
听觉和感觉。

　　在我们看来，作曲家使用的各种演奏技巧极其重要，在
艺术上也是合理的，他完全了解乐器的功能，主要是与发声
相关的声学数据：共振流、振动频率、空气射流的折射度、
通过在风箱中不断调节实现，可以在不将手指从按键上移开
的情况下将音调更改为半音（e— 降 e—d），以及外部噪音
节奏效果（手指敲击外壳、键盘、风箱）。

　　当然，这样的奏鸣曲技巧是演奏家和作曲家通过大量的
实验探索找到的。谢苗诺夫将它们引入奏鸣曲的一般背景中。
这是一个非常有成效的途径，类似于作曲家研究实用配器。

　　谢苗诺夫对他的乐器了如指掌，感受深刻，并设法将宇
宙无限的声音图像提取到"上帝之光"中。

　　第三乐章和整部作品的高潮是光拍部分，作曲家试图向
我们传达他对地球上生命的理解和思考：爱就在我们心中！
我们是永恒的！以及通往太空的信息听起来如何 —— 永恒、
永恒、永恒……

　　一方面，这是在结局中响起的音乐节奏主旋律，即向后
代、遥远的世界发出的信息；另一方面作为从遥远的银河系
到达地球的宇宙信号，也许来自一个已经死亡的星球。《奏
鸣曲三号》结尾的戏剧结构是以这样一种方式构建的，即对
未来仍然有充满希望的感觉：光、光线、太阳、黎明、生命！

　　似乎《奏鸣曲三号》的标题最接近的含义是：地球上生
命的交响曲。

奏鸣曲四号《融合》（2017 年）

奏鸣曲四号《融合》是谢苗诺夫最特别的作品之一，它在形式和内容上都突破了体裁的限制，但在曲式构成和乐器弹奏手法上保留了基本规则来保障曲子的活力。自尼古拉·雅科夫列维奇·柴金的巴扬《奏鸣曲一号》问世（1944年）已经过去了七十多年。从那时起，这一体裁就不断地被完善和改造。

谢苗诺夫曾这样解释这部作品的创作理念："乔治·格什温为钢琴创作了《蓝色狂想曲》，那为何不为巴扬琴创造一个结合了最突出的现代流行乐的音乐图景呢。"奏鸣曲四号《融合》是世界巴扬手风琴音乐的先锋作品，它将风格迥异的潮流、趋势、风格等看似不相及的元素结合起来，创造出了新的艺术成果，对此我们得先简要地插一个题外话。

《融合》（源自英语"fusion"）的风格，正如他们说的那样，出现于 20 世纪 70 年代，是一种以爵士摇滚为基础，融合欧洲学院派音乐以及非洲和欧洲民间创作元素的现代风格。需要强调的是，爵士与摇滚的融合是《融合》风格形成的基础，其奠基者是爵士小号手迈尔斯·戴维斯。《融合》的风格如此尖锐、鲜明、充满活力而又出人意料，渗透着许多学术流派，改变了民间摇滚音乐的面貌，扩大了爵士乐的范围，吸引了所有现有的音乐风格的作曲家和演奏家。

据叶莲娜·多林斯卡娅所说，罗迪翁·康斯坦丁诺维奇·谢德林是俄罗斯最早使用风格拼接、任意组合法、十二音技法、序列和爵士乐（更确切地说是爵士乐精神）的人之一。正如谢苗诺夫所说："毫无疑问，爵士乐改变了我的创作，不是在形式上将爵士乐的内容转移到自己的音乐作品中，而是在自己作品中再现爵士乐精神。我在《第二钢琴协奏曲》的第三乐章（《对比》）中置入了几个简短的插曲，对'现代爵士乐四重奏'的用语进行注解。我尽力去重现了这个合奏的独特音色、节奏与和声转调。我想在音乐会中呈现出不同音乐风格相结合的效果。"

早在 20 世纪 60 年代，巴扬手风琴音乐中就出现了类似的折射主题主义、和声与专题特征升降调范围的尝试。70—90 年代巴扬音乐的突出特征是"体裁浸渗"和明显的爵士乐风格化表达，代表音乐家有：弗拉基米尔·祖宾斯基（《爵士帕蒂塔》，1983 年）、亚历山大·普什卡连科（《20 世纪的斯基泰人》，为巴扬和打击键盘乐而作，1986 年）、亚历山大·朱尔宾（《奏鸣曲二号》，使用了轻音乐、流行乐等体裁，1982 年），维克多·弗拉索夫（组曲，八首巴扬手风琴爵士乐曲，1992 年）、阿纳托利·库夏科夫（嬉游曲，1992 年），奥列格·戈尔查科夫（复调指法，来自爵士乐史，八乐章组曲，1991 年）。

谢苗诺夫的《奏鸣曲四号》是一首复杂的三乐章套曲：

1. 序曲，将听众带入场景（Allegro vivace ♩=152, Presto ♩=192）；

2. 即兴与赋格（Andante, Lento cantabile, Andante♪
=80）；

3. 终曲为奏鸣曲形式的扩充作曲，本质上是展开部，不
仅综合了许多学术、流行和爵士乐的意象，还综合了很多
器乐技巧（Largo♪=120, Allergo, Moderato, Allergo♩=120,
Pio Sostenuto, Presto）。

借助着乐器技术手段的革新，体裁与音乐语言得到了更
新，由此作曲家得以用新的方式来实现自己的创作想法。

对《奏鸣曲四号》体裁的诠释是鲜明而与众不同的，它
的独创性主要在于抛弃了此种体裁的传统特征，转而用现代
化的方式来诠释新的艺术和音乐形象。

如果将三乐章的《奏鸣曲四号》视为一个宏观结构，即
概念上的整体，则可参照表 2-1：

表 2-1 《奏鸣曲四号》的乐章结构

第一乐章	第二乐章	第三乐章	
快板奏鸣曲式（如同） 主声部主题 次声部主题	即兴与赋格	展开部	再现部
呈示部		呈示部	

在第一乐章中，带有精致和声、令人印象深刻的旋律与
缤纷色彩的米隆加，取代了复杂的爵士摇滚节奏和富有弹性
的托卡塔曲。

值得注意的是，在奏鸣曲一、二、三号中，作为"体裁

引入"，序曲中包含了后续内容的第一批标志性特性（音调在《奏鸣曲一号》中，西班牙风俗画在《奏鸣曲二号》中，"钟"在《奏鸣曲三号》中），然后是快速的托卡塔奏鸣曲快板，凭借独特的混合可变节奏（14/8，12/8，9/8，12/8，11/8）、强劲的动态、最复杂的爵士和声系统多和声组合和飞动的涡旋滑音，该快板成了整部作品音乐材料与风格的动力轴展开的动态主导信号。也许，这个因素已经成为两个完全对立的领域——学术文化和流行文化（爵士摇滚、探戈、舞蹈日常应用片段）的结合体。将这些相差甚远的类型、方向、趋势和特征结合起来，促成了这种革新式创作的，不是简单引入民族风格和外国元素（乡村音乐、声乐舞音语调、插入片段），不是爵士乐和摇滚传统的拼接，也不是将不同体裁的旋律和节奏进行拼接（波士顿华尔兹和探戈伴奏，非传统"阿根廷探戈"，也并非"新探戈"），而是迷人而多彩的新型伴奏。我们的这种推断有着坚实的基础。

表 2-2　奏鸣曲四号《融合》的风格类型特征

第一乐章	第二乐章			第三乐章
托卡塔 探戈	前奏曲 新浪漫主义 印象派	即兴创作 爵士乐	赋格 古典复调音乐 东正教音乐主题对比	快板奏鸣曲式 高潮（持续音）

　　谢苗诺夫的《奏鸣曲四号》向我们呈现出来的与听众的感知若想完美契合是有条件的，但是，根据叶夫根尼·纳扎伊金斯基的理论，它的存在是有道理的。

第二乐章是一种新巴洛克风格：前奏曲、幻想曲和赋格（四声部），严格遵守了所有的曲式结构规则。

第二乐章（行板）有着柔和抒情的第一主题，嵌入了精致的印象派和声及后续部分（如歌的慢板），它可以被理解为新文艺复兴现象（巴赫时代的传统"复兴"——前奏曲、幻想曲和赋格曲）。

如歌的慢板部分将听众带入了另一个时代：摇摆乐（切分音、奏法、独特手法）中的和声进行自由链、幻想、现代爵士乐和声，独特的 7/8 拍，与巴洛克风格的音乐相去甚远，所有这些都为学术音乐体裁注入了新鲜血液。新蓝调以 5/4 拍为背景，现代交谊舞柔和的切分节奏与灯光相得益彰，营造出私人沙龙的氛围，增添了在海景房度假的游客的那种奢华生活情调。自由任意但又严格遵循规则的音调即兴，给流畅和具有可塑性的歌舞（米隆加）提供了很好的内部条件。

赋格跟以往的"音乐礼物"形成了鲜明、具有象征意义且划时代的对比，其主题与充满活力的现代音乐（具有复杂非和弦、和弦、复合和弦）形成了对比，创造出一种闪回 17、18 世纪意大利和德国哥特式艺术世界的感觉。

然后，就像乘坐了"时间机器"一样，再次回归现代，回归爵士乐的对比、节奏、音调与和声，这些组合为奏鸣曲形式传统的中间部分增色不少。

如果将终曲看作是单独的结构曲式，则其为奏鸣曲形式（对比复合变体）。它鲜明多彩的音乐综合了多种体裁、节奏、类型和手法、音色。严格的固定公式系列（9 和 7 拍）自然地与自由爵士即兴曲、爵士摇滚节奏相结合。

　　尽管《奏鸣曲四号》的和声语言很复杂，但我们需要弄清楚奏鸣曲的音调结构特征。

表 2-3　调性布局

第一乐章	第二乐章	第三乐章
中心音 D 大调：1—19 小节； 降 e 小调：第 20 小节； D 小调：第 24 小节； F_9：28—30 小节； 急板 C_9：31—43 小节、44—60 小节； g 小调：61—89 小节； e 小调：90—108 小节； e 小调：109—135 小节。	1. 序曲：1—17 小节，中心音 D 大调（d_7）； 2. 即兴创作：第 18 小节，爵士和声； 3. 赋格：1—50 小节，e 小调—a—e—a； 4. 间奏（中板）：28—61 小节， D^{+6}：52—58 小节 d...； G 大调：59—85 小节。	广板：1—15 小节；快板：16—124 小节；中板：125—171 小节；中心音 G 大调、A^{+6}。 快板：172—215 小节；中心音 G 音：216—227 小节； 急板：E^{+6}，第 228 小节，中心音 E 音 中心音 C 音。

　　其他国家的音乐创作自 20 世纪就开始对体裁进行混合。众所周知，音乐史就是音乐风格史。在定义世界音乐文化新现象的起源时，阿斯特·皮亚佐拉说："1955 年，由于猫王和摇滚乐逐渐渗入阿根廷，阿根廷探戈开始没落，相比探戈，16—18 岁的新一代年轻人更喜欢摇滚。他们对探戈不感兴趣，他们喜欢听摇滚乐。60 年代的披头士乐队带给探戈以致命的打击。'但我的音乐并没有死去。'年轻人已经接受了我的音乐，因为它不会让人厌烦。以前的传统探戈非常无聊、单调且不可动摇。在过去的四五十年里，这种音乐没有发生任何变化，直到我出现……我把探戈从人们手中夺走……沉

重打击。这种情况就像一场战争，一场针对所有人的战争。在五十四岁的年纪被所有人反对，这是我真正的噩梦。他们威胁我的家人，威胁我，甚至我的女儿……有一次还在街上打我，就因为我改变了音乐。想想吧，真是有趣！我不仅要研究音乐，还要研究如何防身。事实证明，学会空手道或者类似的技能是非常有必要的。如果您决定改变音乐，您得先开始学拳击或某种武术。您知道吗，那时威胁过我的人现在可能已经成为了我的朋友，甚至可能爱上了我。我觉得这是可能的，不过我不太确定。"

著名的法国手风琴家理查德·盖里安诺曾写道："本世纪初，世界各地都出现了类似的体裁：法国 —— 缪赛特曲，美国 —— 蓝调，阿根廷 —— 探戈。所有这些都是人类和文化结合的成果：缪赛特曲是法国与意大利的结合，探戈舞是意大利与阿根廷的结合，蓝调是非洲与美国的结合。被命运抛弃、远离故土的外来移民们，激昂而悲怆地宣泄出思乡之情……我将自己的音乐称为'新缪赛特曲'。"

即兴创作在万千的独特体裁中发挥的作用不容小觑。让我们将其与其他类型的学术音乐进行对比。"相反，在协奏曲文本中，借助直接、自发、本能的弹奏，即兴创作的地位得到了巩固。无论在风格、作曲法，还是在戏剧创作上，演奏技巧（引入其他风格的元素，与不同体裁共同演奏，包括日常音乐）对于即兴创作的传播都非常重要。同时，根据事先仔细核对过的方案，通过音色声线的竞争还创造出了自由即兴创作的幻觉。作曲家们在偶然插曲中主要是想建立一种不间断运动的自发性感觉。"

让我们分析一下谢苗诺夫《奏鸣曲四号》中的这些倾向。即兴创作在作曲整体概念中的作用难以界定，但也不可小觑。某种情况下（第二乐章），即兴创作成为了下一赋格的前奏，类似于在第一乐章中的角色（急板，31—38 小节），预示探戈主题即将出现。在另一种情况下，即兴创作可以作为开发音乐材料的方式（终曲，104—124 小节；快板，172 及以后的小节）。在另外的情况下还有另一种类型的不受拘束的即兴创作（叶莲娜·多林斯卡娅所说），无调性、中性、独立于调性。有时即兴创作结合了多种功能，比如上述那种不受拘束、充满活力的类型，具有更复杂的表现手法。它不仅是形成终曲高潮的手段，也是形成整部作品高潮的手段（第三乐章的 172—215 小节）。通常，即兴创作实际上就是弹奏一段曲子，任思绪纷飞，或冥思、说一段话，但不是无用的话（44 小节，第二乐章）。极少数情况下（第二乐章）即兴创作是一种以失律公式为背景的 5 拍（对于巴萨诺瓦来说并不典型）声音演奏，似游离不定的火光。在一些片段中，即兴创作是充满了爵士乐和声的蓝调奏法，即所谓的"和声演奏"，与爵士乐文化（摇摆乐）和印象派（克劳德·德彪西）同根同源，在一些插句中还与乔治·格什温的交响爵士乐一脉相承（《蓝色狂想曲》，№142，57—63 小节），被阐释为"自由的自我表达"。所有的这些都被有机地融入整个音乐语境中，创造了一种特殊的结构套叠效果，从内容上看并不是典型的学术音乐或民间音乐。

谢苗诺夫以俄罗斯民歌《白脸和圆脸》为主题的即兴创作则有完全不同的内容，可以说它具有生动的内涵。在这种情况下，主题、音调和曲子的节拍结构都不是音画的基础。音画总体现着每节副部的内容，建立起总体的作曲构思，音画的形象对即兴创作起着决定性的作用。

谢苗诺夫的另一个创新点是《奏鸣曲四号》音乐结构的音色多谱性。这是一种少见的声音矩阵，它结合了交响乐、大型爵士乐的音色，拉美音乐（传统探戈中的手风琴和班多钮手风琴）、法国音乐（波士顿华尔兹中的手风琴，拥有绝佳音色 ☺ —— 谬塞特以及特殊的"抑扬调"）的舞蹈特征。其中还有从音色上看非常久远的声乐典故、古典意义上的管风琴音色。在赋格中，体裁与作曲家的音色思维密切相关。20 世纪末至 21 世纪初，管弦乐带来的积极特征也很明显，但它不是纯粹的交响音乐，而是独奏管弦乐和大协奏曲，只是沿用了乔治·格什温的体裁。

在第三乐章中，这些特征尤为明显，将各种元素糅合形成了一个独特的节奏框架（核心），串联起一部光与色的作品。由此我们可以得出一些理论性的结论，也能提出一些以前音乐学文献中没有涉及过的假想和假设，并对其中的几个进行定义。首先，我们需要了解一下乐器音色质量发生变化的整个过程，它们从稳定（不变）过渡到不稳定（可变）状态，然后循环往复，就形成了新的音色声波，同时将新的独特的音色引入现代艺术作品的整体音色全景中（由本文作者定义的术语）。他赋予其中一些元素特殊的意义，巧妙地将其应用于片段中，这种片段具有渐进的音色程式化扩展和突然的音色变化（音色对比）。其中，突然的音色变化，与不改变动态（进程）的情况下新音区接入已经发声的音符、和弦、和音有关，也与新的音乐材料（音色对比原理）有关。

如果说，在浪漫古典主义方向（莫扎特、贝多芬、舒伯特、约翰内斯·勃拉姆斯、罗伯特·舒曼）的音乐中，对比原理建立在快板奏鸣曲式中主次声部的主题音调对比上，在展开部中，主题形象对比成为开发音乐材料主要的剧作手段；在再现部中，呈现出情感领域其中一方的胜利，或者使双方达到一致和谐。那么，在谢苗诺夫的《奏鸣曲四号》中呈现的则是体裁主题的对比，但并不对立。

"斗争和统一"的对立性与交响乐奏鸣曲体裁的主要原则并不冲突，没有独奏者与乐队的竞争，没有异类组别（弓弦 —— 木管乐器；黄铜 —— 木管乐器；合奏 —— 一个特定组别）和音域特征（高—低音区等）的音色对立竞争。3—3—2节奏贯穿了整部作品，该节奏具有拉美歌舞文化多种音乐体裁、阿根廷探戈以及哈巴涅拉舞的特征。

正是这种节拍公式的艺术音乐及巧妙、高度原创的构造赋予了谢苗诺夫的音乐一种特别的锐敏度。

在一个独特的平台上，轻盈、光彩夺目的主题带给人们晴空万里的纯净感，蓝调轻轻勾起人们年轻时的回忆，让人想起乔治·格什温的狂想曲旋律，接近芭蕾舞角色的浪漫飞跃（谢尔盖·谢尔盖耶维奇·普罗科菲耶夫的《罗密欧与朱丽叶》）和印象派的虚幻绘画（拉威尔的十部高贵而感伤的圆舞曲）。这是一种浪漫情调，令人愉悦又隐秘，深藏在心底，它温柔、善良、真挚，却不外露。

　　前面提到了谢苗诺夫音乐的光色特征（《协奏曲壁画》《奏鸣曲一、二、三号》），现在我们尝试将声、光、色与谢苗诺夫的《奏鸣曲四号》联系起来：

表 2-4　《奏鸣曲四号》的声、光、色

第一乐章	第二乐章	第三乐章
D 大调—d 小调，日光黄 急板 C_9 1—20 小节：降 e 小调，蓝灰、钢灰色； 21—44 小节：a 小调，粉绿相间； 45—66 小节：a 小调，粉绿相间； g 小调，棕色、金色、橙黄色； 67—90 小节：e 小调，深蓝色、浅蓝色。	D 大调，日光黄 第 18 小节：a 小调，粉色、绿色； 1—50 小节：赋格小节，e 小调—a 小调—e 小调—a 小调，深蓝色、浅蓝色。	1—15 小节：G 大调，棕色、金色、橙黄色； 16—124 小节：马赛克； 125—171 小节：A 大调，粉色、浅蓝色、深蓝色； 172—215 小节：G 大调，棕色、金色、橙黄色； 216—227 小节：E^{+6}，深蓝色、偏暗的浅蓝色、偏暖的紫色； 第 228 小节为结尾：C 大调，白色、红色、灰绿色、深蓝色。

　　奏鸣曲四号《融合》，讲述的不是忏悔或悲剧故事，也不是漫长而痛苦的艰难岁月，而是人们饱经变故与沧桑的广阔全景画面。在这里，年轻人对新现象有着新的认知。20 世纪 60 年代，拉美文化中的独特歌舞体裁（桑巴、伦巴、探戈）的传入显然影响了人们的思维，不仅仅是年轻人，可

以说是影响了简称为"阿飞"的整整一代人。电影《阿飞》非常形象地表现出了这一点。外来文化被创造性地进行了改造，并以全新的面貌融入俄罗斯的大众文化中，也影响了学术派。当然，这种将体裁、方向、趋势结合起来的非实验性尝试，产生出了新的艺术效果。在此借用俄罗斯此领域的专家瓦西里·尼古拉耶维奇·西罗夫的话："摇滚让我们回到欧洲交响乐歌剧传统的幼年时代，可以说，歌舞就在我们眼前孵化而出。"专家认为，"摇滚乐手对文艺复兴、巴洛克和巴赫深怀敬意"，这同时也是对现代学术派的批判性审视。

除了巴洛克式的修辞音型，欧洲音乐文明的基础——弹唱诗人、游吟艺人和游艺活动，带给人们的吸引力也很明显。摇滚让记忆中曾经被遗忘的音色变得鲜活，如带鼻音的风笛声、轻柔的琵琶拨弦声、雄壮的教堂管风琴声、原始音色的纵笛声。摇滚是 20 世纪最强的艺术趋势之一，德彪西、斯特拉文斯基、巴托克、奥尔夫、凯奇、赖希和帕尔特的作品都是其中的典范。

上述引证充分证实了我们对谢苗诺夫《奏鸣曲四号》以及对俄罗斯巴扬音乐命运的论断。一边听着《奏鸣曲四号》，一边将其与该体裁此前的作品进行比较，兼顾 20 世纪末至 21 世纪初世界音乐的所有发展趋势，我们可以得出以下几点：①《奏鸣曲四号》是巴扬手风琴音乐中的新鲜血液；②由于新体裁的引入，形象情感领域明显扩展开来；③无论是与后浪漫主义，还是与现代主义音乐的典范相比，乐章、片段、插句的内结构排列都发生了显著变化；④调式和声语言有了明显更新，极简主义主题特征日益显现，和声活跃起来，九度和弦与十一度和弦，加上三音结构复和音变得越来越复杂；⑤由于每个管弦功能的独立性和线性的展开，音色手法得到了更新。

至此，关于谢苗诺夫奏鸣曲四号《融合》的阐述就结束了。我们有理由将其称为"21 世纪的幻影"，在审美哲学意义上它是"爱与喜悦的颂歌"。

第九节
《嬉游曲》

《嬉游曲》分为三个乐章（一、传奇；二、怀旧；三、旅程），创作于 2005 年，是受美国手风琴家协会前主席费思·戴费纳女士 2005 年发出的创作《嬉游曲》的邀请而创作的，是针对美国当时手风琴的发展情况而创作的一首同时适用于巴扬和键盘手风琴的作品。此时，谢苗诺夫已经在世界巴扬手风琴文化中确立了自己的地位，作为协奏曲《壁画》和两首《奏鸣曲》的作者，已在国际上广为人知。

"嬉游曲"一词，源自法语 Divertissement 和意大利语 Divertimento，意为"娱乐""消遣"。《嬉游曲》在字典里是这样解释的：①重要的戏剧、音乐会中特殊的、有趣的和主题性的一系列乐曲；②用于芭蕾舞或插入歌剧和其他戏剧，与情节无直接关系；③由几个小的、容易编排的小曲组成的音乐作品，用于一种或多种乐器。众所周知，嬉游曲结合了奏鸣曲和组曲的特点，更接近于奏鸣曲。嬉游曲中包含奏鸣曲的典型部分：快板、变奏曲、小步舞曲、回旋曲等。许多被称为嬉游曲的早期作品实际上是奏鸣曲。大量的舞曲形式在嬉游曲中得到广泛使用，它们更接近组曲，尤其是像小夜曲那样充满多样性。谢苗诺夫在本曲中运用了民谣、舞曲、爵士、探戈等丰富的音乐元素。由于本曲涉及的风格颇多，也取材于民间音乐，且手风琴有着丰富的音色变化，为此，乐曲中也加入了大量对民族乐器声音的模仿。在创作本曲的同时，更不忘对手风琴的独特性的发掘，加入了很多手风琴独特的演奏技巧，使曲目更加丰富多彩，可听性更强。

汉斯·布雷姆和沃尔甘加·雅各比的嬉游曲作品，在国际手风琴音乐中广受欢迎。他们选择了不同的形式：汉斯·布雷姆选择了一个由三个乐章组成的套曲，而沃尔甘加·雅各比则选择了由五个乐章组成的套曲。此外，二人的音乐风格也大不相同。

德国作曲家汉斯·布雷姆 1969 年创作的 F 大调嬉游曲，由三个乐章组成（一、小夜曲；二、固定间奏曲；三、急板），是为多音色双系统自由低音键盘手风琴而写的。第一乐章是利用西班牙节奏舞曲的可变节拍写的。第二乐章是一种冥想、反思，旋律线展示在了两条谱线上：左手声部的固定低音和右手部分的对位线在最后的声部中。中间部分是华彩乐段，这是一段结合了巴赫音乐中的小提琴节奏的令人动容和激动的音乐。左手部分的不协调和声引入了第三乐章的气氛。一连串十六分音符中，浪漫和振奋的和弦，最初出现在第二乐章的华彩乐段中，偶尔穿插谐谑曲片段——这就是接近于终曲的浪漫小提琴协奏曲。

德国作曲家沃尔甘加·雅各比的五乐章嬉游曲（1. 吉格舞曲；2. 间奏曲；3 小夜曲；4. 轮旋曲；5. 谐谑曲），以现代音乐语言延续了 18 世纪法国大键琴演奏家的传统。毫无疑问，这是新古典主义和新浪漫主义影响的结果。同时，以新的形式致敬过去的大师流派：不是复制粘贴，不是洛可可风格音乐的复原，更不是回顾，而是对西欧室内器乐的致敬。

谢苗诺夫在《嬉游曲》的第一乐章起点乐段中，利用一高一低变音器的特点和音色，模仿了印第安人所使用的一种低音管乐。以自由即兴表演的信号开场，仿佛在呼唤城市广场剧院等待即将上演的表演或其他节目。它更像是一个寓言，有一定的艺术图像："孟乔森男爵乘坐气球环绕地球飞行"。英雄旅行者飞越特定地区时，就好像听到了代表故乡、国家和民族文化的音乐。这是雄伟的合唱，作为梵蒂冈和罗马唯一神圣文化的化身，投射出强大的秩序：宇宙"统治者"的祭司及野蛮的十字军。从中可见对巴赫传统音乐的着重强调。而这场"超现实世界之旅"，仿佛搭乘"时间机器"，将听众带入 20 世纪初谢尔盖·普罗科菲耶夫时期的野蛮的斯基泰艺术世界：他的托卡塔曲仿佛让人想起《奏鸣曲六号》和《斯基泰组曲》（快速且富有节奏感）。第二个主题是空中飞行的诙谐曲，但它朴实无华，结构封闭。在第一乐章的最后一段，加入了一种手风琴的独有的技巧，即以持续的抖风箱结束了"传奇"乐章。

第二乐章是完全不同的音乐画面，更确切地说，它是一个梦想的世界，一种新印象主义方式的声音"笔触"，回归到莫奈风格，如皮埃尔·奥古斯特·雷诺阿《沐浴在塞纳河上》般柔和的音阶。乐曲的第二乐章可能是作者对瑞典的怀念，谢苗诺夫曾多次在那里举办音乐会。一首简单的、固式的瑞典民族歌曲："啊，韦姆兰，你真美！"带有特别"浓烈的甜美"的和谐，让人联想到平静、祥和的画面，如田园乡村一般的氛围。（快速且富有节奏感）引入了完全不同的情感氛围，在节奏和风格方面回到了主要形式，也可以说是在含蓄展示西班牙民间舞蹈，但不是以历史追溯为根源，而是在完全不同的带有独特的尖锐切分音的民族风格层面上创作。

较低的低音和弦复合体中的节奏主旋律，巩固了丰富多彩的演奏乐段，穿插着特殊的原始风格，一种类似匈牙利、罗马尼亚和西班牙吉卜赛小提琴家的演奏方式。第二乐章中再现了瑞典民歌的元素，其民歌风格优美、朴素，之后对其进行了自由的发挥，并运用了爵士乐的节奏，使民族风与爵士风格相交，怀旧与时尚的交融使此作品更加具有浪漫色彩。谢苗诺夫用手风琴独特的颤音方式开启了第二乐章，利用对琴体和手指的颤动达到效果，从而模仿出北欧清冷萧瑟的空当音效。曲子的尾声更是使用独特的方式来结束，即利用左手连续保持的长鸣音，右手掌对琴体边缘进行敲击，使左手长鸣音形成"打寒战"的独特效果，节奏慢慢放缓，声音从近至远，渐渐悄无声息，直至进入最后的终止。

第三乐章是"幻想飞行"独特的暂停，也是揭示作品的信号。接着再继续"飞行"。也许这是美洲大峡谷或贝加尔湖的图像。在五度音（c—g）的背景音下，让人想起了风笛的声音。接着出现吟唱（仿佛带有装饰音），让人想起西伯利亚人民特有的歌喉。

活跃的快板部分，就像是旅程里的虚拟图像。俄罗斯森林、田野和河流的风景一闪而过，因此著名的民歌《圣诞树》充满了俄罗斯式的幽默；俄罗斯民歌在鞑靼音乐的艺术基础上，精妙地插入了琶音段落和激昂欢乐的民族旋律。在乐曲开头部分，仿照第一乐章模仿印第安人使用的低音管乐的音色进行开启，体现出了乐曲前后呼应的特点，并在乐章前面加入了手风琴另一种独特的音效，丰富了演奏的技巧性。这种技巧便是所谓的"牛音"，通过用力往外拉风箱以增加进气量，右手慢速抬指，抬到一个中间点，配合好风箱，以使簧片得到更充分的振动，来达到最终的效果。在乐曲尾声，连续运用了手风琴独有的抖风箱技巧，提高了乐曲的演奏技巧和难度，让乐曲尾声显得更加激烈、辉煌。最终通过多种不同节奏的抖风箱形式完美地结束了本曲。

在所有这些民族流派的万花筒里，音乐就像鸡尾酒会，用种类丰富的交响乐艺术丰富了壮丽尾声。但舞曲的调性和管弦乐合奏中的乡村风格音乐不是民族手风琴：降 D 变音和弦到中心音 C。

这种共生，完全是谢苗诺夫嬉游曲作品的音乐特征。某研究人员曾说："如今，摇滚艺术和其发展意义很难被评估。

这种音乐不是为当下的需要而创作的，它是长期吸收世界音乐文化精华的结晶，它的精神饱和度和精神追求，步入了新的台阶，所有这一切不仅仅在现代青年音乐中留下了印记。随着这一音乐领域的发展，摇滚艺术在作曲家创作领域的影响力也会增加，这个问题复杂到需要进行单独研究。正如艾灵顿公爵、金格·莱恩哈特、查尔斯·明格斯和约翰·柯川之后的爵士乐一样，摇滚乐在弗兰克·扎帕、罗伯特·弗里普、伊恩·安德森和彼得·哈米普之后也变成了艺术。新的风向将摇滚乐推向阴影并不重要，在人们寻找真理的过程中，当他们回头看去，会惊讶地发现他们身后远处的山峰依然耸立。音乐中的真实永不消亡。"

第十节
组曲体裁

第一部巴扬原创作品被认为是格奥尔基·布拉戈达托夫提到的费多尔·克里门托夫创作于 20 世纪 30 年代初的组曲。组曲由三部分组成：《进行曲》《乐曲》《群众舞》。然而，它并没有多少人气。值得注意的是，20 世纪 60—70 年代，定义了很多类型的体裁，其中包括组曲（民族题材、新古典主义、新浪漫主义）。

作曲家亚历山大·霍尔米诺夫和尼古拉·柴金的组曲，对巴扬组曲体裁的发展做出了巨大贡献。尽管对各体裁的解释和戏剧的套曲有所不同，但这些都是大型音乐会作品，极大地丰富了俄罗斯的巴扬手风琴音乐文献。如果说亚历山大·霍尔米诺夫是延续了柴可夫斯基的管弦组曲传统（交响乐团的组曲、弦乐团的小夜曲），那么格奥尔基·申德廖夫则以不同的方式展现了音乐剧以及对各类型套曲的处理，其《俄罗斯组曲》（1959 年）是这一体裁的民谣变奏曲，自 60 年代后半期以来广为流传。许多有趣的作品都证实了这一点，例如亚历山大·季莫申科的组曲《俄罗斯图画》（1969 年）和《俄罗斯组曲》（1975 年）；康斯坦丁·米亚斯科夫的《俄罗斯旋律》（1974 年）和《民族友谊》系列中的十五首苏联民族舞蹈音乐会作品（1966 年）；弗拉基米尔·祖宾斯基的《喀尔巴阡山组曲》（1974 年）；叶夫根尼·捷尔宾科的《小组曲》（1974 年）；弗拉基米尔·博纳科夫的《俄罗斯组曲》（1977 年）和《斯洛伐克曲》（1978 年）。毫无疑问，过去丰富的艺术经验以及室内器乐和管弦组曲的传统，在巴扬琴组曲的发展中起到了重要作用。这可以解释标题组曲的出现———一种新的体裁，新浪漫主义的迸发：康斯坦丁·米亚斯科夫的专辑组曲《大红的船帆》（1969 年）、阿里宾·列普尼科夫的《俄罗斯的纪念品》（1974 年）、弗拉迪斯拉夫·佐罗塔耶夫的儿童组曲 1—6 号（1968—1974）、《室内乐组曲》（1974 年）；弗拉基米尔·希申的组曲《在动物园》（1992 年）、贡塔连科·加琳娜的《旧切尔卡斯克图画》（1985 年）；阿纳托利·库夏科夫的组曲《冬季素描》（1976 年）、《秋季素描》（1988 年）、《春季素描》（1998 年）、《告别》（1991

年)、《追忆往昔》(1999 年);格奥尔基·申德廖夫的组曲《草地的花纹》(1987 年)。

在谢苗诺夫创作的作品中，组曲体裁以以下作品为代表:《保加利亚组曲》(1975 年)，《儿童组曲一号》(1982 年)，《儿童组曲二号》(1989 年)，《北方图画》(2003 年)，《三首随想曲》[《随想曲一号》(1989 年)、《随想曲二号——"S.O.S."》(2001 年)、《随想曲三号——北极光》(2006 年)]，《复调组曲》(2018 年)，《神马组曲》(2019 年)，《金钥匙组曲》(2020 年)。

第十一节
《保加利亚组曲》

维切斯拉夫·阿纳托利耶维奇·谢苗诺夫选择了三部曲（快—慢—快）这一民族音乐类型。第一乐章以保加利亚民间舞曲《Daichovo Horo》为基础，节奏为 9/16 拍。

让我们简单探讨一下保加利亚民间音乐的历史。作曲家尊重舞蹈艺术传统，遵守曲式构成（特定国家或民族特有变奏曲的结构、种类和类型，或变体）和体裁内容（舞蹈、器乐、歌曲文化）的所有规范。

本曲谱的调性格外有趣。大调—小调（基于 A 为主音的大调）的"演奏"为以混合旋律和节奏主要形式的 16 拍均匀节奏增添了特殊色彩。同时，在第二阶段，织体由于三和弦的饱满呈现而变得更加丰富，这被视为对民族艺术创造者的致敬。正因如此，真正的民族乐器创作找到了它的第二种专业学术生命。这种主题展开的材料（织体变化）的方式在世界许多民族乐器文化中都很常见，如罗马尼亚、摩尔多瓦、塞尔维亚、乌克兰西部的小提琴演奏。

作者对变音器配合的特殊设置起着重要作用。他将器乐舞蹈作品解释为有"质地和音色变化"特征的管弦乐乐谱——像交响乐技术一样划定音高（音色）层，以比较的形式作为单调均匀（长笛—单簧管；双簧管—巴松管；小提琴—大提琴；中提琴—低音提琴；小号—长号；圆号—大提琴等）和非均匀（长笛—小提琴；单簧管—大提琴）以及管弦乐器（弦乐—木管乐；铜管乐—打击乐）的多音色比较。因此，相当小的第一部分呈现出华丽的民族节日场景，在乐器合奏中伴随着热情洋溢的舞蹈，包括真正民间起源的弓弦和管乐器（长笛、索皮尔卡笛）。无论是什么节日，不论播种还是收获、三位一体、农耕节日还是葡萄丰收，都无关紧要。重要的是，这是全国性的节日。

第二乐章（Sevdana）与结尾乐章在调性上形成对比。

拉特夫 - 切尔金柔和、真诚但颤抖的情感主题充满活力，就像一个女孩在诉说着她的梦想，它似乎已经实现了！但突然之间，一切都结束了……作曲家的音乐戏剧创意是恰当且完全原创的，他将节奏作为高潮的主要形成因素。它显然起源于小提琴，但当然，它不仅仅是经过处理、修改，从而适应一种新的、不同的乐器，与弓乐器的声学特征相去甚远，其结构、背景、音域被重新解释，并且作为此转换过程的结果，形成一种新的艺术成果。很显然，这可以被认为是作曲家最重要的创新思想的体现，这些思想产生了不同类型的作品。

最后的乐章（Gankino Horo）以 11/16 拍谱成，是民族舞曲的流派之一。还必须指出，巴尔干音乐这种非凡节奏的性质。它们与舞蹈的特殊性有关：在小跳跃过程中，音乐家会添加一个额外的（单独的）十六分音符，因为舞者不能悬在空中。谈及器乐和技术技巧，我们注意到，它们与民族音乐的传统密切相关，民间乐器主要有弓弦乐器、管弦乐和民间打击乐。低沉的小提琴是站着演奏的，乐器是垂直演奏的，弓的波动方向平行于地板。手风琴在保加利亚的"民族"键盘乐器中很流行。

谢苗诺夫出色地完成了"移植"民族演奏技巧的任务。作曲家的保加利亚组曲是将民族艺术转化为学术方向的巴扬手风琴音乐的最佳例证，几十年来，该组曲深受俄罗斯和其他国家的表演者和听众的欢迎。

在 20 世纪 70 年代，不能不注意到作曲家对儿童和青年音乐的呼吁。最常见的是具有单一主题重点的乐曲集：尼古拉·柴金、康斯坦丁·米亚斯科夫和维克多·弗拉索夫的《儿童曲集》，阿里宾·莱昂尼多维奇·列普尼科夫的《青年巴扬家曲集》《儿童笔记本》，弗拉基米尔·米哈伊洛维奇·博纳科夫的乐曲集《来自童年生活》《悲伤动机》。儿童组曲流派（代表性作曲家有阿里宾·莱昂尼多维奇·列普尼科夫、康斯坦丁·米亚斯科夫、阿列克谢·瓦西里耶维奇·别洛希茨基、弗拉基米尔·佐罗塔耶夫、弗拉基米尔·祖宾斯基）越来越受欢迎。同时，其他体裁也得到了开发，代表性作品有：尼古拉·柴金、尤里·尼古拉耶维奇·希沙科夫、康斯坦丁·米亚斯科夫、格奥尔基·格里戈里耶维奇·申杰列夫、弗拉基米尔·祖宾斯基、伊万·阿达莫维奇·亚什科维奇的奏鸣曲。在这一系列为儿童和青年创作的作品中，谢苗诺夫的《儿童曲集》和《青年曲集》占有特殊地位。

第十二节
儿童组曲

《儿童组曲一号》由五个部分（乐段）组成，集结了孩子们的各种情绪：感受（第一部分——孤独）、梦想（第二部分——古老的舞蹈）、印象（第三部分——魔盒，第四部分——戒指）、娱乐（终曲《来吧，追上去！》）。

《儿童组曲二号》由五个部分（乐段）组成。第一部分《军号》，是拉开序幕的序曲。紧随其后的是《士兵进行曲》，根据歌剧舞台动作的传统，戏剧主人公的主旋律在序曲中响起。这种题材在某种程度上会让人联想到乔治·比才的歌剧《卡门》，军事主题在剧中占有重要地位（足以联想起歌剧开头的序曲）。随后又是舞台形象《小夜曲》，但它是悲伤而沉静的插曲，我们的主人公似乎出了神，而非为某人歌唱。接

着完全是另一幅画面———一片幽暗茂密的森林。这很可能是
受到了俄罗斯童话故事"那里奇事道不尽：林怪其中悠然行，
树上坐着人鱼精"，还有总在想"你还能活多久"的《布谷
鸟》，当然还有明亮的节日终曲《响亮的手风琴》（集市、谢
肉节或新年，也可能是圣诞节）的启发。

我们在谢苗诺夫为青年创作的音乐中发现了更多的流派
和隐喻情感偏好。创作此类作品的目的和宗旨似乎众所周知，
巴赫（《告别亲爱的兄弟随想曲》和《安娜·玛格达莱娜·巴
赫的音乐笔记本》）、多梅尼科·斯卡拉蒂（他的许多奏鸣曲
都是为其学生而作）、莫扎特（《小奏鸣曲和奏鸣曲》），以及
贝多芬（《致爱丽丝》）、罗伯特·舒曼（少年钢琴曲集）、柴
可夫斯基（《儿童钢琴曲集》）、德米特里·鲍里索维奇·卡巴
列夫斯基（《C 大调小提琴协奏曲》）和罗季翁·康斯坦丁诺
维奇·谢德林（《钢琴曲集》），从某种程度上来说，他们都
是为青年学生创作音乐作品的作曲家。

第十三节
青年曲集

谢苗诺夫的《青年曲集》得到了俄罗斯格涅辛国立音乐
学院民乐系巴扬和手风琴教研室主任、俄罗斯人民艺术家弗
里德里希·罗伯托维奇·利普斯教授的高度赞赏："在任何时
候，最伟大的作曲家都非常重视为年轻音乐家创作曲目。值

得一提的有巴赫、罗伯特·舒曼、柴可夫斯基、谢尔盖·普罗科菲耶夫……在巴扬音乐领域创作作品的作曲家们也在这一领域留下了深刻的足迹。主要有：尼古拉·柴金、康斯坦丁·米亚斯科夫、阿里宾·列普尼科夫、弗拉迪斯拉夫·佐罗塔耶夫、托尔比约恩·隆奎斯特……2011 年，莫斯科音乐出版社出版了一本名为《儿童和青年曲集》的选集。该曲集是杰出音乐家谢苗诺夫教授写给青年演奏者的，旨在为这一传统的延续和发展做出更大贡献。在熟知现代巴扬的演奏技巧后，谢苗诺夫发现了使用它的新可能。所有作品都有生动的意象，这无疑会引起年轻音乐家的兴趣。"

显而易见，谢苗诺夫的《青年曲集》可以被称为《嬉游曲二号》，因为风格和趋势都在这里得到了充分体现。

谢苗诺夫说："我改编的不知名作者创作的《四部文艺复兴时期的小品》是按照对比原则排列的。"第一部分《绿袖子》的旋律很受欢迎，在一些国家这被认为是圣诞歌曲。它以变奏曲形式写成（主题和五个变奏），其旋律必须与开头的节奏节拍相吻合。如果将两条橡胶条粘在风箱褶皱之间的边缘，那么三抖风箱的技术会体现得更好：顶部靠近右侧外壳，底部靠近左侧。这将减轻风箱在开合和抖风箱时产生的冲击。《德国舞曲》以"卡农"形式写成。这首曲子双手的发音尤其重要，八分音符用活跃的手腕动作演奏，十六分音符用最小的手腕动作演奏。《美丽的波浪》是一部需要连奏的坎蒂莱纳剧。乐曲《加纳利》的受欢迎程度不亚于《绿袖子》。当然，西班牙人认为它的作者是加斯帕·桑斯。请注意音乐的体裁，会让人想起塔兰泰拉风格以及模仿吉他演奏的对位插曲和风箱技巧。

古典主义作为一个方向，在《青年曲集》中以古典风格的《弗朗西斯卡奏鸣曲》为代表。谢苗诺夫评论道："它由三个乐章组成：第一乐章以奏鸣曲快板形式写成，带有镜像重复（从第 36 小节开始）；第二乐章为三部曲式，中间以第一部分副部分的语调为基础；第三乐章《塔兰泰拉舞曲》，以回旋曲形式写成。终曲的高潮建立在意大利民族舞蹈萨尔塔雷拉的音调之上。"

关于作品集（2018 年）的命名，谢苗诺夫认为："巴扬曲目中有大量精湛的作品，但坎蒂莱纳性质的音乐（一种宽广、自由流动的旋律）并不多，因此该作品集收录了两首抒情曲目。"此处需要注意动机、乐节、乐句中语调的表现力及其动态关系。尽管这是一个小套曲，但这些乐曲在很多方面都完全相反。第一首是巴斯克歌曲，源自西班牙传统的声乐（回想一下，《奏鸣曲二号》的第二乐章也是巴斯克歌曲）；第二首是《圆圈曲》，但它更接近俄罗斯文化（慢速、三弦琴、四弦琴、全音阶等）。趋同的因素主要是调性中心（同名调性第一乐章，a 小调，自然小调；中音，使用半音弦，阿拉风笛。第二乐章，A 大调）和适度而克制的节奏（第一乐章，如歌的中板；第二乐章，慢速行版）。

《北方图画》由一个主题下的三个乐曲组成。正如谢苗诺夫强调的那样，它们是以北方民歌的语调为基础的。《北方图画》完全可归为不同类型组曲的民族体裁。同时，《北方图画》中的三个乐曲，在体裁、意象情感领域、乐器和技术手段上完全相反。它既是抒情诗（与俄罗斯民间聚会时的舞蹈有关的《北方圆舞》；在村庄小屋里，又或许在纺车后面，回荡着此起彼伏歌声的《冬季风景》），也是激烈的滑雪橇比赛，可能与"托卡塔口琴"（《在驯鹿上》）的和声联系在一起。乐器和技术手段（风箱的演奏方法：二抖、三抖风箱）在这里也很恰当，强调了民族音乐创作的特定风格，并将追溯的线索延伸到民族和声曲调。正如诗人所说："寒冷与太阳，美好的一天！"

又是来自阳光明媚的意大利的"塔兰泰拉"，但穿着结构更轻的"服装"，尽管形式上由三乐章组成并带有小符号，但并不那么简单。作者认为："儿童音乐学校的小学生完全有能力弹奏这首曲子。在这儿，传达意大利民族舞蹈的节日气氛非常重要。"

当然，无论是在体裁上还是风格上，最困难的是以爱德华·格里格主题即兴创作——《索尔维格之歌》。这首曲子不仅要求演奏者分句清晰，还需要特殊的节奏感，爵士乐手称之为"摇摆"，这是作曲家自己的看法。为了充分理解年轻音乐家面临的挑战，我们需要参考原作。《索尔维格之歌》是爱德华·格里格为易卜生的戏剧《彼尔·英特》创作的众多音乐之一。管弦乐版本被保存下来，正如现代研究者所说，它已经成为世界音乐文化中的畅销书，就像他的《交响乐团钢琴协奏曲》（a 小调）、《钢琴奏鸣曲》（e 小调）一样。以爱德华·格里格为主题的即兴创作，旨在让演奏者和听众很好地了解原作，因为在谢苗诺夫的"即兴创作"中，只有旋律基础保持不变，旋律要点是原始基调（a小调）的镶嵌。澄清一下，谢苗诺夫的即兴创作是以第一乐章的主题为基础的。按照爵士乐的惯例，这些变化主要影响乐曲的质感和节奏方面，但即使在这种被掩饰的"隐藏"语调中，也可以看到旋律的轮廓。这一时期即兴创作作为整个主题的形成元素被保留了下来，但最重要的是"浪漫主义精神"被保留了下来，这种崇高的诗意和表达方式是这一类型的音乐所特有的。正如一位权威科学家所说："一方面是微妙的，另一方面是高度的表现力。"当然，最深刻的反思是原作的音色方面。

爵士乐中有相当多作品是以古典音乐的样本为基础的，其中一个典型例子就是朗·古德温的《莫扎特第四十交响曲》（2003年）。其前奏以更自由、更慢的节奏展示莫扎特的第四十交响曲（g小调）第一乐章主要部分的主题。然后大乐队的合奏曲突然"闯入"（奏鸣曲形式主题），打破了原版降B大调中主题材料的所有顺序和节奏组织的基础。这一例子有力地证明了对所有原始参数（风格、形式、内容、结构织体、音调中心不变和声下的"结构织体——音色等效物"）的重新理解。

因此，谢苗诺夫尝试将爵士乐文化元素引入巴扬手风琴音乐的动机不仅是希望自己为表演带来新的东西，我们也希望从上面看世界巴扬手风琴演奏艺术的发展进程，使其活跃起来，并扩大年青一代演奏者的世界视野。综上所述，不同时代、不同风格、不同体裁的许多著名作曲家都非常重视这种音乐。在谢苗诺夫的《青年曲集》中，音乐教育学历史上形成的基础目标导向原则被明确定义和构建。

第十四节
三首随想曲和《随想圆舞曲》

　　这三首随想曲写于不同年份（1989 年、2001 年、2006年）和随想圆舞曲（2011 年）可以被看作是多个乐章的汇集。统一的原因不仅在于它们的对比，还在于它们的调性联系，即调性中心在 G 音和 C 大调和弦音。由于引入了非调性音 F、#F、bA、bD 和 bE，在爵士乐中被视为 III 级、V级、降调、蓝调、大小调功能而变得复杂。主题发展的主导因素，是扎根于浪漫主义作曲家（如尼科罗·帕格尼尼、亨里克·维尼亚夫斯基、弗朗茨·李斯特、肖邦、卡尔·马利亚·韦伯的音乐会）音乐中的技巧性元素。随想曲是由该体裁的概念本身联系起来的。音乐史上有这样一些著名的作品，其中包括尼科罗·帕格尼尼的《24 首小提琴随想曲》、弗朗茨·李斯特的《超级练习曲》、肖邦和亚历山大·斯克里亚宾的《练习曲》、谢尔盖·拉赫玛尼诺夫的《音画练习曲》、罗伯特·舒曼的《交响曲》、约翰内斯·勃拉姆斯的《帕格尼尼主题变奏曲》，在手风琴的原创作品中，有安德烈亚斯·布雷姆的《帕格尼尼》。

　　《随想曲一号》（1989 年）作为一个这类型自给自足的

作品发表了声明。

随想曲不寻常的调性对比引起了人们的注意，如转调：C 大调—a 小调—降 a 小调。显然，这是由于作者想要投射出"赞美"——一种典型的浪漫主义倾向（如舒伯特的《音乐瞬间》，降 E 大调）。原有的器乐演奏技术（三抖风箱伴随着高度复杂的无调和声，颤动风箱），通过不对称的节奏波动（5/8 拍）和尖锐的重音，为极端冲动的回旋曲部分带来了特殊的活力，与独白宣叙调模仿的柔板中的插曲形成对比。尾声急板回到具象的情感领域，并坚持原来的调性模式（C 大调与非调性的升 F 音）。

随想曲二号《S.O.S.》（2001 年）有一个更具体的标题，主题为一个发现自己陷入了极端情况的人（主题源自泰坦尼克号、库尔斯克）。

许多人认为它与一个具体的真实事件有关，即轰动整个世界的库尔斯克号核潜艇的沉没。这里有能量，有波动的节奏，有我们这个时代尖锐的活力，比如从卫星空间通信到摩斯电码的点符号。

随想曲本身给了作曲家更大的表达自由，几乎不受调性、和声和音乐类型框架和规范的限制，也不受乐器和技术手段的限制。

柳德米拉·瓦西里耶夫娜·瓦拉维纳对随想曲进行了生动的描述：随想曲的结构和内容方面并不典型，它有一个准即兴的特征，它只能按惯例称为三部曲。外围部分是一个快节奏的快板（巴巴罗快板），从字面上看，到处都是相互混湑的切分音，不对称的音调，带有自发出现的泛音的分岔旋律线和短线的表现性动机。整个冲天的涡旋给人的印象是不可阻挡的、在移动中崩溃的，实际上是飞向中间部分。这一集的框架是基于摩斯密码 SOS 呼叫的节奏模式，包裹在游荡、漂浮的旋律线中。重要的是，中间部分是全剧的情感和心理高潮。即兴创作成为该剧集的核心。作曲家找到了一个非常好的解决方案，即要求表演者自己即兴创作！这是很好的，是巴扬音乐发展的文献中的一个独特案例，一个音乐家表达自己的独特机会。《随想曲二号》是 2001 年第一届全俄手风琴公开赛《尤格拉》的规定曲目。所有参赛者都演奏了他们自己的版本。最好的是尤里 - 米加年科的即兴表演，他赢得了比赛。随想曲与它的即兴创作一起出版。这部作品在年轻的表演者中非常受欢迎。有些人喜欢使用获胜者的即兴创作，有些人则创造自己的音乐形象。

谢苗诺夫的第三号随想曲《北极光》（2006 年）在 2008 年"世界杯"国际手风琴比赛中被评为最佳作品并获得作曲一等奖。表演者是朱利安·冈萨雷斯（法国人）。

第十五节
复调组曲

《复调组曲》作品集创作于 2018 年夏天（5 月 9 日—7 月 14 日）。

在俄罗斯巴扬音乐的发展中，复调音乐也许是最罕见的体裁之一。第一个已知的例子是尼古拉·雅科夫列维奇·柴金的《音乐会组曲》中的《c 小调赋格》。他的复调组曲是"早期与现代音乐形式、体裁与表现手段的有机融合"。尼古拉·雅科夫列维奇·柴金的最后一部作品是八首巴扬前奏曲和赋格。在后来的日子里，尤里·尼古拉耶维奇·希沙科夫创作了二十四首前奏曲和赋格套曲。亚历山大·尼古拉耶维奇·霍尔米诺夫、伊戈尔·沙莫、阿纳托利·库夏科夫、亚历山大·谢尔盖耶维奇·列图诺夫有儿童赋格曲系列、奥列格·亚历山德罗维奇·戈尔恰科夫有复调——创意曲，都是将赋格曲作为独立的作品，或协奏曲、奏鸣曲和组曲的组成部分来写。

在西欧，最早的复调音乐出现在 1960 年。创作复调音的作曲家包括亚历山大·洪德茨阿克（《前奏曲、加沃特舞曲和赋格》，1965 年）、托尔比约恩·伊万·伦德奎斯特（《新双声部创意曲》，1966 年）、杰拉德·格里塞（《帕萨卡利亚》，1966 年）、尤里·哈特里克（《序曲、赋格和终曲》，1965 年）、罗伊特尔（《对位与对话》）、尤里·巴斯别日勒（《宣叙调和咏叹调》）、奥利恰克（《前奏曲、舞蹈和赋格曲》，1976 年）、马蒂亚斯·塞伯尔《D 大调前奏曲和赋格》、菲利斯·富加扎《幻想曲和赋格》。

在 2018 年出版的《复调组曲》序言中，音乐学家、作曲家安娜·克莱波娃写道："它包括六首创意曲和一首赋格。每首作品都有一个曲目名称，让年轻的巴扬演奏者有机会发挥他们的想象力来帮助他们掌握复杂的复调音乐。其中，创意曲《游戏》《晨间散步》《母鸡和公鸡》和《蜜蜂》以双声部来呈现。尽管它们表面上很简单，但它们，特别是最后，都是出色的艺术作品，其中使用了不同的时代风格，并带有很强的幽默感。"

　　小型作品有三个声部，其音乐语言充满了抒情性和俄罗斯灵魂特有的沉思性。《拖腔》在低音上接近于《儿童组曲一号》中的《戒指》。《花边》主题及其生动的对位，在听众没有注意到的情况下，为《白脸和圆脸》这首作品的引用做了准备，它像一个难以捉摸的舞蹈形象，在第36—38小节的低声部出现。组曲的抒情和戏剧性中心是唯一的赋格曲《战斗之后》。作曲家在分享与这部作品情绪相近的图像时，提到了瓦斯涅佐夫的画作《伊戈尔·斯维亚托拉维奇与波洛夫齐之战之后》。除了巴扬的演绎外，这首深具爱国情怀的乐曲还有合唱的部分。

　　组曲中的所有编号作品，除了 d 小调创意曲，都有一首赋格曲。作曲家利用各种类型的模仿、衔接和复杂的对位，为年轻音乐家准备了巴赫、谢尔盖·伊万诺维奇·塔涅耶夫、米亚斯科夫斯基、肖斯塔科维奇和罗迪恩·康斯坦丁诺维奇·谢德林的复调杰作。

　　调式系统的选择是非常明显的：C—d—e—F—G—a—B。复调组曲与鲍比列夫的双声部复调相似，区别在于调式的选择。谢苗诺夫在他的组曲中延续了俄罗斯作曲家和世界复调学派的传统。

第十六节
维切斯拉夫·阿纳托利耶维奇·谢苗诺夫的民族作品论述

　　巴扬音乐文学的核心问题，仍然是民族音乐的问题。民族文学的问题有双重含义：一方面，作为民族文学材料的音乐和语义修正，用鲍里斯·弗拉基米罗维奇·阿萨菲耶夫的说法，理解为：选择→重新评估→重新解释→测试材料和形式是否能承受新的想法和感受的压力。另一方面，它在巴扬音乐中的体现。巴扬是一种与民族乐器有继承关系的乐器，经常以不寻常的乐器和音色来设置。例如，巴扬和交响乐团的协奏曲体裁。这个问题的最佳解决方案，是寻找巴扬音乐发展的新途径，基于两种文化（民族和专业）相互影响，在新的质量水平上创造作品。

　　20 世纪 60—70 年代巴扬音乐的特点是作曲家努力寻找新的音乐材料层次，以用于不同的流派和形式。因此，人们对小品的体裁给予了很大的关注：基里尔·沃尔科夫、阿列克谢·雷布尼科夫、彼得·伦敦诺夫的协奏曲（三个乐章），尼古拉·雅科夫列维奇·柴金的《第二协奏曲》的压轴，格奥尔基·格里戈里耶维奇·谢德林的《俄罗斯组曲》（两个乐章）。有趣的是尝试加入当地的民族音乐，如格奥尔基·格里戈里耶维奇·谢德林的《伏尔加图片》协奏曲、尤里·尼古拉耶维奇·希沙科夫的《乌格利奇图片》、尼古拉·雅科夫列维奇·柴金的《西伯利亚动机》、加琳娜·尼古拉耶夫娜·冈塔连科的《老切尔克斯图片》。

在大型作品中（主要是 20 世纪 50 年代的协奏曲类型和 60—70 年代的套曲类型），这个问题仍然在作曲家的视野之内，而在小型作品中，情况就很特殊了。20 世纪 50—60 年代，对民族文化的处理在体裁（变奏曲、幻想曲、集成曲，对民族的解析，主要是俄罗斯和乌克兰的主题）的选择和音乐材料的发展方法（变奏曲、变体）方面得到了相当稳定的定型。同时，在 20 世纪 70 年代，其他主题对比及体现形式吸引了作曲家的注意。因此，立陶宛、白俄罗斯和爱沙尼亚的民族风格由谢苗诺夫负责，斯洛伐克语的民族风格由弗拉基米尔·米哈伊洛维奇·波纳科夫负责，西班牙由佐罗塔耶夫和阿纳托利·瓦西里耶维奇·别洛希茨基负责，希腊语由亚历山大·伊格纳蒂耶维奇·杜德尼克负责，罗马尼亚语由尼古拉·波德戈尔尼负责，瑞士语、日语和叙利亚语由尼古拉·雅科夫列维奇·柴金负责。同时，在尼古拉·雅科夫列维奇·柴金的《乌克兰组曲》、弗拉基米尔·克多罗维奇·多夫冈的《维尔霍温斯卡娅奏鸣曲狂想曲》、弗拉基米尔·丹尼洛维奇·祖比茨基、弗拉基米尔·米哈伊洛维奇·博纳科夫和亚历山大·季莫申科的组曲以及尼古拉·波德戈尔尼的《俄罗斯幻想曲》中，都可以看到俄罗斯和乌克兰民俗与现代音乐表现手段的原创性结合。

作曲家们正在寻找民族调式的新形式，这不是 40—50 年代巴扬音乐的特征。狂想曲的体裁广为流传，有谢苗诺夫的《勃拉姆斯》和《顿河狂想曲一、二号》、波罗的海作曲家布德雷维丘斯·维克托斯·尤奥佐维丘斯的《狂想曲》、佐罗塔耶夫的《西班牙狂想曲》、亚历山大·瓦西里耶维奇·杜德尼克的《希腊主题狂想曲》、尼古拉·维克托罗维奇·波德戈尔尼的《西班牙狂想曲》、维克托·费奥多罗维奇·格里金的《吉卜赛狂想曲》、弗拉基米尔·鲍里索维奇·多夫甘的《奏鸣狂想曲》。

毫无疑问，在巴扬音乐中使用新的音乐民俗层次，结合传统的民族音乐制作方法和现代音乐表现手段，这个问题还没有完全解决。这被视为巴扬的另一个丰富的原始文学储备，因为民族艺术不管在过去、现在还是将来都是取之不尽、用之不竭的生命之源，滋养着专业交响乐和室内器乐的各种类型。

值得注意的是，当谢苗诺夫还是一个学生的时候，就已经很熟悉弗朗茨·李斯特的音乐了。毫无疑问，弗朗茨·李斯特的原则和态度成为了俄罗斯音乐家的根本。这就是为什么在我们看来他们一直在"起哄"，在这个流派中创造自己的概念。《勃拉姆斯狂想曲》和《顿河狂想曲一、二号》是这方面的忠实见证。

让我们来看看弗朗茨·李斯特音乐中狂想曲这一体裁的历史。狂想曲是一种自由形式的声乐或器乐作品，包括多变的、有时是对比的部分，基于真正的民族主题，包括歌曲和舞蹈。各国作曲家纷纷转向这一流派，如克里斯蒂安·弗里德里希·丹尼尔·舒巴特（1786 年）、温泽尔·罗伯特·冯·加伦伯格伯爵（1802 年）、瓦茨拉夫·扬·克雷特尔·托马舍克

（1813 年、1814 年、1840 年）、扬·瓦茨拉夫（雨果）·沃日舍克（1814 年），李斯特之后，有勃拉姆斯、安东宁·利奥波德·德沃夏克、约瑟夫·莫里斯·拉威尔、爱德华·拉罗、谢尔盖·米哈伊洛维奇·利亚普诺夫、乔治·格什温、拉赫玛尼诺夫和其他作曲家。

《匈牙利狂想曲》系列，原名为《匈牙利民族旋律》，弗朗茨·李斯特在 1840 年首次转向这一流派。他在一封信中写道："我无法认真工作。不过，我还是写了四五首匈牙利舞蹈；我希望你会喜欢它们。他们非常有效。"六年后，李斯特再次提到了《匈牙利狂想曲》。"在匈牙利逗留期间，我收集了许多碎片，我可以用它们来重建这个奇特国家的音乐史诗，我想成为这个国家的歌手和狂想家。这六本新的笔记本（约一百页），以'匈牙利民族旋律'为题，我现在在维也纳出版了（六年前我已经出版了四本这样的笔记），构成了这个奇怪的、部分奥斯亚（因为这些歌曲有一个消失的英雄种族的感觉）、一半吉卜赛史诗的完整周期。我将在途中再写两到三本笔记来完成这一切。"而李斯特关于这个问题的最后一句话也许是："我非常喜欢我的这部作品，我认为绝对有必要向公众雄辩地揭示这个循环的深刻和内在含义。"

《匈牙利狂想曲》中使用的主题主义是受到了士兵舞曲和匈牙利民族的启发。《士兵舞曲》，作为一种用于士兵招募的音乐体裁，于 18 世纪末在匈牙利出现。根据纳多的说法，"正在日益觉醒民族意识的匈牙利"，将这种高度原创的音乐视为"匈牙利的"，并将其呈现出来。在李斯特的时代，无论是在匈牙利还是其他国家，都被认为是匈牙利的音乐。李斯特不知道有更古老、原始、正宗的匈牙利音乐存在。他计划的发现民族音乐的旅行，受到了吉卜赛人演奏的小提琴和铙钹的阻碍，这些乐器在匈牙利的城镇和贵族的庄园里不断演奏。在餐桌上播放的旋律中，他听不到匈牙利农民的真正音乐。事实上，李斯特的《匈牙利狂想曲》主题中的许多内容都指向吉卜赛人的音乐，首先是和声现象，即两次放大的"吉卜赛"和声。同时，根据非常了解民俗的匈牙利著名作曲家巴托克·贝拉的说法，真实的乡村民歌是以"五声和声结构"为基础的，尽管它们不包含所谓的"奏鸣曲"的痕迹。

对弗朗茨·李斯特作品的提及，并不是谢苗诺夫作品中的偶然。他精湛的技艺、珍珠般流动的快速段落、明亮的形象、辉煌的器乐技术，所有这些品质，既是李斯特浪漫主义音乐本身的特点，也是这位大师的钢琴技巧。但最令谢苗诺夫印象深刻的，是另一个特点：民族性在不同类型的作品中如此出色地呈现。德性本身并不成为目的，一切都从属于主要的东西，即展示音乐的内容和意义。无论音乐写作多么完美，无论作曲家的意图标注得多么严谨，没有表演者的作品仍然是死的。"我们的角色是极其负责任的。面对杰作，你必须谦虚，要意识到自己在做什么。"然后，"无创作精神的作品"这个词就获得了它的最高含义。在音乐中如此必要的直觉、本能的开始，只有在对"无创作精神的作品"（一个经常被抹黑的概念，但我认为它是最美的概念之一）的出色掌握下，才能找到出口。对谢苗诺夫来说，"无创作精神的作品"（是表演者的音乐宝库）从属于音乐和艺术方面的问题是毫不含糊的。他是一个音乐艺术家，因此他的技巧性段落不是简单地"演奏声音"，而是接近吉卜赛小提琴家演奏时特有的自由即兴演奏。谈到谢苗诺夫（即李斯特音乐的诠释者）的艺术，我想引用约瑟夫·拉比诺维茨的话："叶子——如诗如画，如诗如画，在光彩上很充实，在抒情上很真诚，很清晰。"谢苗诺夫是为浪漫主义音乐"打开更广阔大门"的人之一。在这个场合，著名的民族和器乐文化代表阿·波列塔耶夫说了以下的话。浪漫主义音乐的目的与任何时期、任何时代的真正音乐的目的是一样的，都是为了使听众更有精神、更亲切、更纯粹。而浪漫主义增加了诗歌的任务，一种新的艺术性，精致和精英主义，最终是贵族主义。浪漫主义为那些欣赏贵族主义的人所欣赏，也就是说，完美！李斯特、肖邦、柴可夫斯基和拉赫玛尼诺夫是最耀眼的。拉赫玛尼诺夫是这种风格的最杰出代表。

　　显然，人们可以谈论手风琴家在演奏李斯特音乐时的成功或失败，因为"李斯特"的概念，用约瑟夫·拉比诺维茨的说法："包括具有相当不同取向的表演者。有些人被李斯特作品中的'恶魔'元素吸引，有些人被哲学思考吸引，有些人被拉马丁式的修辞学吸引，还有一些人被夸张的表演吸引。但这不是问题的关键。"了解音乐的风格和方向是表演艺术家形成的先决条件，也是他们表演学校的最重要组成部分之一。在这方面，不仅要研究音乐中的浪漫主义，还要研究另一种风格（即民族风格，在这里是指匈牙利风格）的特殊性，因为"民族风格是一个民族或国家的音乐创作中特有的某些共同特征，表现在个别作品中，表现在作曲家的个别作品中，表现在特定民族的各种运动和流派中，而不论其历史发展阶段"。

乔治·格什温的《蓝色狂想曲》有一个非常不同的观点，尽管它是一个具有对比性结构的单部分形式。体裁（蓝调，中间部分有表现力的歌词）的主题性不同，以黑人的民族传说为基础，是一个单乐章的协奏曲，存在利他主义。同时，在乔治·格什温的钢琴协奏曲中，其主题根源也与美国爵士乐文化密切相关，与黑人的民族传说（旋律、节奏、部分和声）密集"混合"。

谢苗诺夫的《顿河狂想曲》由三个故事组成，每个故事在音乐材料方面都是相对独立的，没有明确的体裁风格或核心，根据具体的音调原则将所有的乐章统一起来。同时，它展示了哥萨克人丰富的音乐文化谱系：顿河的雄伟画面，（哥萨克的）光荣传统的印象，哥萨克人的日常生活和生活方式。如果说李斯特使用匈牙利、西班牙《西班牙狂想曲》的民族主题及和声，乔治·格什温使用的是黑人大陆文化，那么谢苗诺夫则转向了地区的民族风俗。当然，它有各种主题、特定流派、形式和俄罗斯社会特殊族群的风格，也就是一般的哥萨克，而不仅仅是顿河上的哥萨克。

在学术方向的原始巴扬音乐中，罗斯托夫的作曲家、哥萨克民俗鉴赏家蒂洪·伊万诺维奇·索特尼科夫（世界上第一部与交响乐队合作的自由低音巴扬协奏曲的作者），使用顿河地区的民族主题的第一个案例，是 1938 年写的第一协奏曲，其中使用了三个顿河的民族主题："特拉乌什卡""灰头土脸的爷爷""一个哥萨克去了远方"。

谢苗诺夫的两首《顿河狂想曲》并没有特定的规划。同时，意象、与主题主义的明显联系以及"通过体裁进行概括"，使作曲家谢苗诺夫成为地区民族文学的杰出鉴赏家。这得益于他与顿河地区最杰出的民俗学家、顿河哥萨克歌舞国家学术团体的艺术总监、俄罗斯联邦人民艺术家阿纳托利·尼古拉耶维奇·克瓦索夫的长期合作。

《顿河狂想曲一号》由三个乐章组成，以肖洛霍夫最喜欢的哥萨克歌曲的第一句吟唱开场："啊，我那无垠的一方……"告别时唱的是一首古老的哥萨克长歌，勇敢、自由、充满力量，还有压倒性的悲伤……是一首告别的歌。"啊，我亲爱的孩子，啊，我的身边，……我不会再看到你。""第一个故事"听起来宽广而雄伟，是哥萨克精神的体现，这是俄罗斯人生活中普遍存在的现象。它是一首序曲，是关于国家、关于几代人的英雄事迹的不朽画卷的序言，"第一个故事"可以被看作是一首史诗《狂野的草原》《波加特尔的土地》。维克托·米哈伊洛维奇·瓦斯涅佐夫、伊利亚·叶菲莫维奇·列宾、瓦西里·伊万诺维奇·苏里科夫的画作和亚历山大·波菲里耶维奇·鲍罗丁（第二交响曲《伊戈尔亲王》），里姆斯基 - 柯萨科夫（《这个故事……》）和穆捷斯特·彼得罗维奇·穆索尔斯基（《鲍里斯·戈杜诺夫》）的音乐在这里重现。在我们对国家历史的哲学理解中，这样的称谓可能显得华而不实，但《故事》的音乐还是提供了一个反思过去、反思人民的智慧和伟大的机会。谢苗诺夫在处理原始民族资料时的创造性姿态，在巴扬音乐发展中巧妙的、创造性的实践，都值得称赞。

　　"第二个故事"以管风琴的五音点开始，在这一背景下，出现了哥萨克主题的歌曲的奇妙表现力。柳德米拉·瓦西里耶夫娜·瓦拉维纳有趣地描述了"第二个故事"中两个主题的对比："弗里吉亚和声的刺耳小调，强调苦涩、无耻的热情以及尖锐的重音，一种特殊的变奏色彩，塑造了一个绝望、不爱自己丈夫的女人形象。第二个故事对比了两个女人的形象：一个是在婚姻中不知道爱的妻子，一个是幸福的、充满能量的女人，简直就是存在的快乐的化身。"哥萨克歌曲《金蜜蜂》的主题不仅是"第二个故事"中想象力和语义概念的基础，也是整个《顿河狂想曲一号》的基础，这绝非巧合。此外，它还是发展现代多音阶乐器的主题材料、音色及音域资源的重要催化剂。细线条的音阶（重音、笔画的组合）可以追溯到牧羊人哨子的乐声，民族音乐中有趣的、俏皮的呱呱声，然后一个新的器乐特征进入并与之相呼应，即一种典型的民族音乐技巧（一种乐器的"争吵"),《狂想曲》的作者巧妙地指出了这一点。这就是"质地和音色相当"的奇特"装备"，其中所有木管乐器参与其中，然后是法国号的进入，然后是木管乐器组与短笛的哨声段落和铜管与鼓的和谐基础，所有这些，创造了哥萨克人在村庄中心广场进行军事游行时的声音画面。我们听到了一种模仿小鼓声音的壮观技巧、指板上的手掌击打，背景是左手在风箱挤压时的集群协奏。包括鼓、小提琴和长笛在内的小型军乐队的特有声音被再现。

"第三个故事"重温了"很久以前"的事件和事务，仿佛是"新的和无意的"（第一乐章的主题），是与《狂想曲》开始时一样的威严、古老、宽广的气息和力量。但在这里，哥萨克人的大合唱听起来像是一首对祖国的爱的赞歌。

第二个主题是《峡谷中的雾》（16 小节），作者把跳舞的哥萨克婚礼歌曲改成了抒情的、雄壮的妇女圆舞曲。然后是浪漫的"交响乐"本质（C—降 E 大调的特异性调制）：圆号四重奏——和弦演奏中的主题，包括长笛对位、东正教圣歌的吟唱和柔和迷人的竖琴转调。

快板部分以幽默的哥萨克主题"大雾从山上出来了"（第 40 节）为基础。整个民族流派的万花筒，近乎戏剧化的形象，源于城市舞台上的民间闹剧表演，在观众面前掠过并传递，其中包括长笛的空灵形象、号角的粗犷"声音"以及嘎拉莫尼手风琴演奏的三级和声叠加在风琴吹奏的音乐上。鲜艳的音色、现代乐器的音域以及巴拉莱卡琴的"拨浪鼓"和尖刻的二度和声，转化为普通的哥萨克舞蹈，形成了一个尾声，其中一个豪迈的嘎拉莫尼手风琴手（俄罗斯民族舞蹈文化中的一个典型形象），带着他的乐器和大幅度展开的风箱，为我们带来了色彩丰富的最后一点，即大型、广泛且壮观的表演。这最后一节以哥萨克歌曲《昆德拉》（第 119 节）为基础。

这不仅是一个理想的形象化改造的典型例子，也是对民族传统艺术进行改造的辉煌成果，其中包括三个组成部分：歌曲、舞蹈、学术专业音乐文献中的巴扬器乐。在这种合成中，和声手段发挥了重要作用，一般的调性范围，我们在下面提出一个比较方案。

表 2-5　《顿河狂想曲一号》的调性布局

第一乐章	第二乐章	第三乐章
e 小调，1—16 小节； G 大调，11—17 小节； C 大调，18—29 小节； 庄严的，g 小调，30—37 小节； d 小调，38—43 小节。	e 小调，1—16 小节； C 大调，17—38 小节； A 大调，39—125 小节； G 大调，126—146 小节； G 大调，147—171 小节； E 大调，第 172 小节。	d 小调，1—15 小节； C 大调，16—23 小节； 降 E 大调，24—39 小节； C 大调，40—110 小节； 降 D 大调，111—136 小节； 降 E 大调，137—144 小节； B 大调，145—68 小节。

在谢苗诺夫的《顿河狂想曲二号》中，他使用了两首哥萨克歌曲中的主题——《你唱歌，你在花园里唱歌，夜莺》（第一部分）和《沿着顿河走》（第二部分）——在体裁上使用不同的方式来改造它们（复调、和声、加花），有时选择有争议但在主题上没有冲突的形式。材料发展的主导原则是变奏。这些变奏种类繁多，既有传统性变奏（包括装饰性变奏）的某些类型，也有民族传统的变奏，还有音色因素以及自由爵士乐的即兴演奏（第一乐章，轻快的部分，第 36 小节）。

在《顿河狂想曲二号》的第二乐章中，谢苗诺夫选择了一种装饰性变奏。同时，不仅仅是存在，而且还有事实性和调性变奏的戏剧作用。第二主题"在顿河散步"的编排特点，是二声部和多声部。

谢苗诺夫以一种非常新颖的方式解决了"体裁转换"的问题，从而使民族艺术的非凡热情变成了一种被赋予了生命的、光芒四射的、纯粹的源泉，就像大自然中鲜活多姿的泉水。有点不同寻常的是体裁的对比，它是在一个节奏公式上进行的自由爵士乐即兴创作，这与原作相差很多。

谢苗诺夫以非凡的准确性和高超的专业技能再现了他对这些自然现象的深刻感受。如果《顿河狂想曲一号》的音乐不缺乏戏剧性、生活的碰撞、尖锐的内心冲突，那么，正如柳德米拉·瓦西里耶夫娜·瓦拉维纳的描述："《顿河狂想曲二号》是一幅如诗的画作，浸透着淡淡的个人化的潜台词光环。"第一乐章的女性形象和第二乐章的男性形象并列，因此有不同的音色、和声与加花解决方案。背景的戏剧性并不与歌曲的内容相关联，而是从属于背景变化的逻辑性的自由展开及变化。在第二乐章中，我们可以捕捉到在最轻微的晨风中泛起的轻微水波和不太大的"波浪"，所有印象派的闪烁和翱翔的闪光段落，其精力充沛的飞溅，框住了庄重而具有强调性的背景主题。在"慢板"一节中，谢苗诺夫使用了一种特殊的音色和色彩技术，即在同一八度内左右手快速交替使用相同的和声，除了双和弦或三和弦，其他乐器都无法演奏这种和声。在巴扬作品中，这种方法首先出现在阿纳托利·库夏科夫的组曲《冬季素描》中，这是谢苗诺夫和阿纳托利·库夏科夫在创作组曲时进行合作的结果。谢苗诺夫在哥萨克歌曲主题变奏曲《在顿河上走着》中对这种方法的运用是在不寻常的半音并列的辅音中，它创造了闪烁的效果，以一种全新的方式揭示了巴扬的音色和声学可能性。《顿河狂想曲一号》和《顿河狂想曲二号》作为一个整体，是一幅动态展开的交叉发展图景，被出乎意料的加花方式渲染。

《顿河狂想曲一号》和《顿河狂想曲二号》在俄罗斯巴扬艺术文学史上占有极重要且特殊的地位。这是一个将地区性民族传说转化为音乐作品的杰出范例。这是音乐家对艺术发展的重要贡献。毋庸置疑，只有时间才能验证一部作品的真正价值，我们可以看到，这两部作品在创作四十多年后，在世界各国都获得了成功。

第十七节
《红莓》

纪念瓦西里·舒克申的幻想曲《红莓》（1976 年）是谢苗诺夫最早的作品之一。该幻想曲的主要来源是故事片《红莓》（1974 年），由瓦西里·舒克申自编自导自演，他还扮演了主角叶戈尔·普罗库丁。谢苗诺夫的奏鸣曲形式构建了这部作品，其中有一个引子（引子是对即将发生的事件的一个序言），主要部分是伊戈尔演唱的扬·弗伦克尔的歌曲《红莓》的旋律，象征着尘世、人类……副歌部分是谢苗诺夫的主题——崇高的、天国的、永恒的。在高潮部分，两个主题像旋律和对位一样同时响起；尾声由"红莓"点缀，这是独奏者和观众之间的对话，他们在停顿中精神振奋地继续并唱出旋律……

让我们来看看这个主题故事和评价。著名影评人和权威电影学者卡普拉罗夫写道："许多年过去了，但我重温《红莓》里的情节故事，仿佛就在昨天。我认为许多年来没有任何一部电影能够如此惊心动魄，如此令人心痛，如此让人不寒而栗地接触到期待已久的作品，当然我不可能完全预测到它会是这样的。不仅仅是我这么感觉。这是我们第一次公开忏悔，舒克申把它委托给一个农民：他被家乡排斥，离开了土地，离开了母亲，离开了善良，也因此，离开了诚实劳动和对人的怜悯。在我的评论中，我强调了普罗库丁对白桦树的多次提及。第一次提及，是他刚从监狱出来，坐着出租车，突然要求司机停车。'我已经见到了我的女朋友'，他说，并走向白桦的美景。'好了，我的小新娘，我的母亲！'然后，在路上又看到了白桦，他感叹道：'好一个瓦西里萨！'而在她惨死前，他在灌木丛中发现非常年轻的树木，光顾着温柔地说：'小家伙们，他们在躲藏！……他们站在那里！……好吧，等等，等等！'对一些评论家来说，出于某种原因，这些镜头似乎是假的。而我对这样的斥责感到后悔，我怎么能不立即想起舒克申的英雄以发自内心的叶辛斯基音符对待自然。毕竟，诗人写道：'我很高兴亲吻每一棵白桦树的腿。'"

谢苗诺夫的《幻想曲》正是以这种第二次停顿（属功能）刺痛灵魂，仿佛是谨慎地在巴松管低音变音器😐开始的。也许是清晨，旭日东升的光芒、森林、"猩红的森林"，显然也是野覆盆子成熟的那个时候，可能还有耕地，也就是悲剧发生的地方。在我们看来，正是这种感觉弥漫在整个状态中，由令人心痛的下行音调（有一个挥之不去的二度音）传出来，它在这样一首内容丰富、感情深厚的诗歌中起着至关重要的音乐和戏剧作用。这不是一个故事，一个传说，一个叙事，而是一个以结论开始的复述，它以悲剧结束，同时作为开头和结尾之间的连接拱门。正如已经提到的，主题首先传导的是生命。左手部分的下行阿拉风琴很特别，类似于教堂唱诗班的中音。这种语调中投入了太多的痛苦，深具人性，但不是对主人公命运的怜悯或同情，而是感叹任何人都可能陷入的随机性。

《红莓》不是一个人、一个灵魂、一个人格的悲剧，不是对某一事件的主观认识，而是一个被"外面"的生活撕裂了很长时间的人的忏悔，他已经忘记了许多人类的真理，但却试图回到他的过去，重新开始生活。个人（悲剧）需要通过体裁来概括，《红莓》是通过图像化的声音画面来概括的，这是一首新浪漫主义的单声部管弦乐"诗"，是一个统一的整体，没有阶段、停止、时期、停顿，是一种横向发展的现象。作曲家避开了对文本内容的"说明"。幻想曲是单音的（c 小调），但在精确引用原作和声的情况下，作曲家转向民间合唱复调（民间副歌复调的元素），给图案着色，编织"花边"，使纹理复杂化。在音色谱系的变化（音色变化）和整个音乐结构的复音化中发挥了重要作用。

柔板插曲很吸引人，它脱离了日常生活的紧张节奏和喧嚣，进入了一个和平安静的世界，进入了崇高的领域。

一个新的动态表达浪潮，伴随着活泼的运动和日益复杂的织体，导致了一个高潮。两个主题同时加入，同时响起，就像赋格曲一样，但一切都突然中断了，升 G 音低音下降了半个音，就像断弦一样……最后一节非常新颖，是一种合奏，作为一种回忆，独奏者演奏第一主题的旋律，但有停顿，听众在头脑中填入……歌曲在最后一个乐句处断掉。

这就是为纪念俄罗斯电影大师、杰出的导演和独特的演员舒克申而创作的幻想曲《红莓》如诗如画的真实声音画面，它准确而恰当地描绘了俄罗斯乡村的日常生活。谢苗诺夫的作品将载入巴扬音乐发展的史册，因其将高级音乐的新浪漫主义倾向与民间艺术的深层人情味结合起来，巧妙地体现在巴扬上。

第十八节
以民族风格为创作基础的音乐会乐曲

本节将会介绍不同的关于民族创作的乐曲：波罗的海（《立陶宛旋律》《古老的爱沙尼亚传说》）；乌克兰（《乌克兰杜姆卡》）；白俄罗斯（《小河》；波尔卡《扬卡舞曲》）；俄罗斯（《白脸和圆脸》《预言家的梦》）。

不同国家的民族音乐题材具有不同的民族渊源，这是有迹可循的。比如乌戈尔曲（芬兰）、北欧曲、斯堪的纳维亚曲（瑞典、挪威、爱沙尼亚、立陶宛）、土耳其曲、斯拉夫曲（乌克兰、白俄罗斯、俄罗斯）、巴尔干曲（《保加利亚组曲》《巴尔干狂想曲二重奏》）、德国曲（勃拉姆斯）、西班牙曲（奏鸣曲二号）、意大利曲（塔兰泰拉，萨尔塔雷拉）、拉丁美洲曲（虔诚的探戈——献给阿斯托尔·皮亚佐拉）。首先，在指定题材下，作曲家编写民族乐曲时不会过多重复曲段。其次，取决于装饰音或华彩的类型，20世纪五六十年代民族乐曲在原始巴扬音乐中占主导地位；第三，它脱离了单音或多音系统的表现形式，没有偏差和转调（也就是有稳定的旋律框架），并应用更灵活的转音形式，将古典—浪漫大调—小调形式的卡农曲与其他和声形式（爵士乐、拉美乐、西班牙乐等）相结合。第四，充分考虑到各个地区的民族传统风格，以自己独有的方式作曲。

　　在此想特别提到《古老的爱沙尼亚传说》这一作品。先来看看瓦拉维娜·卢德米拉·瓦西里耶夫娜的分析："这部作品的主旋律是谢苗诺夫在爱沙尼亚巡回演出时听到的一首古老的北爱沙尼亚摇滚歌曲的开场。从远古时代开始，爱沙尼亚的部分仪式里就伴随着摇滚曲。

　　"谢苗诺夫传统乐曲的基础是三重切分节奏。曲目结合了柔和旋律和突出又悦耳的舞曲旋律。这样的双重风格与这个作品在爱沙尼亚人生活中起到的作用相一致。在民族节日期间，爱沙尼亚的母亲们把它当作摇篮曲一样唱给她们的孩子听。孩子成年以后，又唱给他们下一代的孩子们听……就这样，它陪伴人们度过欢乐和悲伤，伴随着每个人的一生。

　　"整部作品的完整性归功于主旋律形式的变化无穷和作曲家在旋律交织中即兴发挥所带来的巧妙的创造性。

　　"《古老的爱沙尼亚传说》的作曲逻辑是相当戏剧化的：从平和的田园式抒情开始，逐步发展，在旋律的逐层递进下，形成史诗般的戏剧性高潮，它听起来像明亮又浮夸的协奏曲，接着又逐渐转变为原来轻快的调子。至此，这段旋律像圆圈一样形成了闭环，然后再次重复，且一直重复。'无限'作为一个自我形成循环的哲学含义，在此部作品里是显而易见的。"

　　另一方面，该作品音色色彩结构的铺展，可以看作是栩栩如生的爱沙尼亚的大自然剪彩。《古老的爱沙尼亚传说》深情地歌唱着大自然，听者完全被爱沙尼亚的美丽吸引，既有视觉上的享受，如风景如画的山峦、静谧的海湾、数不胜数的湖泊，也是纯粹的、充满了传统音乐丰富音调的听觉盛宴。曲中还出现了爱沙尼亚当地的布尔登风笛，听起来有点像鼻音，使人想起双簧管（对应变音器 ⊖）。配合第二声部的民间长笛，音乐本身充满了装饰音（上波音和下波音）和音调调性（降 E 大调），仿佛转移到了前巴赫时期的早期音乐，几个世纪以来仍保留着其独特的个性、原始的美感。接着我们听到了最古老的管乐器——巴松管，带着鼻音但又铿锵响亮的音色 ⊖，随即其他传统音乐合奏团的独奏也加入了，这些传统乐器在业内被"逐渐遗忘"，但在欧洲各地（斯堪的纳维亚半岛上的国家、德国南部、奥地利、瑞士）的民间音乐中仍然保留着。民族活动的高潮将我们带进数个世纪的深处：不同音色的木管乐器的"合奏"，合并成一个爱沙尼亚民族的单一管弦乐队，永远地沉迷在某处深湖、鲜花盛开的牧场、古老废墟中的城堡、翠绿的青山点缀着万条河流以及寂静的石桥。这首曲子散发出对生命的肯定以及对不容忽视的宇宙之美的歌颂。

斯拉夫音乐中，则呈现出完全不一样的画面。《乌克兰杜姆卡》是一部超越其名字的作品，实际上它是一部单幅形式的双联画。"第一段使用的是乌克兰的民歌《噢，某人的付出》，是发自内心的、对爱情的悲伤告白：'爱情爱情，三个夜晚到天明。太阳升起了，爱情也离去了……'作曲家将歌曲的主题诠释为一首爱的赞歌，同时又是一首史诗。因此这部作品再现了一个勇敢的形象，充满了鼓舞人心的力量，而另一个形象则是悲伤的抒情者，如同一具纯粹明亮的灵魂的回声。"

第二部分（欢快的）与之前形成鲜明对比，是另一种民族艺术形式——旋转式舞曲《科洛梅卡》。《胡苏尔人》是其中的典型例子之一，用非常原始的手法使用现代乐器。这种方法不仅本身不同寻常，而且产生了新的音色。舞蹈性质的节奏律动非常有趣，在进一步的发展和运用中又经历了修改和表现手法的变化。比如类似琶音的模式和"曲折的"音调，也类似于钢琴技巧，可见音色上的相似再次出现了。类似的还有穆捷斯特・穆索尔斯基《索罗钦斯克集市》，列夫科・莱福特斯基《第二交响曲》。因此音乐素材的音色起着非常重要的作用。

《白俄罗斯双联画》使用不同的形式来表达情感:《小河》是一首带有平静、抒情和沉思风格的民族歌曲,它有着柔和的语调(d 小调),中间部分有手风琴的和声"演奏"(E-#C-e-aug. 三和弦—e—C—e),以及洪亮的交响协奏、精彩的波尔卡《扬卡》。《小河》带有许多华丽的技巧,如典型的、顺畅的横向六度滑音,多处运用连奏,装饰了民族舞蹈音乐本就丰富的节奏模式,彰显衬托出白俄罗斯民族文化中的璀璨明珠。

在谈到俄罗斯民族风格时,作曲家更多地选择了自由的作曲形式,这在作品《白脸和圆脸》《预言家的梦》中得到了明确的体现。

对于作品《白脸和圆脸》,瓦拉维娜·卢德米拉·瓦西里耶夫娜为我们提供了一段有趣的音乐语言来描述作品的情感表达方式:"俄罗斯民族歌曲《白面和圆脸》的即兴创作风格混合了心理活动和抒情,自由地展示和发展音流。在此,作家并没有采用传统乐器的固有处理方法来弹奏巴扬。这首作品令人着迷之处在于充满了不同的音色,它是由自然的大调与俄罗斯圆脸奴隶娃娃的响铃声——这也许是玛丽娜女儿最喜欢的玩具——混合而成的。铃铛叮当作响,再流动变化,如波涛般起伏,又变得轻盈,最后留下逐渐消失的十六分音符,献给能够传达出这种音乐的技巧熟练的演奏者们。我们还听到了灵动的、充满喜悦的、银铃般清脆悦耳的 G 大调变奏曲。从第 77 小节开始,在自然 a 小调中,通过 F 大调三和弦的叠加，作品的最后一段带着欢快的灯光和音色，轻盈地展现在我们面前。接着在不和谐的各种音色合奏中，铿锵有力的 C 大调逐渐占据主导。这首作品的外形，像是一个半圆形球体，以表演者的一段凄凉的 e 小调独白开场，然后逐渐充满自由发展的变化，最终以演奏者逐渐欢快的独奏结束在铿锵有力的 C 大调和弦中。"

以俄罗斯民歌《白脸和圆脸》为主题的、即兴创作的这部作品，已成为按钮式手风琴原创音乐中的畅销作品——真正的经典之作。作曲家以完全不同的方式展现了民族因素在学院派音乐中的充分体现，此外还涉及其他艺术表现形式中固有的一些技巧：栩栩如生的想象、特有的民族舞蹈、自由的叙述式朗诵、精练的和声配置。

通常，真正的大师的音乐语言会重复数句歌词。或许，这才是即兴演绎。我们来看看这首歌的歌词：

又白又圆的脸庞，红色的姑娘。
她站在山谷中，折断了英莲。
她站在山谷中，折断了英莲。
她把它扔在路上，还给了朋友。
她把它扔在路上，还给了朋友。
回来吧，亲爱的，回到心里。
回来吧，亲爱的，回到心里。
不要回去，亲爱的，哪怕回头看看。
不要回去，亲爱的，哪怕回头看看。

亲爱的，不要回头，至少挥挥手。

亲爱的，不要回头，至少挥挥手。

挥挥你的右手，和你的绒毛帽子。

——《我会和你一起走》

在这里，作者巧妙地抓住了少女充满期待的时刻的思维重点。俄罗斯女孩的人物形象以及她的多变和才艺，不仅是从视觉上、外在上入手，更是从丰富的内在精神入手，即使可能到最后都没有被理解……

在《白脸和圆脸》这部作品中，作者综合了多种旋律和和弦变化，我们可以假设，作曲家下意识地使用了其他类型的艺术所特有的一些艺术技巧。

《白脸和圆脸》——自由的即兴创作。从《白脸和圆脸》音乐表达手段的特点中，我们得出以下几点：

1. 室内乐的表演风格；

2. 左右键盘上音符分配的一致性；

3. 演奏音色☺，☹；

4. 高音域的音符演奏移位在左手，低音域在右手；

5. 变化是没有主题的，隐含在听众的潜意识中（罗季翁·谢德林《斗牛士》），但和声架构是不变的基础；

6. 表演手法技巧——琶音踏板延迟技巧（阿拉钢琴、竖琴或颤音琴踏板），灵活融入音乐背景；

7. 对比对应音域，但不能反差过大，采用轮流交替的形式；

8. 模仿式复调的经典要素。

维切斯拉夫·阿纳托利耶维奇·谢苗诺夫
作品中的幻想

细心的演奏者和学生，会发现谢苗诺夫的作品中，在大量使用一种以亲笔签名形式出现的编码。这样的签名是作者独有的 "LATE-TEMA"，它由三个音符组成，在某种程度上，这和谢苗诺夫名字的首字母相关，这是连续音符：降Си（降 B）、Ля（A）、Соль（Sol）。在《顿河狂想曲一号》和《随想曲二号——S.O.S.》中，左手部分以这些音符开始；在《奏鸣曲三号——回忆未来》的很多片段中，还有《梦想的领域》等等。有时签名会因有规律公式的摩斯电码被识别：B（W 字母）– Di Daa Daa/A（A 字母）– Di Daa/C（S字母）– DiDiDi（Di：滴；Da：嗒）。例如出现在《奏鸣曲四号——融合》第二乐章的 10—11 小节以及 17—19 小节等。

谢苗诺夫版《预言家的梦》的奇幻音乐内容如下：

"主角（斯捷潘·拉辛）睡着了，但发生在未来世界的画面无休止地展开……首先是教堂里的片段（'让我们在和平中向主祈祷……'），然后民族歌曲响起：'哦，现在不是晚上……'它暗示着戏剧性地发展并悲惨地结束的未来事件……这个梦原来是预言。"

对于作曲家来说，这首著名民歌的原作并不是音乐材料进一步加工的基础，谢苗诺夫《预言家的梦》的创作基础是大规模、戏剧性的复杂概念，但它不会成为另一个流派作品中的对象，更确切地说，它是一种暗示，一种思想。正如伟大的普希金所言："童话是谎言，但其中有暗示，是给善良之人的一堂课！"由此而来的表达方式是："漂浮"的和谐，与不断的、没有固定形式的偏转，利用自己特有的印象主义色彩、半阴影和其他类似的技术，作者用自己的艺术天赋描绘了空气、太阳、森林、天空。而音乐性的寓意，展示了视觉音调发展的意义所在。正是作曲家对音色的这种理解，让他描绘出了一幅可见但虚幻的《预言家的梦》的图画。醒来了……就不存在了，正如拉赫玛尼诺夫的《梦》。

我们的故事到此结束。

参考文献

1. Асафьев Б. Книга о Стравинском. – Л., 1977.

2. Бычков В.В. Астор Пьяццолла – композитор, исполнитель, му-зыкант (штрихи к портрету). – Челябинск: ЧГАКИ, МИМ, 2004.

3. Васина-ГроссманВ.Квопросуокритерияхнациональн огоисовре- менного в русской музыке // Советская музыка на современном эта-пе. – М., 1981.

4. Воинова М. Органная композиция второго авангарда: теория ипрактика. К проблеме систематики форм. – М., 2010.

5. Гаккель Л. Фортепианная музыка 20 века. Очерки.

– Ленинград: Советский композитор, 1990.

6. Долинская Г. Фортепианный концерт в русской музыке XX столе-тия: исследовательские очерки. – М.: Композитор, 2005.

7. Ержемский Г. Психология дирижирования: некоторые вопросы исполнительства и творческого взаимодействия дирижера с музы-кальным коллективом. – М., 1988.

8. Калинина Н. Клавирная музыка Баха в фортепианном классе. –Л., 1988.

9. Келдыш Ю. Рахманинов и его время. – М., 1973.

10. Коган Г. Ферручо Бузони. – М., 1971.

11. Лебедев А. Концерт для баяна с оркестром в музыке отечествен-ных композиторов. – Саратов: СГК им. Л.В. Собинова, 2013.

12. Ливанова Т. Из истории музыки и музыкознания за рубежом. – М.,1981.

13. Маргарита Лонг // Исполнительское искусство зарубежныхстран. Вып. 9. – М., 1981.

14. Мильштейн Я. Хорошо темперированный клавир И. С. Баха и особенности его исполнения. – М., 1967.

15. Михайлов М. Стиль в музыке. – Л., 1981.

16. Музыкальная энциклопедия. Т. 2. – М., 1974.

17. Музыкальная энциклопедия. Т. 4. – М., 1978.

18. Надор Т. Если бы Лист вел дневник... – Будапешт: Изд. Корвина, 1988.

19. Раабен Л. Советский инструментальный концерт: 1968-1975 гг. –Л., 1976.

20. Рабей В. Сонаты и партиты И. С. Баха для скрипки соло. – М., 1970.

21. Рабинович Д. Портреты пианистов. – 2-е изд. – М., 1981.

22. Саркисян С. Новые пути камерно-вокального жанра // Советская музыка на современном этапе (статьи и интервью). – М., 1981.

23. Хаммершлаг Я. Если бы Бах вел дневник... – Будапешт: Изд. Корвина, 1965.

24. Швейцер А. Иоганн Себастьян Бах. – М., 1964.

25. Fischer E. I. S. Bach. – Potsdam. 1945.

第三章

文章研究

儿童组曲《金钥匙》

（摘自 2020 年少儿音乐作品）

奥莉佳·巴甫洛夫斯卡娅

　　我根据音乐，准确地说是根据音乐语言，分析列出了组曲《金钥匙》中人物形象的所有特征。

　　卡罗爸爸　在手摇琴的音乐背景下表现出智慧与善良的品质，其温暖的声音在这段现代音乐语言中显现出来。

　　匹诺曹　一个运动不协调的笨拙木偶，当然啦，他才刚被造出来！他的思想和他的身体构造一样简单：一个快乐而机灵的木偶。大量的随机符号、旋律的跳跃式变化，描绘了他初期的形象：不自在，但很勇敢。

　　玛薇娜　我能说什么呢？这就是个小女孩！与匹诺曹完全相反，她耽于幻想，热爱早晨与周围世界的美好。她的童年，与亲人的情感都不长久，总被不断取代。一开始音乐轻柔而宁静，就像早晨一样，但随后就被一个简单的舞蹈旋律取代。这是非常重要的日常，神圣不可侵犯！但音乐突然变得舒缓，出现了颤音。啊！她又沉浸在幻想中了！

　　阿特蒙　一只快乐的狗狗！它的尾巴比它更抢眼，尽管阿特蒙自豪地认为事实恰恰相反！它非常好动，把乐观生活看得比训练任务更重。一处旋转的调子就像一个忠诚的狗狗朋友一样：它总是伴随左右，时刻准备帮忙。

皮耶罗 带着一副忧郁的娃娃脸，除了单相思，无法思考他物。匹诺曹觉得这人挺好，但有点令人厌倦。调性的精确与带着啜泣声（与二拍子相反）的单调旋律，就是他拥有这样性格的原因。

卡拉巴斯·巴拉巴斯 笨拙、凶恶、怪诞的负面形象，但也不是真人，是个木偶。与匹诺曹一样有大量随机符号，但用的是低音域，加上明显的、较长的持续时间描绘出了完全不同类型的笨拙。末尾的颤音就像是拳头在空气中带来了威胁一样。

接下来的部分分成两块。悲哀的**巴塞利欧**，他的台词"善良的人们，我们是外地来的！施舍点东西给我们吧！"是生动的宣叙调模仿与未经调节的滑奏。接下来狡猾的**爱丽丝**想出了一个在任何场合都能用上的故事！音乐风格一下子改变了，叙事风格也发生了变化。一切都顺利而流畅，只有一处小停顿，接着是模仿**爱丽丝**惊人谎言的几秒钟。

巴塞利欧又出场了：听了爱丽丝的故事怎么能不给点什么呢？最后意外发现口袋里有金币！赶紧溜掉！

结尾部分 戏剧、舞台布景、英雄、序幕、表演和一个聪明的木偶，所有这些元素结合在一起，在一个彩色旋转木马中呈现出来。

皮耶罗在中间抽泣，但出乎意料的是他被分散了注意力——皮耶罗的旋律发生了变化，变得轻盈，像是从未有过啜泣声。接着是一段关于友谊、快乐和幸福的欢快活泼的旋律。

第二节

维切斯拉夫·阿纳托利耶维奇·谢苗诺夫作品中的狂想曲体裁

——为巴扬独奏而作的《勃拉姆斯狂想曲》

安娜·洛加什娜

音乐学家，俄罗斯符拉迪沃斯托克

　　与钢琴不同，巴扬狂想曲原始音乐文献数量相对较少。我们都知道 20 世纪 60—70 年代初的这些作品：亚历山大·季莫申科的《西伯利亚狂想曲》、维克多·格里金巴扬乐队的《吉卜赛狂想曲》以及亚历山大·杜德尼克的《希腊主题狂想曲（献给谢苗诺夫）》。值得注意的是，这些作品并没有流行起来，也没能在巴扬表演者的曲目中站稳脚跟。作曲家们狭隘地把巴扬看作是一种民间独奏乐器。比如，俄罗斯联邦荣誉艺术家尤里·希什金认为，巴扬狂想曲的数量较少与浪漫主义作曲家的传统有关。浪漫主义作曲家的传统，为这类作品的戏剧结构和水平设定了一定的标准和框架（与幻想曲不同），为主题对比所必需的特殊作曲家职业技能奠定了基础。尤里·希什金认为，"狂想曲是一种非巴扬所能及的、有分量的专业体裁"。谢苗诺夫因其进步的眼光和对巴扬乐器前景的理解而无法忽视这一体裁，他看到了巴扬的潜力。凭借着自己的思维特点、在巴扬作品的创作上更现代，也更有远见，他改革了巴扬艺术中的狂想曲体裁，以主题对比创作高质量作品，丰富了"巴扬琴以外的"音乐风格。

谢苗诺夫对狂想曲的执着使巴扬琴的发展进入了新的阶段。狂想曲之于谢苗诺夫，是丰富与改进巴扬演奏曲目的一种表现方式，这将比钢琴曲或小提琴曲更具竞争力。谢苗诺夫主张将巴扬与其他传统乐器平等对待，帮助巴扬表演者实现同样高的演奏技巧。

谢苗诺夫写了八部狂想曲类型的作品：

1.《顿河狂想曲一号》(包括《安静的顿河的故事》)，1977 年；

2.《古老的爱沙尼亚传奇》，1983 年；

3.《立陶宛狂想曲》(包括《立陶宛旋律》《立陶宛诗画》)，1986 年；

4.《乌克兰杜姆卡》，1987 年；

5.《白俄罗斯双联画》，1987 年；

6.《顿河狂想曲二号》(两个乐章)，1991 年；

7.《勃拉姆斯狂想曲》，1996；

8.《巴尔干狂想曲》(巴扬二重奏)，2007 年。

谢苗诺夫的《勃拉姆斯狂想曲》是借用主题进行创作的一个范例，是他在 20—21 世纪之交时典型风格的作品。1997 年夏天，谢苗诺夫在西班牙伊伦（属巴斯克地区，靠近法国边境）用很短的时间完成了这部作品。这部狂想曲是为纪念伟大的德国作曲家约翰内斯·勃拉姆斯逝世一百周年而作的。要想理解这部作品，重要的是弄清楚作者为何以勃拉姆斯为题材进行创作。谢苗诺夫曾提到：周年纪念日只是创作该曲的外部原因；真正原因是他长期以来酷爱勃拉姆斯的音乐，由此产生了最初的创作想法。

还有更重要的一点，这部作品以德国作曲家、钢琴家约翰内斯·勃拉姆斯的作品为主题，而勃拉姆斯是浪漫主义音乐的核心人物之一。这种以特定作曲家为题材创作作品的行为可以说是一种音乐祭奠／献词。

关于这一点，谢苗诺夫自己也说过："勃拉姆斯狂想曲是献给一位对音乐无限热爱的伟大作曲家的音乐祭奠，……是结合匈牙利民间音乐创作的。……我决定采用第 20、21首匈牙利舞曲中的正宗匈牙利旋律，并在此基础上写下了一首狂想曲。在中间部分有勃拉姆斯的原歌词，或许是最简洁的圆舞曲（升 g 小调圆舞曲，op. 39 № 2）。……至于狂想曲的风格，我认为相当大众化，同时也非常现代化，符合我大部分作品的风格。"

需要注意的是，把其他作曲家的不同作品以另一种调创作出新作品的传统可以追溯到 19—20 世纪之交的俄罗斯音乐文化。在我们看来，谢苗诺夫的《勃拉姆斯狂想曲》应该归入柴可夫斯基以作品《莫扎特》开场的作品组中。《莫扎特》在 20 世纪的音乐作品中得到了延续：亚历山大·格拉祖诺夫的肖邦组曲、海托尔·维拉 - 罗伯斯的巴西巴伊亚组曲、纳坦·米尔斯坦的幻想曲《帕格尼尼》、约翰内斯·勃拉姆斯的《帕格尼尼》钢琴练习曲、樊尚·丹第的三首无词钢琴曲《舒曼》、弗拉基米尔·祖宾斯基为巴扬与室内乐队而作的协奏曲《罗西尼》、冈司·布雷姆的巴扬独奏《帕格尼尼》。

　　《勃拉姆斯狂想曲》的基础——《匈牙利舞曲》，是由勃拉姆斯创作的钢琴四手联弹曲。《匈牙利舞曲》还有其他各种乐器的改编版，其中包括安东宁·德沃夏克编排的舞曲。强调一下，谢苗诺夫特意将勃拉姆斯那些不太出名的主题作为创作基础，下意识选择了较少使用的调，以此避免俗套和刻板。这绝不是常见的作曲家创作方式。谢苗诺夫表示："为了让听众有新鲜感，我想选取勃拉姆斯不出名的主题，作为创作基础。"

　　谢苗诺夫认为，使用"自己的—他人的"这种二合一的方式能最大程度脱离原作，同时致敬匈牙利经典。在这部作品中，原作主题与新的体裁——狂想曲融合为一体。谢苗诺夫认为这种体裁的作品非常合理，并且在类型学上适合再现约翰内斯·勃拉姆斯的主题及新体裁的转变。这其中显现出了谢苗诺夫的艺术手法。

第四章

同事同行回忆录

——谈论维切斯拉夫·阿纳托利耶维奇·谢苗诺夫

第一节

斯拉瓦，你还记得吗？

弗里德里希·罗伯托维奇·利普斯

俄罗斯人民艺术家

俄罗斯格涅辛国立音乐学院教授

巴扬和手风琴教研室主任

这些小素描画并不假装是维切斯拉夫·阿纳托利耶维奇·谢苗诺夫的任何一种创造性肖像。他的艺术活动值得专业人员展开分析。我只是想在我的同事，也是志同道合的伙伴七十五岁生日的前夜向他献上我的敬意。

巴扬艺术不算长的历史经历了"三年内的五年计划"，已经在各个方面积累了充足的知识。每一代音乐家都代表其新的发展阶段，为我们的事业开拓新的视野。但很长一段时间里音乐学校和学院的教师培养出来的大多是他们的"同类"——还是教师。在20世纪50—60年代，尤里·卡扎科夫首先开始了独奏音乐会，然后是阿纳托利·别利亚耶夫和弗拉基米尔·贝斯法米尔诺夫。

直到60年代末70年代初才出现了新一代才华横溢

的年轻音乐家，他们开始成功地将教学与音乐会结合起来。海因里希·古斯塔沃维奇·涅高兹曾说："教师的理想是音乐会教师。"这一代人里最出色的代表之一就是谢苗诺夫。

我与他的交流，开始于1967年在格涅辛音乐学院巴扬琴手管弦乐队的演奏。学校领导、优秀的音乐家、指挥谢尔盖·彼得罗维奇·戈尔查科夫把我安排在一年级，那时谢苗诺夫已经上四年级了，他被安排在第一声部，但，是最后一个位置。

"斯拉瓦（意为'荣耀'，谢苗诺夫的别称），我不太明白，为什么你不在第一个或第二个位置？"

只是因为我在戈尔恰科夫这里做指挥，他很了解我，相信我没问题，而且我在最近新开的罗斯托夫音乐教育学院（现在的拉赫玛尼诺夫音乐学院）有工作。我不得不转为面授教学。

事实上，谢苗诺夫将他的学习与新开的那所大学的教学工作相结合能够顺利从格涅辛学院毕业。谢苗诺夫做什么都是大张旗鼓地做，折腾上一番。正如老约瑟夫·普利茨曾经跟我说的那样："如果你去谢苗诺夫之前去过的城市巡演，就会发现那里像台风经过了一样，他音乐会结束后的聚会上还会向当地老师表演摔跤！"众所周知，谢苗诺夫年轻时喜欢摔跤。他总视自己为一个领导

者，自我意识强。这些品质很快使他成为民族乐器系的主
任。不光罗斯托夫地区，整个俄罗斯南部都立刻受到了
他的影响。有才华的学生来到罗斯托夫跟他学习，很快
他的学生们开始在全联盟选拔赛上与著名大学的代表们
竞赛。

　　谢苗诺夫总是对新事物持开放态度。在成为演奏博
士后，他想拓展自己的音乐思维，扩大自己对音乐的感
知，所以他给奥列格·米哈伊洛维奇·阿加尔科夫教授写
了一份入班申请，阿加尔科夫教授是一名指挥家和小提
琴家，也是一位出色的音乐家。我记得有一次谢苗诺夫
来参加会议时在我宿舍厨房里听到了弗拉迪斯拉夫·佐罗
塔耶夫的《帕蒂塔一号》和奥利维尔·梅西安的《圣体的
降临》，他当即要去乐谱，并成为这些作品的第一批演奏
者。在毕业考试的时候，他除了弹奏奥利维尔·梅西安的
作品，还弹奏弗拉迪斯拉夫·佐罗塔耶夫的《奏鸣曲三
号》。我相信他是在演奏了弗拉迪斯拉夫·佐罗塔耶夫的
作品之后与阿纳托利·库夏科夫结成联盟的。这位作曲家
的创作为巴扬艺术带来了非常重要的贡献。我们最先应
该感谢谢苗诺夫，他吸引来了一位才华横溢、但当时不
太出名的人，还带他了解巴扬琴的复杂性，校订乐谱，有
时还附带他自己对乐谱的说明。到这时，谢苗诺夫已经
喜欢上作曲，并决定在大学里加入阿纳托利·库夏科夫的

班级。

搬到莫斯科后，谢苗诺夫的创造力发挥在多个领域，可谓遍地开花：教学、音乐会、作曲、方法学，当然还有广泛的社会活动，这直接增加了我们教研组的威望和声誉。有趣的是，他很懂车，他就像真正的机械师一样能修理车的任何一个地方。在修理巴扬方面他也是一位经验丰富的大师，他甚至还能针对乐器的改进给设计师提出建议。这让我对他产生了深深的敬意，甚至羡慕。

我还记得我们在科斯莫纳夫托夫街宿舍的第一次见面。那时我和伦亚·鲁巴什涅夫（几年后赢得了德国克林根塔尔国际手风琴比赛）去找住在 63 号房间的同学沃洛佳·斯图卡洛夫（我住在 65 号），看到了正在床上研究马雷金大师的巴扬作曲的谢苗诺夫。故事就由此开始了。

"这个地方需要这样的指法，如果这么弹的话就……这个地方最好这样……通常在巴扬中这里需要改进，重做……"

对我们这些新手来说，这是难消化的一连串新信息。直到今天，他仍然是一台创意想法制造机，在生活中充满精力与好奇心，仍然保留着 1967 年 9 月与我们第一次见面时展现出来的冲劲儿。

第二节

这一切是如何开始的

亚历山大·斯捷潘诺维奇·达尼洛夫

俄罗斯联邦人民艺术家

俄罗斯罗斯托夫拉赫玛尼诺夫国立音乐学院院长

若你从小就与对方相识，又与他打过半辈子的交道，就很容易对他的人格与所取得的成就做个公道的评价。

1971年我来到了罗斯托夫音乐学院，这得益于维切斯拉夫·阿纳托利耶维奇·谢苗诺夫！那几年苏联高校毕业生分配制度稳步开展。格涅辛音乐学院的毕业生备受关注，有很多工作机会。多地向我伸来了橄榄枝，有莫斯科弗拉基米尔·费多谢耶夫领头的苏联国家广播和电视交响乐团，还有乌法、阿斯特拉罕、顿涅茨克的高校……但当昔日跟你一起踢过球的同学在二十五岁时就即将成为大学系主任，还邀请你陪他一起工作、开创事业时，选择就变得清晰起来！毕竟，跟朋友在一起肯定更有趣，而且还能在父母身边！接下来，故事就开始了。

工作的第一年，由于谢苗诺夫作为系主任一再坚持，我就去参加了1972年在莫斯科举行的第一届全俄比赛，然后意外地获奖了。一年后，正是谢苗诺夫躁动的创造性促使我们匆匆组建二重奏小组参加了全联盟比赛，我们赢得了比赛

并被选中去参加柏林的国际比赛。第十届世界青年与大学生
节期间，我们又成为了获胜者。在那几年我们这种风格还比
较少见，因此获奖后就会立刻引起全国关注。为了选出国内
外巡回演出活动中最优秀的音乐家，文化部、国家联合巡回
演奏团和国家乐团定期为所有新的一等奖获得者安排选拔测
试。谢苗诺夫和我就是这样被注意到的。现在我们每年都要
参加，包括瑞典、芬兰、意大利、法国、希腊、南斯拉夫、
俄罗斯（苏联）等国的文化日。

　　我承认，亲爱的谢苗诺夫，我的演奏生涯正是开始于你
的音乐激情和痴迷！

　　现在，很多年过去了，无论是演奏上还是作曲上，你都
创造了辉煌。除了拥有在创作上的抱负，你还敢对一切新事
物进行大胆尝试。我记得第一次出国巡演时，你还不太懂英
语，但很容易就能加入到与外国同事的交流中去，并在短短
几年内完全掌握了英语，法语也是如此。

　　从青年时期开始，你就彻底研究了巴扬的所有结构组
成，并且任何故障修复起来都不在话下！因此你能与所有优
秀的巴扬大师进行平等交流，让自己喜爱的乐器达到更高的
水平！

　　创作音乐的愿望一成熟，你就带着狂热的兴趣尝试改编
古典乐，找到最迅速的解决方案，并为其他人提供最大程度
的便利。因此，显然，任何复杂的结构在你的作品中都能以
一种极好的舒适感呈现出来。

　　我记得你可以轻而易举、别具一格地做出任意变调，把我们的二重奏变成一个同样的乐器。可惜的是，没来得及保存和刻录专辑。你的最早的试验作曲之一——《顿河狂想曲》以零散的片段形式诞生，但是当我在音乐会上听到完整的作品时，我受到了强烈的创作冲击！我觉得你真正渴望作曲是在与阿纳托利·库夏科夫合作创作他的《奏鸣曲一号》之后开始的。毕竟我知道，这些作品中的许多片段都被重新加工和再次组合了，比如《奏鸣曲四号》结尾的最后一小节，还有很多其他地方也是如此。谢苗诺夫就像我们一起弹巴拉莱卡奏鸣曲、一起参加音乐会时一样，十分信任我们音乐家的直觉和友情推荐！我猜正是在这段时间，你彻底"感染"了"作曲家创作病"，你身上出现了创作的激情与狂热，并延续至今。你后来的作品总是不断冲入前十名，每一个都能成为现代演奏者的曲目。

　　我很高兴命运对你很公平。1988年你成功摆脱了院长这一职位，这一职位对于一位天才演奏家和作曲家来说是一种负担。也许我们本听不到你的这么多新的优秀作品。年轻的时候你鼓励我积极练习演奏，我承认最开始的时候我没有努力，我希望接起院长一职的重担，能让你放手去专心创作。你是一位如此优秀的创作者，亲爱的朋友，我为你感到骄傲！也衷心地感谢你！！

第三节

回望、聆听、探究

——维切斯拉夫·阿纳托利耶维奇·谢苗诺夫
的七十五周年

柳德米拉·瓦西里耶夫娜·瓦拉维娜

俄罗斯联邦高等学校荣誉工作者

俄罗斯罗斯托夫拉赫玛尼诺夫国立音乐学院教授

巴扬和手风琴教研室主任

回望过去

一幅幅"定格画面"从面前闪现……它们需要被回忆，它们值得回望。这是很有趣的过去。如何区分什么是可靠，什么是……也可靠？你，那个回望过去的人，也一样吗？带着情绪的记忆，印象会更长久。回忆很容易，只是刚到嘴边又会立刻变得不确定了，因此应该将事实清晰地串联起来。这对我来说是容易的，因为我从 1967 年开始一直待在罗斯托夫拉赫玛尼诺夫音乐学院，以前叫作罗斯托夫国立音乐师范学院。但又不那么容易，因为在音乐学院，所有人都在同一个班级，五十多年来，无数人来了又走，汇聚成了无休止的声流——过去的画面对我来说都是有声音的。

就是这样一个汇聚了声、光、色与情绪的呼吸镜头……

我们。 回望我们过去的接触。三楼，312 班，1968 年的秋天。我们是一群民族派学生：有七名大二学生，也包括我，还有几名大一新生。教研室的领导阿列克谢·弗拉基米罗维奇·萨哈罗夫暂时是巴扬班的唯一一位老师，他向我们介绍了格涅辛音乐学院五年级的学生谢苗诺夫。我们二十岁，新老师二十三岁。系里的领导们走了之后，教室里的气氛立刻变得友好而轻快："你们在弹什么？你们用什么样的乐器？"看着我的巴赫《恰空舞曲》的乐谱，他说："你怎么学这么多复杂的内容？"他坐在桌子上，带着情绪讲了一些事情，他留着平头，接着径自弹奏，就在那儿自顾自地忙。

他。一个小厅里正进行谢苗诺夫的独奏音乐会。弹奏曲目是按照列表进行的改编曲，玩转研究生音乐会不在话下。台下座无虚席。我们为他担心，因为这都是非常困难而且超前的改编。音乐传递着复杂的情感，有起有落，接着是最后的和弦爆发出了巨大的能量，观众为其鼓掌欢呼！我们都坐在观众席上，不仅仅是和他在一起。我既兴奋又惊讶。突然，我意识到需要放置一个点，像箭头一样，它不是一个点，而是一个箭头。他兴奋地走出来，在大厅里兴高采烈地对我们说："我都懂，那里，那里，还有那里，我都已经知道如何重做……你想象不到是如何发声的，还不会被夹住手……"后来我们不在一起了，他仍在某个地方，继续前进着……

1971 年，二十五岁的谢苗诺夫已经是一位受欢迎的、才华横溢且精力充沛、富有想法的年轻教研室领导；二十七岁时是一位备受喜爱与尊敬的系主任……

多么棒的人生……

他与我。1973 年 5 月的时候，我的第一个孩子三个月大。我带着一摞照片坐飞机前往音乐学院进行排练。在学院门前，蓝色的外套、蓝色的天空与白色的槐花交织在一个画面中，让人感到愉快。谢苗诺夫迎面走来："柳德，我想邀请你来音乐学院工作，我都同意了，非你不可了……你 9 月能来吗？"当然，能。就是他的这个决定，决定了我的命运。回想起来是幸福的。

9 月，任务艰巨的一个月，五个大一学生，还有几个其他年级的（其中三个跟我一样大，剩下的一对年龄稍小点），一对一的乐器技法课，还有一些实习工作。所有的课程都绝对富有创意。我感到幸福。

他与我们。音乐学院，乐队演奏 322 班。我们所有人，包括老师和学生，聚集在一起，迎接从国外归来的谢苗诺夫。他总是会带回来稀有的录音、乐谱、唱片、最早的盒式录音机。我们兴奋而满足地听他讲很多新的知识与见闻……

加林娜·德米特里耶夫娜·谢梅诺娃也来了，她很有个人特点：灰褐色头发顺着奢华羊皮大衣的精致衣领披散下来，直接垂到脚踝……在罗斯托夫没有第二个人有这么长的头发……

他乐于分享和付出。

他与教研室。教研室里开例会。日程是大家都已经习惯了但不是很喜欢的内容——讨论教师的教学法。我们感到烦躁，但尽力打起精神。我们得做点笔记，虽然会上也有有趣的地方，但不是很管用。我们围坐成一个圈，讨论进行得很激烈，有时令人紧张。没有人想显得自己无知，大家表现出的激昂雄心更多是为了捍卫自己、攻击别人，同时讨论的主题经常令人受折磨和感到自我迷失。但主要目的已经达到了，即我们参与进了教学法这一问题的讨论……不久后下一次讨论还会到来。

他对结果很满意，因每个人都找到了自己的位置。这场激励对每个人都起到了作用。也就是说，这种"和平式的紧张感"是必要的。

他。在教研室例会结束后我们开车去顿河边。我们在那儿游泳、聊天。气氛非常友好。谢苗诺夫站在齐膝深的水中，一如既往地温和而友善，他看着自己的车，脸上展现出喜悦：现在需要且最主要的事情就是洗车！接着拿上一块抹布，动作灵巧而迅速，汽车的棱边在阳光下闪闪发光。

这才是忙完工作后真正的休息，让人的灵魂感到快乐的休息。

谢苗诺夫。库夏科夫。谢苗诺夫住在索科洛夫街。他生日那天，我不记得宴席，只记得我们在一个被挤得满满当当的大房间里互相交谈，自由走动。阿纳托利·库夏科夫和他的妻子阿拉·伊万诺夫娜·卡明斯卡娅在场。阿纳托利·库夏科夫对是否要进入巴扬音乐领域犹豫不决。毕竟在与谢苗诺夫见面时，他已经是一位著名的作曲家，有了不少好作品，他拥有个性化的语言，致力于实现大规模社会哲学概念：交响诗、声乐套曲、清唱剧、交响乐演奏会和乐队音乐会等。

阿纳托利·库夏科夫是我的同学。上学的时候他经常出现在我的视野中。我们挨着坐在一起听课。我看见过他全神贯注地给他妻子写信，十分投入地思索着一些令他非常不安的事情。他总是沉浸在某种想法和感觉中……他总是人在这里，思绪却早已飞到别处。

哈姆雷特的"to be or not to be"对他来说意味着"巴扬曲写还是不写"，问题是：他将他的创造力一下子投入到我们的乐器上来是否正确？阿纳托利·库夏科夫直到最后都在为此忧虑。

如果换作我们，这几乎是个不可能完成的任务。而谢苗诺夫能够应对，面对库夏科夫"怎么给巴扬作曲"的问题，他的回答是："就如给乐队作曲一样"。

深夜，我们散场了，库夏科夫很兴奋。所有人都要回家的时候，我看到阿拉·伊万诺夫娜·卡明斯卡娅是一个人离开的。谢苗诺夫高兴地抓住库夏科夫的手，自信地说了些什么，然后带他去了别处。我明白了，我感觉谢苗诺夫是能应对的。

谢苗诺夫的孩子。20 世纪 80 年代初，我来到伊波利托夫—伊万诺夫音乐学校接儿子放学，孩子上学是由我母亲送过去。所有等候的人都坐在宽阔走廊的椅子上。是那种硬木、不太舒服的直背椅子。托利克·谢苗诺夫坐在对面正编着点东西。他还带来了他的妹妹玛丽娜。我的母亲是一位经验丰富的老师，她看着托利克·谢苗诺夫对我说："我们经常在这里看到他们，他总是在忙着点什么事。帮他妹妹穿衣服的时候他是多么贴心和小心翼翼啊！他们是很棒的孩子。"

爱丽丝梦游仙境。医院白色的走廊里立着玻璃隔断。记忆有些模糊，印象中的走廊是一直延伸且没有隔断的。玛丽娜的妈妈加林娜·德米特里耶夫娜穿着白色长衫出现在画面中。我们带来了一些东西。她不想和我们说话，她似乎被隔板后面的什么东西"拉住"了，小手不停地在动，但紧紧地拿着《爱丽丝梦游仙境》那本书，还说："我和玛丽娜正在看书，这是奇迹！"……几个月后她又想起了这事儿，并给我带来了《爱丽丝梦游仙境》的录音作为礼物，说："我们已经用不上了，现在送给您吧。"……后来我们又将这个给了其他需要的人——希望它能派上用场。

谢苗诺夫和库夏科夫。1984 年有一次音乐会的重头戏是谢苗诺夫的《奏鸣曲一号》和库夏科夫的《奏鸣曲四号》。音乐会地点在苏尔布哈奇，现在的亚美尼亚教堂，那时候是博物馆和音乐厅。演奏者谢苗诺夫的音响效果令人震撼，教堂里声音的回响将巴扬转变为管风琴管乐队的立体性和色彩，一击即中，呈现出了所有深层本质中的两个主要概念作品。我听过许多精彩的演奏，但这场演奏带给我的冲击绝对是最大的。

我与谢苗诺夫。1991 年。我接管拉赫玛尼诺夫国立音乐学院民族器乐系，成为第三任负责人：阿列克谢·弗拉基米诺维奇·萨哈罗夫（1967—1971）、维切斯拉夫·阿纳托利耶维奇·谢苗诺夫（1971—1988）、柳德米拉·瓦西里耶夫娜·瓦拉维娜（1991 年至今）。命运多舛的 90 年代就这样开始了。北高加索已经被民族情绪带动的破坏性浪潮淹没。生存是必要的，最重要的是，不仅要保留过去，还要义无反顾地向前。最后成功了。谢苗诺夫在离开罗斯托夫前组建的小团队保留至今。也就是说，他的选择是正确的。

关于他。他的风格天马行空，有时让人捉摸不透。他总比别人更快一步，有时他会冒犯到某人某事，有时他匆匆而过，不带任何留恋，但同时他能绝对掌握分寸。他与人不停地沟通，永远站在舞台的中心。没有人能对他持中立态度，有人喜爱他、追随他、欣赏他、尊敬他，也有讨厌他、害怕他、与他发生争执的人，有的人嫉妒他，有的人渴望同他打交道……所有这些都没有影响到他的我行我素，他仍在发挥着天赐的才能去不断地创作再创作。他的目标就是：实现成就、巩固、再次实现成就……每个与谢苗诺夫交流过的人都对他印象深刻。

聆听音乐

谢苗诺夫的创作就像一棵不断萌发新芽的老橄榄树，生生不息，硕果累累。他的创作活动就是大树的各个枝丫，相互交错、脉络相连，涉及演奏、教学、作曲和社会领域，反映在民间乐器方向的众多项目、作品与成就中。作曲家的创造力只能在艺术活动中获得。在谢苗诺夫的创作生涯中最重要、最有分量的正是创作舞台、奉献、个人需求。

艺术家的生活与创作之路总是犹如谜团，很多人都想了解它，想加入其中，试图发掘自己的潜力，或者深入研究艺术家们留下的创作宝库。

了解艺术家的方法有很多种。想到一个具有创作力的人，我们就知道他经历过人生波折，能想到他的一些性格特点，诸如随性、出人意料，或者相反，自律、拥有独创见解，不擅长人际交往等。这些认知虽然不是绝对的，但非常影响我们对人才的本质、能力和深度的理解。回忆录、研究性的文章、专著、创造性的会面与访谈，都是了解艺术家创作个性的渠道。谢苗诺夫曾在各种采访中畅谈自己的故事，尤其是那些涉及作曲家创造力问题的采访。他为人真诚，而且能恰当地向我们传达有趣的思想和事实，表述他具有独创性的想法。但是在接受采访回答问题时，一个人往往会受到"闭合型"问题的框架、回答简洁的要求、谈话的主题、自身状况等的限制（就如被限制在相框中）。谈话中常常没有足够的时间空间、自由的思想和感情的流动。然而，答案就像意外打开了一扇百叶窗，我们试图抓住一些重要的东西，它在推理、反思、箴言、陈述的流动中暂时向我们揭示，然而，其背后却隐藏着轻描淡写和个人正直的面纱。

还有另一种了解作曲家创作个性的特殊方法，那就是通过音乐作品来窥见他的专业"实验室"。我觉得，对作曲家谢苗诺夫最重要的作品的研究可以视作一个"稍微打开的窗"（虽然不是完全打开的）。

我明白，回答，更多时候是对表面和非表面问题的思考，少数时候才是对毫无争议的问题的确认；提问，有时只是一个推测或借口，而这个问题的答案我们永远无从得知。但，有些东西始终是个谜，隐藏在多义的音乐本质中。作曲家的音符是无尽的世界，但在作品中已经记录下来的，不会再改变，将会流传下去，成为他人用于理解、研究、推测和顿悟的礼物，我尝试对这样一个问题进行幻想："谢苗诺夫的作曲活动是怎样的？"

　　在多利安·苏平的电影《阿尔沃·皮亚特：即使我失去一切》中，主人公翻阅了过去几十年的工作簿，其中有一篇写道：

　　　　音乐是我的朋友
　　　　能够理解、同情、包容和宽慰一切
　　　　能擦干我悲伤的泪
　　　　亦能让我流下开心的泪……

　　我想，如果谢苗诺夫也要在一本工作簿上留言的话，他一定会写："巴扬是我的朋友。音乐是我的朋友。"这两个创作方向组成了他一生的主干，并各自保持着完整的个性化。如果我们说："巴扬音乐"或"音乐中的巴扬"，那这种统一性就会消失，这是个悖论。只有两个独立的组合才能向我们展示出一个强大的双部整体。

　　作曲家的音乐文字既坦诚又隐晦，但对某个时期、某个状态，对世界和自己的理解，还有在创作某个作品时经历的感受和想法上，总是坦白而真诚的。音乐作品的本质是双重性的：音乐文字的不变性与解读的可变性始终并存，解读可随着各种传统、世界观、创作方式、情感表现而变化。

　　作为一种艺术创作形式，音乐有着崇高的使命，可惜的是，相当多巴扬手风琴音乐作品与此使命相去甚远。虚假、低能、臆造、对生活的认知世俗化、内在灵性缺失、在音乐上口齿不清、陈词滥调、俗套，对这些，我们时常有所耳闻。这样的内容很难被看作是有内涵和灵魂的，它们只是反映作者站不住脚跟的野心的音符而已。

在我们的巴扬手风琴领域，谢苗诺夫就是鲜明的标杆。四十多年来，他为不同年代的演奏者们创作作品，这些作品内涵丰富、寓意深刻、情感强烈。

谢苗诺夫的第一部作品诞生于他三十岁生日前夕，四十五年来他已经创作了四十首作品！谢苗诺夫的作品具有独特、鲜明的个人特征，这决定了他在音乐创作上的地位，而且是处在巴扬与手风琴领域最重要的位置上。

谢苗诺夫个人风格的形成过程，是一个敏锐感知巴扬音乐发展以及器乐总体发展趋势并吸收了各种风格的当代人的自白。

随着创作日久，谢苗诺夫的作曲结构渐渐发生了变化，形式越来越直接地由戏剧计划的内在逻辑决定，作品思想的内在逻辑逐渐决定其形式，音乐语言也被改组。

与现代新浪漫风格的作品相比，谢苗诺夫的作品大多具有一些共同特征，尽管其中一些作品受到了结构主义的影响。他的作品往往通过明亮的音乐厅和出色的艺术取景达到强调的目的，借此展现巴扬和手风琴新的多面结构的可能性。

年复一年，他对形式的扩展越来越感兴趣，几乎所有作品都是原创的特殊组合，他思想的深度决定了作曲结构的规模（这是现代学术领域的典型时代特征）。

在分析罗斯托夫民间器乐领域的作品（与俄罗斯作曲家联盟罗斯托夫地区协会成立八十周年相关）时，我认为有必要强调多个作品"双重音乐会共存"的事实（其中谢苗诺夫的作品占据了重要位置）。说到为乐队和室内乐做的大量巴扬独奏改编，"……罗斯托夫作曲家的许多独奏乐器作品都具有哲学化的概念和复杂的剧作手法，这注定了相应表达手段的范围——乐队形式、旋律层复调结合、和声和节拍'公式块'的各种'层次'、音色发音的巧妙性、应用音域的广泛空间覆盖、丰富的声学效果和来自'具体的'音乐（如自然与技术）声库……"所有这些都是在评估罗斯托夫作曲家（库夏科夫和谢苗诺夫等人）的个别作品"重生"现象时不得不提到的，而现在这些作品在民族乐器室内乐或乐队中享有盛誉。

作曲家谢苗诺夫最突出的特点是能够巧妙利用摩斯电码节奏公式。因此，音乐以外的东西成了音乐的推进器，为剧作的发展提供了新的动力，开辟了新的句法和声音生成规律。

渗透在作品中的充满想象力的双重性、开放式的表现力、对怪诞世界的原创性表达、将别人或是自己引文的巧妙拼接、能将所到之处皆夷为平地的强大能量漩涡以及浪漫的灵性，是谢苗诺夫作为演奏家与作曲家的个性特点。

我很想特别强调一下巴扬与手风琴音乐的独特，因为他大胆、新颖和宏大的构思给我留下了深刻印象。说到谢苗诺夫最近的一部巨作，那可谓是尖锐、赤裸、坦率而有力，尤其是在协奏曲尾节。《奏鸣曲三号》和《奏鸣曲四号》表现出了超出"预设"艺术思想框架的劲头，犹如脱缰的野马奔向无边无际的远方。协奏曲中欢快的尾声给人豁然开朗与激奋的感觉,《奏鸣曲三号》宏大的尾声传达出了无限的信息,《奏鸣曲四号》果敢的尾声透出了无尽的不羁的自然力量。

关于规划。谢苗诺夫是一个具有艺术气息、擅长交际、完全外向的人;这位大师能完美地将不同类型的内容串联出丰富的联系,并轻松将自己的观感灌注进作品中。在我看来,他与他的作品共同拥有的一个特点就是渴望与观众相互理解和深入对话。我觉得这可以解释他作品的总体规划。或许有两个例外——《奏鸣曲一号》和《随想曲一号》。虽然严格来说,奏鸣曲和随想曲都指向了显然具有某种类似想法的"加密"规划。同时,他的作品规划通常富有象征意义和条件性,由此就出现了各种作品的多个演奏版本。在作品中,谢苗诺夫并没有在事件的展开中使用连贯的情节逻辑,因为他作品名称的"多层次性"和音乐语言的象征性,表现出了更高层次的总结和寓意。(同样也有例外:《神马》组曲和《金钥匙》组曲)

流行旋律与民族旋律加工手法的再解新知。谢苗诺夫不用已被用过的乐句,从不陈词滥调、落入俗套,他总是在每件事上都尽力寻找自己的方式,采用出人意料的处理方案,从而对行业的发展方向产生了重大影响。

谢苗诺夫在自己的编曲中首先恢复了该体裁曾有的含义。音乐具备了新的维度和支点。他引导着剧作过程形成其深层含义,赋予了音乐一种特殊的灵性,并引导演奏者以鲜明的个人风格来诠释曲子。由此,在这里,创造意义和营造感受是最重要的，而不是展示精湛的技巧。随着时间的推进，他作品中的内在语义联系越来越清晰，也正因此，深入研究作者文本、进行"沉浸式角色体验"的专业过程成为演奏家诠释作品的必要部分。

受欢迎。他几乎所有的作品在国内外都非常受欢迎。在这方面谢苗诺夫绝对当之无愧，对各种比赛里的演奏家们弹奏的曲目进行分析，就能有力地证实这一点。他的作品是根据巴扬的键盘结构特点来定的，演奏起来感到舒适悦耳。演奏者为掌握乐曲而做的努力在演奏效果上得到了加倍的回报，因为这音乐听起来美妙无比，而且富有表现力、响亮、情感丰富，仿佛也能慢慢同化演奏者，将其带到一个新的创作高度上。谢苗诺夫的所有作品弹奏起来都十分自然，透露着一种天性，而以上都是他的作品能赢得绝对欢迎的原因。

他的作品就像是某种具有生命力的有机体，同时表现出了现代作曲家作品的趋势，响应了演奏者不断变化的需求，也满足了广大听众们的期望。

我仔细翻阅了谢苗诺夫的作品清单，聆听着被我班上学生反复弹奏并深入研究的曲子。我尝试将他的作品作为一个整体来理解，标注出他的创作与自我完善之路上最重要的里程碑、在创作上豁然开朗和获得突破的时刻。

我回望着、聆听着、思考着，一步一步走过他已走过的路……需要将它们整合、压缩成一个可见的、由有机成分构成的整体，当然，我们有多种方案来做到这一点。我认为下面即为最清晰和连贯的"版本"。在此，谢苗诺夫创造力汹涌的数十年被视为观察期，不包含对艺术探索、感受累积、深入内部工作、反思、跟自己与周围世界认知相关的个别年份分析……

总的来说，作为作曲家，谢苗诺夫的创作发展过程以及艺术家个性的形成，像是一卷正快速伸展开的弹性螺旋线，每新的一圈都愈加展现出强劲的活力。这条轨迹由四部分构成、规模宏大，每个部分都个性鲜明、独一无二。共同点是每十年都有一部核心作品，它改变了作曲家谢苗诺夫的发展方向并定义了作品创作的新阶段：

第 1 个十年（1975—1984）：《奏鸣曲一号》
第 2 个十年（1986—1996）：《奏鸣曲二号》
五年"过渡期"（1996—2001）：探寻期
第 3 个十年（2001—2011）：《壁画协奏曲》
第 4 个十年（2013—2023）：《奏鸣曲三号》《奏鸣曲四号》

第 1 个十年（1975—1984）

这段时期包含八部作品，其中六部是乐曲，它们有力地证明了他在"改编"民族（通俗）材料方面的作曲能力。在进行变体、即兴运用材料方面，每一部作品绝对都是独一无二的。每一部作品都是一部有着独特剧情的抒情诗、叙事诗或诗剧。这一时期音乐界的作曲手法有着刻板的模式，以展现演奏者弹奏技巧与激昂音色为目的，像曾经的"集市"一样乏善可陈，而谢苗诺夫的作曲手法与这一时期其他作曲家的刻板模式完全不同。他将高度艺术性、传统诗意、丰富的思想感情放在首位，将高超的弹奏技巧放在辅位。这位作曲家渴望浪漫的表达，具有浪漫主义抒情特点，充满纯粹与内心情感的躁动，积聚了浓烈的情感，期望向人诉说，他在这些作品中向我们袒露了他的灵魂。他径直贴近了人类灵魂的琴弦，这些琴弦总能从演奏和聆听这些作品的人那里找到回应，而弹奏、聆听这些音乐的人总能与之产生共鸣。从指定的"高音"开始，这是艺术性的优先级，他在后续的作品中持续了这一趋势。

　　毫无疑义，这一时期最惊艳的作品就是《奏鸣曲一号》（1984 年）。三个乐章的鲜明对比，建立在两个主题大规模转变的基础之上，每个主题都通过整个套曲拥有自己清晰的剧情线。至今大多数演奏者仍无法在奏鸣曲整体剧情结构向心发展的过程中控制情感和状态变化。由于主题的单一性，曲子中里包含了一种敏感的、程式上多变的情感解读，这种解读预定了深刻的、复杂的、相互作用的隐含意义。《奏鸣曲一号》的创作理念基于典型的奏鸣曲套曲，每一个细节都经过了作曲家的深思熟虑。

　　从这部作品中，我们能看到什么样的个人特点呢？在创作奏鸣曲时，他实际上并不需要第 1 个十年（此阶段谢苗诺夫在作曲手法与即兴创作方面，能力突飞猛进）的六部乐曲中材料的巧妙变体。由于对古典浪漫主义音乐剧内在规律的独到运用，作者的自我意外地获得了在奏鸣曲套曲空间中

"多极"表达的可能性。他开始时尚处于自己习惯的抒情旋律作曲家的角色中，突然，开始以不受控制的声音漩涡流直击观众；与此同时，旋律线的曲折特点赋予了乐句明显的紧张感。两个截然相反的起点的反差与这样的激情，我们再也不能在谢苗诺夫的作品中看到，我们也不会再遇到这样经典且传统的、由抒情到激昂颂歌的转变。这首奏鸣曲是对个人成长的突破，是对这个世界的痛苦认知的突破，也是对思考开拓新视野时的喜悦的突破。他的个性变得更宽、更强，但并没有失去扩展开来的完整性，淡化了对美和抒情的感知。

在《奏鸣曲一号》中打开的"奥秘之门"在接下来的二十年里并没有出现在谢苗诺夫的作品中。相反，在其他的作品中得到历练的一些手法获得了不断充实和积累。

第 2 个十年（1986—1996）

这安静的十年里共有九部代表作，部部技艺精湛、光彩夺目、散发着活力与魅力。其中七部是引用主题发挥作曲家个人风格原则进行创作的典范。革新之处集中在两部风格迥异的作品中——《随想曲一号》和《奏鸣曲二号》。

《随想曲一号》以不可思议的闪亮、精湛的技艺和新颖的结构令人惊叹！谢苗诺夫新的作曲语言元素闯入了巴扬音乐，闪耀着盔甲般的乐句，乖张的和声辅音、让人无法抗拒的应用音域以及出众的音色，都使其异常耀眼！这就是"第2个十年"的收获和成果。激昂、活力、豪华，但更平衡的《奏鸣曲二号》，吸收总结了谢苗诺夫在《随想曲一号》中表现出来的两个风格：变奏—即兴；高超—果敢。

同时，这个时期的一些作品，已经出现向更深层次发展的意识和理解不同层次含义的倾向。

五年"过渡期"（1996—2001）

如上所述，是一段紧张的工作期和创造性的探索期。

第3个十年（2001—2011）

这也是新世纪的开始，非常惊人的重合——担当与推进。

这一时期分为三个阶段：预示期、作曲家的最高成就——协奏曲《壁画》、休息期。

预示期

《预言家的梦》和《随想曲二号——S.O.S》，表明剧情深度明显增加，由此开始了动态进化。作者对乐曲进行规划，有助于在艺术思维的象征性概括法条件下促进多层意象的形成，从而增加不受特定情节影响的新兴联想语义层次的数量。两部乐曲的情感、思想氛围让我们陷入了一个充满焦虑、无助感与悲痛预感的世界，接着是悲惨性覆灭与最终的消亡。没有希望，也不试图反抗，注定毁灭的氛围从一开始就笼罩在这里。这些或许是谢苗诺夫作品中抒情最主观、以戏剧性空虚来吸引人的乐曲。也许它们是"泪点"，一种在"第3个十年"的多形象画布上特别的"流泪情节"。从音乐表达的总体印象来看，正是在这个阶段，他的处事态度发生了巨大转变。他显然不想回到被击败和有些平凡的角色，不想成为封闭世界的多愁善感之人。他从自己的艺术空间中突围而出，抑制不住地在不可名状、充满矛盾，但又和谐完整的世界里走向一个具有蓬勃活力的自我定位。酝酿和培养生气与活力并将其倾注到乐谱中，他总共用了三年时间。

2004 年作曲家的最高成就——协奏曲《壁画》

协奏曲的名字显然与宏伟的音乐——视觉画面相称，使听众沉浸在《圣经》题材的"声音禅定"过程中，总谱和简介中标明的分乐章名称也表明了这一点：第一乐章《前往殉难地的游行》，第二乐章《圣母神像》，第三乐章《地狱》和《升天——圣灵的盛宴》。

协奏曲中隐藏的哲学——人文意义是什么呢？显然对我来说，个人特质让年近六十的谢苗诺夫开始重新思考宇宙和生存的本质，还渴望触及《圣经》的真理，并情不自禁地用音乐告诉世界他的感知。他在这部作品中热情洋溢而鲜明地进行了自我表达，无论是演奏音乐的人还是听众，没有一个不动容。借助巴扬演奏者自然、方便的结构综合体（当然，结合原创手法），音乐语言的复杂性和大众化明显扩大了谢苗诺夫崇拜者们的年龄范围，其中既有演奏家，也有普通听众。

作曲家将思想和情感用音乐语言的符号和标志刻在乐谱上；他们的结合形成了只属于他本人的独特音乐表达。我翻阅着第一乐章的乐谱：帕萨卡利亚的主题刚毅、向上，带有固执的拼搏色调，正如教条式套曲中的那样，靠着无休止的准固定重复，借音色饱和度的增加而张扬地扩展开。聚集的能量不得不在快速的、横扫一切的快板中爆发，经过令人神经紧张的涡流时先退后并再次上冲。作者刻画出的《前往殉难地的游行》，是一个引发聚集人群恐惧的悲惨事件，人们同样意识到这一事件无法避免，也意识到了他们自身的排斥甚至反对情绪。曾在比利时安特卫普圣母大教堂看到的触及我灵魂深处的《竖起十字架》（彼得·保罗·鲁本斯，1610年）浮现在我的脑海中。这是鲁本斯首次在巨幅画布上刻画宗教主题：圣架升起，带给观者惊异与紧张感，基督谦恭地举着双臂，犹如在向上升起，他的躯体中集满了遭受苦难与极度折磨的巨大能量，这都是他为拯救人类所做的牺牲。这幅巴洛克时期的著名画作，它所特有的巨大情感力量使我联想到了协奏曲《壁画》的第一乐章。

第二乐章《圣母神像》。对于基督教徒来说，一切与天主圣母形象相关的东西都具有人文意义。圣母玛利亚的形象在不同的时代各不相同。在罗马地下经堂发现的公元 3 世纪的古老壁画中，有强势、主宰世界的女王形象；有沉浸在对中世纪肖像的思考的形象，超脱、安静而温和；也有意大利文艺复兴时期大师作品中崇高而令人动容的形象；亦有 19 世纪天主教传统的美丽端庄的女士形象……壁画家和圣像画家笔下的圣母形象之多，令人惊叹。那谢苗诺夫所指的是什么样的形象呢？我聆听着，回望着，试图找到答案。整个第二乐章的音画仿佛飘浮在空中，主旋律轻盈、纤弱、轻盈，还有些超然。其旋律线变化无常：一会儿向上，一会儿向下；它的各处韵律节拍都是即兴的，不需要着重线或确定性，所有的声音都相互独立进行，覆盖主题的半音阶赞美诗和对立结构赋予它一种模糊不清的悲调，突出了一种不可避免的快乐与光亮的流动感。左右手交替和弦的浅色调炫光取代了柔和的消退，仿佛天上的银铃伴着我们所感知到的光亮与圣洁形象同时响起。圣母玛利亚满怀着对婴儿耶稣的爱，她不断地祈祷。神圣的使命、时刻准备献身的精神、崇高的精神力量，使她的内心和灵魂中隐藏着特殊的神圣意义。

第三乐章《地狱》。故事主角回归，与恶势力展开殊死搏斗。被新的活力主题取代的帕萨卡利亚舞主题重现。这一主题经过大规模的"压缩"，以更集中的形式呈现出来，最后转为对中世纪著名圣歌《愤怒之日》主题，规模宏大地三重实现。后者由于加倍增长而不断扩大，最终真正获得了世界末日的规模。随后的"毁灭性"事件——明显的"黑暗势力覆灭"的重建、在低音栓中从"悄然离去"到逐渐"消亡"——直接与英雄从"地狱的怀抱"中挣脱出来有关。

第三乐章《终曲》的音画极具冲击力，这是真正刻画出精神创造力量的艺术杰作，振奋人心的全角度"声音环绕"在听众面前展开，所到之处溢满抑扬婉转的声调与内在的光辉，这是谢苗诺夫最高水平的创作之一。

这种能量渗透着对生命的渴望和对圣灵胜利的确信，我们还没有在谢苗诺夫的作品中听到。摆在我们面前的是艺术家的真情流露，是他吸收了普世思想与情感所有深渊的"信仰"。

我觉得"音乐会后"时期的曲子是对具有明亮画面的协奏曲的一种独特回忆。作曲家无法放弃协奏曲中光影色彩与洞悉的美，再次转向这个领域，为其填充了印象主义效果与迷人的幻境色调，模糊的轮廓、吸收了自由倾泻的旋律线开放性。这些曲名为我们打开了谢苗诺夫的新世界：光亮、浪漫幻想、幻梦、供奉……为什么会出现这样梦幻的神秘面纱？可能是作曲家感觉到了自己迫切的精神需求，他想要停下来，思考，参悟，消隐……在规模宏大的协奏曲《壁画》中进行创造力的宣泄后，当然应该进入一段放松期，但这通过创造性的"间奏"来进行。一定程度上，是具有民间创作特点的乐曲有效结合了作曲与日常舞蹈类型的跃变。

至此，"第 3 个十年"结束了。这是一段休息期，作品透露着神秘的洞察力和抽象的"声影游戏"，难以捉摸的阴影，难以言喻的反射……

在一个神秘的抽象空间里，色彩与声影模糊不清又捉摸不定。

第 4 个十年（2013—2023）

新的创作阶段仅过去八年，但谢苗诺夫在这一时期的作品已经比以往的任何十年都多。他显然已对音乐创作产生了近乎痴迷的执着。当他尝试接触各种未尝试过的风格，意识到专业技能达到的高度能让他轻松自在地在各种创作领域驰骋时，他就有了更多表达的欲望。

他掌握了协奏曲中新的音域和形象世界，形成一种作曲家"名片"：变调即兴原则，剧烈的节奏"翻滚"、各种模仿复调，辅之以巧妙采用的混声、和声、不稳定性以及独特的旋律。

"第 4 个十年"的作品结构多样，但毫无疑问，《奏鸣曲三号》和《奏鸣曲四号》是核心作品，其标题和套曲是主要的亮点。这两个套曲都充满作者的个人特点——"向心性"，一次次上升和下降的经过句，与众不同的和音"复合"链，清晰勾勒出的韵律，对反差大的插句进行的多次对比。尽管这些套曲具有概念、形象和技巧上的复杂性，但这两部奏鸣曲目前非常受年轻一代巴扬演奏者们的喜爱。真正令人惊奇的是，他的奏鸣曲竟然与21世纪年轻音乐家们的现代世界观、潜力和个人抱负高度一致。他在音乐中感受和表达着年轻人对"汹涌和猛烈"固有的追逐，挑战不可能、探索未知、切实自我鞭策的渴望，他享受战胜自我与见证自身成长的感觉……很难想象，《奏鸣曲三号》和《奏鸣曲四号》这种需要消耗大量身心精力去演奏的作品，居然出自一位七旬老人。要创作出这样的作品，作曲家就必须具备年轻人那种非凡的能量。显然，谢苗诺夫拥有这种杰出的能力，他的确有着用之不竭的创造力。我不能将其称之为"第二股浪潮"，因为驱使谢苗诺夫开始作曲的原始创作热情至今仍未熄灭。我们期待他下一次强有力的创意爆发！让我们静待这位优秀的作曲家在下一个"十年一作"中新的艺术发现！

　　谢苗诺夫的作品未来是什么样子我们只能猜测。过去几十年的经验表明，他"核心"作品的问世总是出人意料，但人们会立即进入对下一次出现的核心作品的期待。

　　这就是谢苗诺夫的作品能够经久不衰的原因。他的曲子自由地响彻世界各个角落，与各位演奏者的灵魂相接相触，再也不会被人遗忘，因为它们的命运已与全人类的艺术文化遗产紧密相连。

长官

——维切斯拉夫·阿纳托利耶维奇·谢苗诺夫

阿纳托利·弗拉基米罗维奇·别利亚耶夫
俄罗斯联邦人民艺术家

　　他只缺一双毡靴，一条鞭子和一匹快马。他的骑兵连一点不比他差。而且他还有一百多个"谢苗诺夫大家族"成员。他的众多"士兵"在退役后以父亲身份继续光荣工作——为谢苗诺夫的军队提供优秀、勇敢的新兵。

　　当我想到谢苗诺夫，总会想到他的"骑兵连"。他和他的队伍从不分开。在平时的生活、教学和"战场"上，他拥有对"谢苗诺夫大家族"的绝对威严，他受到"士兵们"的尊敬和爱戴。谢苗诺夫六十五岁生日时，"士兵们"为他们的长官安排了一场"创意盛宴"也证明了这一点。在这个哥萨克大圈子里，音乐家们（谢苗诺夫更青睐巴扬）你争我赶，相互较劲，希望以此让长官满意。在这里，你可以听到谢苗诺夫连队的骄傲——尤里·希什金、爱德华·阿哈诺夫、叶夫根尼·科切托夫、尤里·米加年科、亚历山大·波耶鲁耶夫、尤莉娅·阿梅里科娃和亚历山大·谢利瓦诺夫、叶甫根尼·利斯图诺夫和奥莉加·伊瓦什娜等优秀巴扬演奏家的作品。

谢苗诺夫坐在上座欣赏着音乐，剃光了胡子的嘴唇露出了笑意，他不时地随着音乐节拍满意地晃动，稀疏的额发也跟着摆动。所有这些曲目都是"长官"自己创作的，多么棒的歌曲啊！有红莓和自由自在的顿河哥萨克们的主题，也有刚正不阿的主题，还有遭遇险境的勇敢水手的主题。还能听到斗牛的声音：一位勇敢的斗牛士正对战一头凶猛的野兽，一旁的女孩脸儿白又圆。多么响亮的声音啊："唱吧，在花园里敞亮地歌唱吧，小夜莺。""长官"听了心满意足："这些年没虚度！"

两个哥萨克士兵站在最近的丘陵上设防，手里紧紧扯着一块红色的宽大横幅，飘扬在风中，横幅上闪耀着金色大字"荣耀65周年"以响应伟大的"长官"。但尽管如此，从辽阔的顿河开始，"长官"不止一次演绎了这些故事（已经家喻户晓），我们想起了莫斯科母亲，想起了"谢苗诺夫大家族"。

几年前我参加了一场特别令人难忘的音乐会。当我在海报中看到"星球检阅"的晚会名字时，我对这场音乐会的想象不禁飞入太空。

绝无仅有的太空盛宴，独一无二的星球检阅——这一天，我们太阳系的所有居民排成一条长队犹如检阅现场！星球大军向地球允诺了一些非凡的、超自然的东西。

但一切都变得更简单了。夏天的一个晚上，一个非凡的奇迹在一所平常的音乐学校等待着我们。一所距莫斯科文化中心非常远的学校，犹如巨大磁铁般，犹如黑洞般，吸引了一整排最佳巴扬和手风琴演奏者中亮眼的"星"。在一个大厅的晚会上能听到许多优秀音乐家的作品，这简直让人难以置信、不可思议。卓越的室内乐团"俄罗斯音色"、出色的手风琴演奏家谢尔盖·欧索金、国际爵士乐明星弗拉基米尔·达尼林，当然，还有晚会的主角——谢苗诺夫。

这位俄罗斯莫斯科格涅辛国立音乐学院德高望重的导师在苏联时期就是最年轻的教授。这个头衔在当时比现在更有名。很少有人被授予教授的头衔并备受尊敬，谢苗诺夫创建了自己的学校、自己的教学法、一种与年轻音乐家共事的特殊风格，多年来一直当之无愧地拥有该头衔。

在这个晚会上，作为一名音乐家和一名教师，他再次令我们喜出望外。如果再次体验"历史之旅"，那么就是这样的：著名的谢苗诺夫长官携同整个"谢苗诺夫大家族"骑兵连，为大家献上一场盛大的晚会！晚会上，演奏者们真正与音乐相融，沉浸其中。年轻音乐家们出现的小失误也不足为怪。这是一场多彩的、展现出了非凡才华和富有激情与表现力的音乐盛宴。

当然，主要的表演者还是谢苗诺夫小有所成的徒弟们。但音乐会上的其他来宾在才气、技艺和独一无二的创造性方面也并不逊色于"谢苗诺夫大家族"。舞台上也有一些不在乎技艺、手法，没有表现欲的音乐家，他们将音乐视为次要元素。我们看到了他们的鲜活与深刻，富有诗意的天赋，他们的作品充满了艺术力量，紧紧抓住了在座观众的心。音乐家尤里·希什金对谢苗诺夫的作品《红莓》的诠释是多么富有张力啊！同样让我感到震惊的还有音乐会上最年轻的嘉宾——十九岁的巴扬演奏家爱德华·阿哈诺夫，上天慷慨地赋予了他巨大的潜力！我相信未来他会有一番成就。水泄不通的大厅里掌声雷动，大家呼喊着"太棒了"。我已经很久没有在一场音乐会中如此享受，它简直完美无瑕。是的，这就是让俄罗斯骄傲的天才们的星球检阅，这是专业性最强的学校进行的才艺展示，是谢苗诺夫的学校的才艺展示。

正如斯拉瓦（意为"荣耀"，谢苗诺夫的别称）回忆的那样，我们没见面前就结识了，那时候他十五岁。有一天，他在广播里听了我的音乐会。那次演出让他很感兴趣，他觉得很特别，然后他决定认真研究巴扬。1964 年时谢苗诺夫已经是格涅辛学院阿纳托利·阿列克谢耶维奇·苏尔科夫班的学生。1967 年，我们意外地在莫斯科共青团广场的铁路工人中心莫斯科音乐厅联合音乐会上相遇。海报上有我们俩的名字。在那之前我已经有十几年的演出经历，经常出国进行巡回演出。而对于谢苗诺夫来说，这可能是他第一次参加专业音乐会。他跟我说，当他和我在一起时是多么紧张，也因为我技惊四座的巴扬演奏而感到压力重重。我立刻喜欢上了这个可爱、洋溢着丰富情感的年轻人、有前途的音乐家。岁月流逝，我们不知不觉成了朋友。我见证了他作为音乐家的成功和飞速成长。

是的，谢苗诺夫六十五岁了！顽皮、狡黠的眼睛，敏捷的步伐，强壮的身躯，蓬勃的活力，总有源源不断的创意，这些特点就不用说了。他热爱生活、待人友善，一般情况下不会向别人索取更多报酬。他一如既往地与时俱进，甚至有些超前。

谢苗诺夫具有明显的创造性个性，他的思维广阔且与众不同。无论做什么，他总想做到极致，无私地将自己的灵魂奉献给一切。他身上仍有很多年轻人的特质——坦率、活泼、直接、率性、好动。成就与不同状态的生活根本改变不了他的本性。他天生就是一个我行我素的人，他总是知道如何保持自我。而且，众所周知，生活，尤其是权力与金钱，能考验人的定力。有些人一旦拥有了些什么就开始膨胀，开始变味，变得颐指气使。而真正有定力的人是不会改变的，变化的只有他们不断进步的灵魂以及对真善美的追求。

谢苗诺夫就好像无所不知，无所不晓。你可以咨询他任何方面的问题，无论是家用电器还是汽车。他会告诉你如何调整巴扬的音色，如何重新布置公寓的墙壁，或者如何布局乡间别墅的地块儿。关键是，你肯定能从他那儿得到合理和令人信服的建议。他能立马修好巴扬、快速拆装门锁，他可以告诉你如何电脑速成，钓鱼的最佳位置在哪里。在我的印象中，他就像无所畏惧的舒马赫、一位富有魅力的杜马议员、拳击台上的斗士、获得女人欢心的征服者、托儿所的所长、成功的外交官、灵巧的锁匠、工程师、一位总能冒出各种想法的学者，除此之外，他的身份还有很多很多……和谢苗诺夫交谈是很愉快的，他为人友善而好客。如果你去他家，他立刻就会拿出好酒和下酒菜热情招待。只要客人喜欢，他就会开盖，哪怕是在酒柜里保存了数十年的"珍品"。当然，他还有其他藏货。与他相处会感觉很舒服。他善于交际、好奇心强、坦诚，他能够安排好周边的一切。如果他遇到不喜欢的事情，他就会迅速解决掉这个"小插曲"和障碍。斯拉瓦告诉我他年轻的时候喜欢运动，他甚至获得过一级运动员称号，曾是古典式摔跤的地区冠军。他曾认真学过空手道，当然，20世纪80年代他在罗斯托夫工作的时候，就是这个吸引了他的学生。现在谢苗诺夫身体还硬朗，能打网球，在冬天跑步、滑雪，他喜欢骑自行车，但更多的是开他的奥迪车，他能将油门踩到时速两百公里。

　　他对每个人都很热情，他能用自己的想法感染大家，他随时准备伸出援助之手。我经常想起这样一件事。有一次我在格涅辛参加音乐会，开场前十五分钟，我的巴扬左侧自由低音键盘跳出了一个小弹簧，巴扬自己开始"唱歌"了，嗡嗡声萦绕在整个音乐会现场！即使对于最超前的现代曲目来说，这也过分了。突然有人说："谢苗诺夫在大厅，他一定可以救场。"谢苗诺夫来了，幸好，他有一套修复故障的工具。仅仅五分钟，他就将弹簧安装归位。但我还是惊魂未定，毕竟接下来是一整场音乐会，谢苗诺夫笑着对我说了一些鼓励的话，一些老笑话，我就准备好上台了。

　　我知道，当他参加巡回演出或者上高级大师的课时，他经常不遗余力地修理学校里的巴扬，帮助当地的音乐家修复乐器故障。这一切都始于他父亲从前线带回来的作为战利品的第一架巴扬。谢苗诺夫喜欢这种意大利乐器的声音。当他换上罗斯托夫造的巴扬时，就会对声音感到不满。谢苗诺夫迅速而彻底地解决了这个问题，他将旧乐器的意大利声音改装进新的乐器里面。这是他走上改装之路的第一个创意。从那以后，他一直不断地改进与完善巴扬的音色，有时会采用全新的独特处理方案。在他最新的乐器中使用了具有特殊设计的变音器，这能让左手自由低音键盘的音色变得尤其柔和且高雅，并能与右侧保持一致。

　　事实上，他的坚持、所提出的宝贵建议和出色的洞察力，促成了对意大利"PIGINI"手风琴品牌巴扬的成功改进。在1986年的时候，谢苗诺夫有了将意大利PIGINI巴扬琴身与瓦西里耶夫、马雷舍夫、加夫里林等优秀大师的俄罗斯音簧相结合的想法。最终造就了一台具有"俄罗斯灵魂"的、"谢苗诺夫版PIGINI"的独特巴扬琴。但所有这些都是"附带"的、次要的，关于谢苗诺夫的人品部分除外。音乐媒体已经多次报道他作为演奏家、教师和作曲家的事件。我就不再深入分析他的作品、详细谈论他的演奏特点或者他的教学成效了。但尽管如此也还是无法绕开谢苗诺夫生命中的中心。我对他不久前作为一名演奏家的创作壮举感到震惊——在六十五岁时，他再次录制了自己的所有作品。这是绝无仅有的双碟专辑。

　　他从1976年开始定期在顿河畔罗斯托夫音乐学院学作曲。与作曲家库夏科夫的相遇和友谊就是这一切的开始。谢苗诺夫的许多作品在巴扬演奏圈里非常出名，经常被用来在各种比赛和音乐会中演奏。这是他作为一名作曲家的有力证明。谢苗诺夫的巅峰之作是为巴扬、室内乐和弦乐团创作的协奏曲《壁画》。作品借助基督教思想表达了对人类精神发展历程的思考。他的音乐以生动、深度和内涵吸引听众，而不是用外在效果与作曲家身份吸引着听众进入他的世界。

作为一位技艺精湛的大师，他为巴扬曲目的创作开辟了新的道路，并赢得了全世界的认可。他的巨作洋溢着强烈的情感，反映了善恶相争的哲学理念。他也理所当然地成为了两项国际作曲家比赛的获奖者（2000 年为纪念罗斯基督教一千年诞辰和 2008 年的"格拉斯哥"世界杯国际手风琴比赛）。

谢苗诺夫的教学工作也很出色，还激励了他积极进行巡回演出。俄罗斯人民艺术家谢苗诺夫的音乐会总是吸引着人们乘兴而来。他在全球四十多个国家进行过演出，2005 年他被授予人民友谊勋章。他的演奏风格以准确、随性、技艺高超、情感浓烈和动态手法鲜明而著称。谢苗诺夫一直热爱重奏乐，例如，他曾与巴拉莱卡演奏家亚历山大·达尼洛夫合作过精彩的二重奏，在过去的二十年里，他经常与同伴——著名的多姆拉琴演奏家纳塔莉娅·谢苗诺夫一起演出。

我已经提到过他的学生"谢苗诺夫大家族"，对于学生，他永远是集老师、父亲、朋友三个角色于一身。而他不同年代的学生们互相之间的关系也不相同，他们是亲戚、战友、家人。而这些特殊关系的形成都与谢苗诺夫的优秀品质紧密相关，这让他们在各种情境下都能互相依靠。他始终记得一句古话："学生不是待盛的器皿，而是待燃的火种。"在课堂上，当他让所有学生参与创造性活动时，主要采取小组式学习，一对一的授课也会单独进行。他在课上总会提出实用而巧妙的意见，以下是我引用的其中一部分：

关于指法："好的指法不是能弹的，而是不能不弹的。"

关于课程："要学会学习。"

关于形式："这里要学会自我控制，你要是尽力了也做不到，那这还是叫失控。"

关于学生："我有两个学生——扎以辛和扎采平。扎以辛有时会踩平，但从不扎心；而扎采平从不踩平，但却扎心……"①

愿望："我希望你弹奏的时候要看起来和现在不玩的时候一样。"②

他的学生们在毕业后通常会从不同的城市过来找他寻求帮助与意见。谢苗诺夫始终是我们年轻巴扬演奏者们的标尺和优秀榜样。

当思绪再回到顿河，回到献给谢苗诺夫的哥萨克狂欢节上，你会高兴地看到他们演奏"长官"的歌曲和欢舞的"谢苗诺夫大家族"，然后脑海中浮现出这样的画面：鲜艳的红幅上闪耀着几个金色大字——"维切斯拉夫·阿纳托利耶维奇·谢苗诺夫荣耀 100 周年！"

---

① 此处为俄语绕口令笑话。（译者注）

② "玩"与"弹奏"在俄语中是同一个词，此处意为谢苗诺夫希望学生认真弹奏，也可有多种理解。（译者注）

第五节

我的朋友

——维切斯拉夫·阿纳托利耶维奇·谢苗诺夫

琼·索玛斯

美国密苏里大学堪萨斯分校音乐学院教授

世界著名作曲家、演奏家谢苗诺夫被朋友们叫作斯拉瓦（意为"荣耀"，谢苗诺夫的别称），他是我们之中稀有的音乐宝藏。他拥有非凡的创造性和跳跃式思维，能产生源源不断的音乐创意，这是他独一无二的天赋。谢苗诺夫的巴扬作品同时也日益增多，不断丰富。

我们研究各个作曲家、指挥家、演奏家还有杰出大师们的生活与工作，他们已经度过了大半生，有的甚至已过期颐之年！我们很乐意研究他们对音乐艺术的贡献，以及他们在特定乐器曲目方面的影响。也许我们能在书上读到巴赫、安东尼奥·维瓦尔第、多梅尼科·斯卡拉蒂、罗伯特·舒曼、李斯特，约翰·施特劳斯、莫扎特、肖邦、拉赫玛尼诺夫或后来的乔治·格什温和伦纳德·伯恩斯坦演奏自己的作品。

但我们能有多少与作曲家见面、亲耳听他演奏自己作品的机会呢？这些作品对巴扬与手风琴艺术的发展做出了重大贡献！

　　世界上有许多有趣的，甚至是非常杰出的巴扬演奏家！他们中的许多人不仅是优秀的演奏家和老师，也是受过高等教育的音乐家，他们的乐曲受到著名作曲家们的青睐，从而为丰富乐器曲目做出了重要贡献。但有多少人既是一位杰出的演奏家，同时也是一位天才作曲家呢？

　　我们第一个想到的就是谢苗诺夫。

　　作曲家谢苗诺夫写下了大量的巴扬作品，而且很多其他优秀的演奏家都不能在他这个年龄弹奏出如此复杂的曲子，这是非常罕见的，也是现代手风琴家和巴扬演奏家应该关注的成就。

　　我们与一位与众不同的人为伴——一个用以前作曲家的方式创作和演奏自己作品的大师。也许多年后谢苗诺夫将被后代音乐家铭记和研究。但就目前而言，谢苗诺夫的CD专辑《我的图像》对于我们理解作曲家本人的观点非常重要。

　　他是一位无与伦比的老师，他的博学吸引着众多学生，全世界不同年龄段的专业人士都想争取与他说上几句话。他总是慷慨地分享自己的知识、想法和经验。他不是那种吝啬分享知识和技能的人！这种慷慨、无私、分享欲和帮助、鼓励别人的习惯使得谢苗诺夫的学生得到了极大程度的成长，也为学生们铺平了在全俄罗斯甚至全世界走向高水平艺术的道路。谢苗诺夫教过的学生们都将他的传统传承了下去，他们为其他人演奏老师的作品，就这样，音乐家和听众的圈子不断扩大，几十年里总让人耳目一新。

　　无论是公认的大师还是新艺术家，在他们的曲目里总能见到谢苗诺夫的作品。在最负盛名的演奏比赛中总能听到他的曲子响起。丰富的音乐风格是他受欢迎的原因之一，演奏他的作品还促进了演奏者本身专业技能的提升。

　　虽然谢苗诺夫的音乐会、研讨会和高级大师课很多，但与其他国家相比，在美国，这样的机会并不算多。我本人多次领略过教授的工作成效。在世界各地举行的无数比赛中，他的许多学生都获得了优异成绩。谢苗诺夫教授是一位出色的演奏家和杰出的作曲家，他知道如何利用自己作为演奏家和老师的经验去激励年轻的音乐家和老师们；他知道该对他们有怎样的要求，因为他自己已经不止一次地经历过这些。他帮助他们制定有利于成功演出的曲目。谢苗诺夫独一无二的音乐不仅被评委大加赞赏，也让观众享受其中。

　　无论演奏家的地位与名气如何，无论他们是否处于最佳状态，听众都会等待他们准时上台演奏。我记得有一次，谢苗诺夫教授要在美国举办音乐会，还要去密苏里大学堪萨斯城音乐学院授课。纽约的负责人为他预订的机票是从堪萨斯城到威斯康星州苏必利尔手风琴博物馆的，但飞机意外把他送到了距离苏必利尔350英里的铁山，而不是钢铁森林！观众耐心等待了两个多小时才等到音乐会开场！这是观众为艺术的奉献，也是对一位优秀音乐家的真诚敬意！

　　我记得斯拉瓦和他的妻子娜塔莉娅——一位才华横溢

的音乐家，也是教多姆拉的老师——在密苏里大学堪萨斯城音乐学院演出。手风琴家和教师协会的谢师周同时在堪萨斯城举行。音乐厅里全都坐满了人，可能有六百多人。这两位音乐家从第一首曲子到最后一首，到观众要求附加的曲子，都得到了观众的欢呼！我不记得他们演奏了多少曲目，观众不断要求再来一个。这是一个令人欢欣鼓舞而难忘的音乐会。

我也有幸多次与谢苗诺夫教授共事，参与各种国际比赛的评委工作。他为人真诚而且非常客观，他的标准是不变的：拥有演奏家的专业态度和对音乐的绝对投入。他不得不经常听别人弹自己的各种作品，以及某个作品的多种版本，而且谢苗诺夫的许多作品非常适合在比赛中演奏。他也创作了许多其他极其复杂的作品，为音乐家们各个阶段都提供了极棒的曲目。

我觉得谢苗诺夫是世界上最著名的巴扬演奏家之一，也是一位为我们的巴扬提供了曲库的作曲家。他的许多作品已经成为年轻艺术家们学习和衡量演奏水平的标准。作为演奏家和作曲家，他激励了许多国家的音乐家们，获得了很高的国际认可度。我是怀着无比骄傲的心情与深深的敬意写下这篇文章的！！

第六节

周年祝福

弗拉基米尔·弗拉基米罗维奇·别斯法米尔诺夫

乌克兰人民艺术家

乌克兰柴可夫斯基国立音乐学院民乐系教授

我很高兴有这样一位天才音乐家，他实现了我年轻时，也是我一辈子的梦想——为我们心爱的巴扬作曲并华丽地演奏。您的作品备受欢迎，响彻世界每个角落。您培养出了许多优秀的学生和演奏家，他们不仅代表了巴扬的演奏艺术，而且代表了他们的老师。

我还教过弗拉基米尔·祖宾斯基（巴扬演奏家、作曲家、指挥家）、弗里德里克·格鲁（巴扬演奏家、大提琴家、作曲家）、莫里斯·布鲁诺（巴扬演奏家、作曲家）、萨沙·马尔科维奇（巴扬演奏家、管风琴家）、斯涅热娜·内希奇（巴扬演奏家、作曲家）等人。他们都获得过国际重大奖项。祝您周年纪念日快乐。希望您在事业上能再创辉煌，还有，多多保重身体

以此致敬！

于基辅

2011 年

第七节

维切斯拉夫·阿纳托利耶维奇·谢苗诺夫的非凡音乐会

莫根斯·埃尔加德

丹麦皇家音乐学院教授

（文章摘自丹麦杂志《手风琴小报》）

谢苗诺夫音乐会精妙绝伦、非凡超群。这听起来像一个商业广告，但是当您在听了一场精彩的音乐会后想表达自己的喜悦激动之心情时，很难不用上这些词语。

音乐是瞬时的艺术，在物理学上是以声波形式充斥我们的耳道，但是在音乐会上，真正的艺术家能将音乐作品长久而深刻地留在人们的记忆中。

12月7日，俄罗斯杰出的巴扬演奏家谢苗诺夫在马尔默音乐学校简陋的大厅里为一小群观众举办了一场独奏音乐会。听完这场音乐会后，我顿时觉得他就是那种真正的艺术家。我敢说，每一个听众都对此印象深刻，这场演出从头到尾，就像是一个有着圆满结局的童话故事。

这一切都是从拉尔斯·霍尔姆和我在莫斯科遇到他开始的，我们后来写了邀请函，交换了乐谱和唱片。9月时，谢苗诺夫发来一封信，告诉我11月他将与苏联艺术家们一起来到瑞典。

他忘了补充说在老挝和越南的巡演将提前五周开始，所以他没有收到我关于提议在丹麦皇家音乐学院举行独奏音乐会的信件。意外的是，他突然从瑞典马尔默市打电话给我，说他在那里和团队一起演出，他同意在巡演结束后举行独奏音乐会。巡演两个月，他没带任何乐谱。由于与大使馆进行了电话联系，他得以在巡演结束后再停留几天，还得到了在瑞典马尔默市拜访我的许可。当时我们一起度过了激动人心的几天。第一天晚上，拉尔斯·霍尔姆、谢苗诺夫和我几乎都没有睡觉，我们沉浸于聊天和乐器演奏中。第二天，哥本哈根音乐学院的学生们来参加研讨会，谢苗诺夫用自己幽默、富有魅力的英语讲了很多关于巴扬琴的有趣事情。我费了好一番力气才说服他不要在那里开独奏会，省着力气晚上还要演出呢。他稍稍过了一遍音乐会曲目。在经历了紧张的两个月的巡演后，这些曲目已经刻在了他的脑海中，几分钟后他就为大家献上了一场"毫无准备"的小型音乐会：舒伯特《降 G 大调即兴曲》，雅克·弗朗索瓦·安东·伊贝尔《小白驴》，尼科罗·帕格尼尼《坎帕内拉》，亚历山德诺维奇·穆舍尔管风琴组曲《咏叹调》，奥列·施密特《托卡塔》，弗拉基米尔·波德戈尔内《夜间》《俄罗斯幻想曲》《鸽子》前奏曲，弗拉迪斯拉夫·佐罗塔耶夫《帕蒂塔一号》以及乌克兰主题的《哥萨克变奏曲》。

他的音乐会非常棒，我前面已经提过了。多么完美的演奏家啊，没有任何瑕疵！指法、触键、音色、对风箱的掌控、细腻的乐感等，这些技巧全都集于这位受过高等教育、富有想象力的优秀艺术家手中。他在音乐会中演绎了许多精彩的作品。他以精湛技艺演奏的《坎帕内拉》突出表现了他的艺术特点，对奥列·施密特《托卡塔》诠释的独创性彰显出了一位伟大的音乐家。俄罗斯作曲家创作的手风琴新作品之———弗拉迪斯拉夫·佐罗塔耶夫的《帕蒂塔一号》也被演奏得很棒，我很享受其中的每一个细节，形式的设计也很有趣。《哥萨克变奏曲》也比原唱片演奏得更好听。观众意犹未尽，谢苗诺夫又演奏了巴赫的不朽作品 g 小调《管风琴幻想曲》。谢苗诺夫说，巴赫为巴扬和手风琴创作了最好的音乐作品。他用令人信服的独特巴扬演奏将这个滑稽曲变成了合理的陈述。

音乐会结束后，我们只要一有时间就一起喝一杯。之后，谢苗诺夫就连夜坐火车去瑞典斯德哥尔摩市，然后从那里坐飞机回莫斯科。瑞典人不太习惯看到男人接吻，所以我们在火车站分别时以典型的俄罗斯贴脸亲吻式告别时，周围人投来了异样的目光。但他们不知道我正在同一位世界上神话般的超凡巴扬演奏家告别。

由于两天后谢苗诺夫的个人独奏音乐会的消息才为人所知，因此无法在哥本哈根—马尔默的郊区召集大量观众。如果这场音乐会之后，我们有机会在哥本哈根丹麦皇家音乐学院为谢苗诺夫举行一场独奏音乐会，那就能保证大厅里座无虚席。

创造者

——维切斯拉夫·阿纳托利耶维奇·谢苗诺夫

马西莫·皮吉尼
意大利 PIGINI 手风琴品牌公司总裁

若想发扬发展巴扬这种古典乐器，则需一位能够将其进行彻底变革的领导者。谢苗诺夫就是这样的人。大师谢苗诺夫不仅是一位出色的演奏家，还是一位杰出的教育家和作曲家。他使得巴扬成为一种高贵和具有优雅文化的乐器。艺术家、设计师、作曲家、调音师、维修师、音乐家、朋友、老师、演奏家、普通人，等等，在所有这些角色里，大师谢苗诺夫和我共同走过了相交三十年的时光。能够在世界级巴扬和手风琴专家中与这样一位大师相识、竞争是一种荣耀和满足。若将我们所有的会面经历转述下来需要很久很久，这里我讲几次最为重要的会面。

我们第一次见面是在 1981 年。我们应大师拉克鲁瓦的邀请来到了法国圣埃蒂安。那时候我二十三岁，是一个年轻的巴扬和手风琴制造者，当时完全被谢苗诺夫大师所展现出的音乐之美迷住了。有一次很精彩的会面是一场关于乐器质量问题和开发声音特性与力学可能性的激烈辩论。这为我们成功的合作关系与良好的友谊奠定了基

础。我永远不会忘记这位俄罗斯艺术家，他的想法和远大
抱负感染了周围每个人。他一直在寻找一种能将那个年代
的音乐偏好与他自己对演奏技能的开阔视野和见解结合起
来的乐器。这是一个如此严峻的挑战，以至于我立即意识
到是时候该采取行动在巴扬和手风琴的世界里进行重大突
破了。主要任务就是找到机会充分满足大师的需求，帮助
他实现愿望。经过多次激烈的讨论和充分的想法沟通，最
终我们实现了目标！多亏他的建议，我们成功将乐器的
制造提高到了一个新的水平，气氛变得灵动，充满了意
义和美感。后来与他的几次见面都是在国际赛场和音乐
会上。

1986 年是很重要的一年。我们与艺术大师莫根斯·埃
尔加德合作，为谢苗诺夫制作了一架独特的专属乐器，我
们称其为"世界上最棒的乐器"。谢苗诺夫在世界各地的无
数场音乐会上弹奏了这台巴扬，用音乐吸引着观众。我们
的每一次见面，无论是对我个人成长还是职业发展都是一
次提升。我们曾对很多问题进行过热烈讨论：变音器、音
簧、档板、机械结构、背带、按钮、风箱等，还有一系列
关于音乐和未来的话题。所有这些对话，节奏都很快而且
高效。每一次会面都是一次大事件，也是一次专业领域上
的进步。1991 年，在他的帮助和建议下，我们推出了"神
话"系列———一种将意大利制造工艺与俄罗斯核心音簧相
结合的乐器。这种类型的巴扬和手风琴我们只生产了三十
三台，如今能与钢琴的"施坦威"和小提琴的"斯特拉迪

瓦里"这两个品牌的乐器相媲美,最优秀的音乐家才能与之相配。

谢苗诺夫是一个放眼未来、追求完美和进步的人,是一位音乐、巴扬的开拓者。他是一位永远在进取、总是满腔热情地处在行动中的艺术家。对于像我这样从事巴扬和手风琴制造的人来说,他就像是一位拥有神圣光环的圣贤。

1996 年,谢苗诺夫以朋友与特邀贵宾的身份来参加意大利"PIGINI"手风琴品牌公司成立五十周年的纪念庆典。2003 年,他成为意大利塞尼加利亚"天狼星"艺术节的贵宾。我们又开始了讨论:"因为,马西莫,在这样的音乐中……"谢苗诺夫演奏得全神贯注,"键盘应该更加轻快点,左手应该突出,但要更轻柔,控制好风箱不要出声,琴应该再轻点,变音器再往下调整 1.5 毫米左右……"然后他会再弹上 30 秒,再说:"马西莫,注意!我们得在这里加点木材,而这个地方要去掉,得与技术人员谈一下,我必须得跟他解释我想要的是什么效果……还有……请在 2 小时内把这一切按照我的要求安排妥当!!!"我们再次见面是在 2010 年。他的想法和信念很大程度上激励着"PIGINI"公司员工专业技能的进步:在不断的需求激励下,他们研究出了"Nova"系列,这是当代最先进的巴扬和手风琴。紧接着迎来了 2011 年。

音乐家谢苗诺夫的优点和成就多得数不胜数,他拥有无数证书、文凭和各类奖项。他的想法、作曲和建设性活动对我——一个手风琴制造方面的专业人士产生了巨大影响。

谢苗诺夫是一位精力旺盛、真诚、懂得独特的美学教育的作曲家。在巴扬以及与巴扬相关的所有方面，他是绝对的行家。他无疑是一位巴扬演奏高手。但我觉得我的朋友谢苗诺夫还值得一个特殊的头衔。我们公司已有六十五年的历史，我代表第四代领导者，多年来一直为优秀员工颁发"具有三十年经验与技能的杰出工匠"的荣誉称号，随后带动了我们的乐器质量提升。我以意大利"PIGINI"公司总裁的身份授予了谢苗诺夫"艺术大师"的荣誉称号，授奖理由：艺术大师谢苗诺夫一直不懈地致力于巴扬和手风琴的制造工作。他的宝贵建议和出色的洞察力，不仅极大促进了乐器设计的改进，还提高了员工的技能和知识水平。他的专业知识和经验为现代巴扬和手风琴的改进做出了重大贡献。因此，为我的朋友谢苗诺夫大师授予这个荣誉称号也是我的荣幸。

能够认识他并与他交流使我感到自豪。我很感激他对巴扬的热爱。我也感谢他多年来为将年轻的演奏者带入迷人的音乐世界而做出的奉献和努力。这些都是我发自内心的想法，出于我对这位朋友的真挚友谊与深切尊重！谢谢大师！！

第九节

创意的制造机……

叶夫根尼·伊万诺维奇·古萨罗夫

俄罗斯优比特手风琴二厂厂长

　　我与谢苗诺夫相识是在 20 世纪 90 年代的中期，加夫里林·阿列克谢·伊万诺维奇大师把他带到了位于莫斯科奥恰科沃的工厂，来参与我们的生产制造，当时谢苗诺夫还带上了自己专属的意大利"PIGINI"品牌的顶尖巴扬（装载有俄罗斯音簧）。当时我们团队惊异于这位人民艺术家在簧片式乐器的设计、制造技术和维修方面的博学。十年来，在谢苗诺夫的参与下，我们满怀喜悦地合作完成了对巴扬和手风琴的制造和改装，并对意大利机械和我们的音簧进行了大量各种创造性组合试验。

　　21 世纪初，我们做出了与朝鲜手风琴乐器制造厂商建立联合生产合作的战略决定。从那以后，与教授共同工作、不断协商就成了我们的日常。过去十年，在小学和中、高等教育机构的整个专业音乐教学周期，我们都为学生们提供定制巴扬与手风琴，不懈的努力使我们在这方面取得了重大成功。

　　谢苗诺夫对乐器的所有主要组成部件及音簧结构了如指掌，精通维修与定制乐器的最终校准，他是一个真正的"创意的制造者"，能不断为后续的乐器制造提出想法。确实，无论是在乐器制作还是私人交流上，谢苗诺夫在做出评估与发表见解时都会发挥很大的作用。我们希望接下来与谢苗诺夫的合作能够继续推进乐器的制造发展。

第五章

学生回忆录——关于他们的老师

亦师亦友

尤莉娅·阿梅里科娃

俄罗斯格涅辛国立音乐学院 2004 年毕业生

我们通常很难遇到那么多能影响我们整个人生、决定我们人生轨迹的人。如果遇见了，那将极其珍贵而且价值不可估量。我可以十分肯定地说，谢苗诺夫在我的生命中就是这样的存在。

当谢苗诺夫让我给一本与他有关的新书写几句话时，我久久不能平静。要说些什么呢？说点关于什么的内容呢？关于谢苗诺夫的事可以说上很久、很多。他的事迹也有人说过很多、写过很多。我也不止一次在文章、说明和摘要中提到过谢苗诺夫。现在我能说点什么新鲜和有趣的事呢？

有人说，第一印象是最深刻且难忘的。那么我就讲讲这个与谢苗诺夫有关并且延续一生的"长篇小说"是如何开始的。在格涅辛中学毕业的时候，我在格涅辛音乐学院的墙壁上看到了自己的未来。谁会成为我的导师呢？对此我心里没有底。当然，我认识学院的大部分老师，也听说过谢苗诺夫。但我对他的了解非常有限，很遗憾那时候只见过几次面。第一次是在我上中学的时候，在晚会上听过他演奏的改编版圆舞曲——托尼·穆里纳的《无动于衷》和著名的《顿河狂想曲》(为纪念鲍里斯·吉洪诺夫而作)。那时《顿河狂想曲》对我来说是一首非常复杂和难理解的作品。我们第二次相遇是在莫斯科手风琴公开赛上，谢苗诺夫是评委会主席，而我在比赛中获得了一等奖。当然了，我知道谢苗诺夫是一位作曲家，他的作品《保加利亚组曲》和《红莓》被许多学生列入演奏曲目。

　　但我根本不知道他还是一位教育工作者。因此当国家学术委员会主席尼古拉·尼古拉耶维奇·加里宁在毕业座谈会上问我为什么要进入谢苗诺夫的班级时，我回答道："就这么加入了"。哎呀，现在想想多么惭愧啊！那时候的我能想象得到有许多创造性的发现在等着我吗？但不管怎样，这个决定改变了我未来的命运。这里我想说一个小小的题外话，我想感谢我的大学老师瓦列里·彼得罗维奇·古萨科夫，因为是他把我带去参加谢苗诺夫的学院的入学考试的。

　　我第一次参加选拔考试的时候，一进教室就惊呆了，教室里不仅有老师，还有他的学生们。而且学生们不是只坐着听，他们还与老师交流、询问和评论，谢苗诺夫也做出了回答。一对一的考试变成了公开课，我第一次经历这样的事情。我记得令人惊讶的是谢苗诺夫短短几句话就纠正了巴赫的作品《半音阶幻想曲与赋格》，然后我就开始了我的弹奏。他提出的几处细节让这首曲子听起来更完整、更合乎逻辑。这是我第一次真正接触、感受到谢苗诺夫的博学、想象力、音乐天赋、品位和经验。显然，我给他留下了不错的印象，因此谢苗诺夫邀请我去他家再次进行考试。

他住在一个不大但很舒适宜人的公寓里，一进去就能立即感觉到这里居住着一个富有创造力的人。一架钢琴、几张公寓主人的照片、装有非常多乐谱的巨大橱柜、一套完善的用于收听专辑唱片的音响系统。玻璃展柜中最显眼的地方摆放着两台非常棒的顶尖巴扬琴——俄罗斯优比特和意大利PIGINI。谢苗诺夫非常热情和细心。他给我很多时间准备，还祝我考试顺利。当我和爸爸离开的时候（爸爸帮我搬乐器），谢苗诺夫建议道："让我送你们回家吧。"正如他们所说，这简直是打破了常规！一个人民艺术家、教授，准备花时间开自己的车将我一个普普通通的学生送回家（实际上是第二次）。很久以后我才意识到，谢苗诺夫本就是一个时刻愿意花费自己的宝贵时间帮助别人的人。无论是为比赛做准备，还是帮忙找新的作品，或是搬运沉重的乐器、支持新的想法，甚至教人开车，谢苗诺夫从来都不会拒绝帮助别人。但那时候对我来说，他能做这些是非常令人惊讶的。

考试非常顺利，我成了谢苗诺夫班级的学生。我那时候仍然没有完全明白这意味着什么。我认识的一些比我大的学生过来恭喜我，说我有多么幸运。后来我才发现，有很多希望跟随谢苗诺夫教授学习的学生特意从其他城市（首先是到顿河畔罗斯托夫来找他，然后是到莫斯科去）赶来，就为了进入他的班级。所以，可以毫不夸张地说，我是个幸运儿。我曾亲眼见到那些人是如何花费力气去莫斯科找谢苗诺夫的，他们将进入老师的班级视为梦想。很快我就找出了其中的原因。

　　首先引起我注意的是开放式课堂。前面已经提到，我第一次参加考试时就对他们的考试形式感到惊讶。现在我已经了解了这种形式的魅力和优势所在。这里几乎从来没有一对一的课，教室里总是有很多听课的人。我们都会主动参与到课堂中去。我们经常讨论问题、深入研究问题的细微之处，学习分析和批判地去理解我们听到的内容，因为谢苗诺夫随时会让你发表看法。课堂上经常有自发的、有关创造性问题的讨论。五年的时间里，我听了谢苗诺夫课堂上演奏过的所有内容。这让我学习到了大量作品，听到和感受到了不同演奏者在演绎不同或相同作品时的微妙差别，这有助于我更深入地理解谢苗诺夫的教学体系。此外，这种形式的课程让我了解了改编的细微之处。在我看来，谢苗诺夫是用巴扬和手风琴做改编的杰出大师。他的改编总是经过深思熟虑的完美作品，是重新思考和架构过的作品，一方面符合作曲家的构思，另一方面也考虑到了巴扬或手风琴的所有特性。观察那些最有趣的改编是如何在不懈地搜索、反思、反复试验后一步步诞生，帮助我深入地学习了自己的乐器。

　　可以说，跟着谢苗诺夫上课的第一年，一个新的世界就在我面前展开了。在他的指导下我逐渐学会了高效学习、听出音乐的构成、培养音乐思维以及爱护和研究自己的乐器。这是一个漫长的创作过程，但它已经结出了果实。差不多到了第五年的时候，我开始不单单在理论上理解谢苗诺夫的创作原则和思维，而是开始去感受它们。我开始以不同的、新的方式倾听其他人的音乐。我无法说清楚这有多么令人喜悦和振奋人心！这就像我很久都在通过钥匙孔窥探某个秘密花园，像爱丽丝梦游仙境一样，现在门终于打开了，我能充分享受花园的美。现在有了这种体验，我可以说，谢苗诺夫班上这种形式的课堂是非常有用、有趣且有效的。

谢苗诺夫的课上总是有很多听众，这与他的个人魅力是分不开的：他头脑灵活、精力充沛、想象力丰富，脱口而出的金句常使课程充满活力、富有情绪，而且信息量大。当然，他也讲很多笑话。我甚至将我们老师说的一些特别成功又很有趣的话记了下来。比如有几句是："好吧，如果你什么也想不出来，那就意味着你还得再学习学习"；"上层关门，下层出不来"；"有计划的错误总比无计划的失败好"；"离开的时候不要斜着眼睛回头看，要正视。"

有时候我们聚在谢苗诺夫的家里上课，一起听新的录音、讨论有趣的作品、优秀的演奏家以及一切我们当时感兴趣的话题。谢苗诺夫总对新的想法和思潮持开放态度，还对我们的生活非常感兴趣。他不仅教我们专业知识，还努力教会我们他所知道的一切，经常与我们分享他的丰富经历。

我们很快就意识到，我们所有进入谢苗诺夫班级的人都是无比幸运的，这也意味着我们不能在他的班里把事情搞砸，我们不能让他失望。我很清楚地记得那种感觉：做他班级的学生是一个严肃的责任。谢苗诺夫几句话就能把你瓦解成碎片。公道地说，谢苗诺夫总是更爱护班里的女生，也很少让我们流眼泪。表扬本是应当的，但它是多么鼓舞人心啊！似乎你可以去做任何事情，整个世界都在你的脚下。

　　谢苗诺夫无论做什么都充满激情和兴致，只要是他经手的工作，都是最好、最标准的。他喜欢的车也一样。我很幸运地住在谢苗诺夫家附近，所以下课后他经常开着他的白色大众帕萨特，后来是银色奥迪 A6 送我回家。回去的路上我们一起讨论过数不清的话题，其中一个是关于他的汽车的。我记得他带着巨大的热情给我讲安装在他汽车上的气罐，这让我感到震惊。而且，尽管我对此并不感兴趣，但他显然想努力唤起我的兴趣，毕竟我到现在还记得这件事。除了汽车，我们还激动地讨论过许多其他有趣的事。在回家的路上，我们回忆上一堂课的内容，我很开心能有机会详细了解技术与音乐问题。我们还聊关于书的话题。我记得谢苗诺夫讲了他对赫尔曼·黑塞的小说《荒原狼》的看法，他还说每一个懂得自尊的人都应该读读这个作者的另一本书《弹珠游戏》。我记得当他用自己花园里种的苹果招待我时是多么自豪。后来我发现这种苹果的确很美味。我向他分享了我对自己喜欢的电影的看法，他也告诉了我关于他家庭的事情。谢苗诺夫是一个充满智慧、天赋和才华的人，他能回答你的任何问题，回想起与他同行的经历，我的感激之情就溢于言表。

第二节
我们的班级
娜塔莉娅·萨日娜·索洛维耶娃
莫日金斯基师范学院教师

俄罗斯格涅辛国立音乐学院 2003 年毕业生

我不仅将巴瓦勒斯卡娅街与格涅辛联系起来，还将其与学院附近的"红十月"牌糖果店联系起来。那时候每天我都怀着"巧克力让人变聪明"的想法去买一堆巧克力，然后继续踏上前往精神食粮之地的路。

走进大楼，我就会慢慢沉醉在一种与众不同的迷人气氛里。学生们坐在长凳上演奏着巴赫的《二部创意曲》。有个人在苦苦思索着柴可夫斯基《黑桃皇后》钢琴缩编曲的第二页是什么主题（那一页不是序曲还能是什么呢）。

但矛盾的是，那时候的大楼，从外貌上看与我想象中的艺术殿堂完全不同。剥落的墙皮、陈旧的窗户、虚掩着门的阳台，还有格涅辛的姐妹们……这一切在我脑海中已经模糊了，但仍然有个细节我至今都会梦到，就是那个通往二楼、进入心爱的 56 号办公室的楼梯。我上学的时候，谢苗诺夫就是每周五和周六在这里上班。

快到门口的时候，我鼓足勇气戴上世界杯冠军的面具（这是起码的）进入教室。想要针对巴扬演奏秘诀来取经的人数不胜数。有的人带着乐器，有的人带着笔记本，还有的人只是陪同来看看和听听（课程总是以小组形式开展，我必须得习惯），谢苗诺夫耐心而认真地对待所有来上课的人：他倾听、研究、挑选编写指法，提建议、思考、编构，会说服、责怪、赞美和鼓励别人，也会推翻对方的言论。

在我从琴包拿出我的乐器的时候，老师还没到。窗外已经快是夏天的面貌了，大概每个人都想着先弹奏完，然后就溜到街上去玩吧。

而在每个人都失去出去玩的希望的那一刻，谢苗诺夫走进来说今天不上课了，并邀请我们所有人到他的花园里玩！于是我们把所有的乐器装进车里，去郊外的大自然。好一个拐弯！当然了，我不记得路上所有的拐弯处，但谢苗诺夫开车就像他演奏巴扬琴一样酷，这是事实。在红绿灯处将其他车辆远远甩在身后，雪白的大众车载着我们去拥抱大自然与春天，我们的心中充满了喜悦和幸福！

在描述春天的美和魅力方面，我不太可能超越康斯坦丁·格奥尔基耶维奇·帕乌斯托夫斯基，但我会尽可能分享我那天的回忆。大多数出来休假的都是成年人，以正式的形式，甚至以家庭为单位，还有俄罗斯和国际比赛的获奖者们。但今天我们看起来都像是从晚上繁重的任务中解脱出来、背上突然长出翅膀的小孩子。似乎没有什么比投掷飞镖、打羽毛球、采摘花朵、观察大自然、谈天说地和交心的对话更能让我们开心了。他们甚至故意笨拙地劈开烧火的木柴，但充满激情和热情。我们感受到了老师无尽的热情和尽心的招待。

春天的阳光照进我们的心灵，勿忘草开花了。

顺便说一下那些获奖者们。那时候是 2002 年 5 月，还没到 2002 年 10 月！那时萨沙·波耶鲁耶夫不仅在哥本哈根举行的国际手风琴比赛"世界杯"中夺冠，还成为了键盘手风琴提名获胜者。德国克林根塔尔的比赛才刚结束。"谢苗诺夫大家族"（我们以此称呼所有加入谢苗诺夫队伍的学生，甚至还举行入会仪式、宣誓和颁发带有"谢苗诺夫大家族已就位！"标记的徽章）获得了两项第一名和一项第二名。正是在这样的情况下，我们欢聚在谢苗诺夫的乡间别墅里，这里距离他在奥列霍沃 - 博里索沃的房子有六公里。这是祝贺获奖者、与他们分享胜利喜悦的最好方式，也是再次感谢我们亲爱的老师教导学生的高度专业态度和对学生的无限的爱的最好方式！

随着时间的推移，我发现了谢苗诺夫的特殊能力：他很善于在班里发现与自己相契合的人。我们像是在一个调性中生活和创作，在学习过程中形成的共鸣长久地存在于每个人身上。因此这场宴席犹如一场大型交响乐，有呈示、展开和再现，而茶会是尾声。用 M&M 巧克力豆做的巴扬蜂蜜蛋糕，为这一天画上了句号。奶油和巧克力在我嘴里融化，窗外，这一天也在慢慢消逝。这是我生命中童话般的一天。在场的人应该都和我一样不想分别。遗憾的不仅是蛋糕，也是那一天，快乐的日子总是短暂的。但我还有一整年能用来学习、会面，有宝贵的机会享受巴扬艺术大师谢苗诺夫的光芒。

有一次巡演的时候，谢苗诺夫和他的妻子纳塔利娅·格奥尔吉耶夫纳让我住在他们的公寓里。晚上，隐隐约约的敲门声吵醒了我。声音很小，甚至不确定是不是敲门声，像是有人想拆下金属涂层，然后它掉了下来"砰"的一声砸在门框上。我不敢走到门口透过门镜看看究竟，恐惧让我窝在床上不敢动弹。我集中注意力，给对门的邻居打了电话，想请她帮我看看是谁在门口。她回答道："娜塔莎，你知道现在几点吗？！我八点还要上班呢，那里没人！快睡觉吧……"呃，怎么睡呢……那个时候，门口还有声音继续传来。我听到走廊里也传来了声音……好了，这下我完了，小偷们已经知道我是一个人在这里，他们开始行动了……我的思绪乱成一团，但可疑的声音突然停止了，只听到"喵"的一声……小猫咪啊，你真是吓到我了！！！原来是小猫在门前的软垫上磨爪子，发出了类似敲门的声音。这就是教授去巡演的时候，我给他照看公寓住在那里的第一晚。

与宿舍相比，谢苗诺夫的公寓对我来说是一个吸引人的博物馆，我在那里住了两周。"博物馆"秘密由一只猫，确切地说，是一只毛茸茸的猫来管理和守护。首先，我得跟它交个朋友才行。一块儿煎牛排、一碗牛奶和一束新鲜的花使得公寓的"女房东"与我建立了信任关系。"博物馆"的主要展品当然是意大利 PIGINI 巴扬琴了，它被摆放在玻璃后的架子上，吸引着我去触摸它的镀膜按钮和黑色抛光面。但我想把这种快乐留到以后。我的注意力已经被音乐吸引了，准确地说，是摆满了房间里一整面墙的唱片！从哪里开始呢？当然是谢苗诺夫了！听完了我亲爱的老师的所有的唱片后，我开始听其他著名巴扬演奏家的。听着振奋人心的音乐做早操是何等的幸福！我也收藏了很多古典音乐的唱片，如风琴、小提琴、钢琴和管弦乐。当我在谢苗诺夫的收藏中发现惠特尼·休斯顿和芭芭拉·史翠珊的歌曲 CD 时，我简直惊呆了！真的，这是一种音乐上的狂喜！在我寻找音乐乐趣的时候，小猫咪一直在旁边，要么在睡觉，要么和我一起听弗兰克。真令人陶醉！

现在我在师范学院工作，为中学和幼儿园培养音乐教师人才。我对音乐会演奏没有很感兴趣，但我可以教别人演奏乐器，此外还经常做音乐和世界艺术文化史的讲座。我对世界文化的兴趣就是在那时候产生的。我沉浸于阅读、听音乐作品、观赏和学习，因为谢苗诺夫和纳塔利娅·格奥尔吉耶夫纳有一个非常棒的"图书馆"（书房）。

我没有一天缺席他们的"图书馆"，那些伟大艺术家的翻版专辑都被我翻了个遍。艾瓦佐夫斯基、希什金、凡·高、萨尔瓦多·达利、拉斐尔……他们的作品给我留下了终生难忘的印象！现在这些都能在网上看到，而那时候将这些巨幅画册拿在手中，呼吸着印刷油墨的味道，看着画作，沉思着，任思绪纷飞到过去，这是真正的魔力。顺便说一句，小猫咪很想躺在希什金的"松树林"上，而萨尔瓦多·达利的《圣安东尼的诱惑》并没有得到猫咪的宠幸。

两个星期过去了，艺术家回家了，他们有些疲惫，但很开心。我见到了他们并感谢他们对我的信任，我在他们舒适的公寓里度过了一段快乐的时光。

向我的老师致以崇高敬意

尤里·米加年科

室内乐团"情感管弦乐队"的负责人

《新歌剧》剧院乐团指挥

写自己喜欢的老师谈何容易。如果单单列出其优秀品质，几页纸是不够的，而且如何措辞还得跟语言学家较量。说维切斯拉夫·阿纳托利耶维奇·谢苗诺夫对我的一生有多么重要是没意义的，因为这没法衡量，用多少数字来衡量，用什么单位能衡量重要性呢？除了表达敬意，别无他法。我相信，这本书即使没有我这一篇也会有很多漂亮词汇来讲述谢苗诺夫，而且酣畅淋漓、引人入胜。在专题书籍中，更有趣的地方是，认识主角的人，相互之间会暗中比较：谁与他走得更近。有时候这种较劲不仅会逗笑大家，也可能带来不愉快。读完这本书后，有人会发现谢苗诺夫原来有这么多最好的朋友，甚至可能谢苗诺夫本人也没想到。因此我更倾向于只分享一些我们的友谊片段，这些故事在其他地方是没有的，因为这是一个小男孩尤里·米加年科的回忆录，无关乎年龄，无关乎有多少创作成就，他一直都对自己的音乐兼生活老师抱有最崇高的敬意。

我记得第一次同他见面的场景。通常初次见面比其他时候印象更深刻，我将会弹的作品列了一份长长的清单，然后带上它和爸爸一起来到格涅辛参加考试。我们走进教室，谢苗诺夫跟我们握了手。当然，我真的很想成为他的学生，但我不了解他，对他一无所知。我为什么这么想让他做我老师呢？因为我父母知道在谢苗诺夫班级上学习是有前途的，而我喜欢他非常柔软和友好的手！我不在乎这个人在什么学校、有多少学生——他的手温暖了我儿时的心灵。当然，我已经忘了当时是如何演奏的了……我只记得那时候我和爸爸站在一架黑色三角钢琴旁边等待考试，还有谢苗诺夫友好而柔软的手。这就是我与维切斯拉夫·阿纳托利耶维奇·谢苗诺夫相遇的第一天！

　　我一直知道，优秀的人都没有太多空闲时间。但谢苗诺夫不一样，他和我一起待了五六个小时。弹奏《帕萨卡利亚·布克斯特胡德》时，光第一个句子我们就研究了三十分钟。我觉得我真的缺乏音乐悟性，不够聪明，怎么能用三十分钟学八个节拍呢！然后我就想，这是为什么呢？是的，我们越深入学习，讨论的内容就越多，我们谈到了艺术、绘画、乐器技术结构和声学，那一刻我觉得我们一起深入到了音乐的本质。但我得说明一下，指出我对某件事情的无知绝对不是空谈，而是始终与我们正在研究的音乐有着紧密联系。我记得，在"布克斯特胡德"那节课后，更确切地说，是在学了第一个乐句后，我们就没再继续了。但我对管风琴音乐的态度完全改变了。即使是现在，我也觉得学第一个乐句用的那半个小时是我音乐生涯的转折点。

　　由于在格涅辛，无论是学生，还是在走廊里走动的音乐爱好者，都不能安静地研究音乐，所以我们总是去谢苗诺夫家里。纳塔利娅·格奥尔吉耶夫纳是一位热情好客的女主人，她总是在课间休息时用美味的食物热情地招待我和爸爸。而我从圣彼得堡长途跋涉过来早就饿了，我非常喜欢这些吃的。真是好吃到不行！有时，在我们漫长的课程结束之后，谢苗诺夫甚至会开车送我们去火车站。大家都觉得，如果能改名的话，坐在驾驶座的这位谢苗诺夫应该叫"舒马赫"。有一天，谢苗诺夫想向我和爸爸展示他新车的性能，就像他们说的那样："拐弯的时候踩油门！"我还能说什么呢？到了车站广场，我踉跄着差点下不来车，我那时候还是个十四岁的孩子，我也没把纳塔利娅·格奥尔吉耶夫纳的美味午餐带到圣彼得堡。

　　谢苗诺夫对新音乐的关注程度直到现在都让我感到震惊。我们一起研究本特·劳伦森的现代作品《眼泪》，它在后来的好几年里都是我的演奏曲目之一。对我来说这当然是新作品，但谢苗诺夫不久前就已经了解过这种类型了。他在第一节课上就描绘了一个联想出来的鲜明场景！每个新片段和部分，补充上细节后逐渐显现了全貌。而且，我知道，谢苗诺夫是即兴创作的，他没有提前做任何准备。我们以依照音乐想象出来的场景为起点（我很久后才意识到这点）一步一步创作出了一幅完整的音乐画卷。那段时间我不再"畏惧"现代音乐。我为每个乐句编出寓意，将每个音乐线条投射到这幅画卷上。我的头脑风暴犹如脱缰的野马，而谢苗诺夫为它引领方向。直到现在，所有的先锋派音乐我仍在尽力以这种方式来认知。《眼泪》是幸福的眼泪，它成为我进入现代音乐世界的通行卡。

我们有过很多欢乐的时光。当我 1998 年第一次在音乐学院大厅的舞台上演奏谢苗诺夫创作的《奏鸣曲二号》时，我还记得他走上舞台时有多么欢快。那时看着他的微笑，我知道一切都很顺利，老师也很高兴！2014 年我的室内乐音乐会"维瓦尔第·探戈四季"在俄罗斯柴可夫斯基音乐厅舞台上首演，事先我没跟任何人说过，也没有弹奏过这首曲子的片段，而谢苗诺夫却听说了这个事情。我记得他的眼睛里充满了喜悦和骄傲。

我知道，岁月无法改变我的老师。几根白发和几道皱纹只是外在表现，不会影响什么。而他的音乐之魂、献身音乐的执着、对音乐的热爱永远不会随着岁月消逝。对我来说，谢苗诺夫是一位非常值得尊敬的老师，是我的音乐老师。然而，他既不是教怎么按键的老师，也不是指挥拉风箱的老师，也不是教指关节灵活度的老师；虽然，必要时他总会掌控一下技术过程。

最重要的是，音乐总伴随我们左右，始终都是我们谈话的中心，永远将我们联系在一起。

向我的老师致以深深的敬意！

师从名家

基里尔·鲁西诺夫

莫斯科州爱乐乐团艺术家

  我与维切斯拉夫·阿纳托利耶维奇·谢苗诺夫第一次见面是在 2010 年底。那时我优秀的老师埃琳娜·根纳季耶夫纳·贝尔蒂尤科娃、我妈妈和莫斯科的亲戚一行人被邀请到谢苗诺夫家里。那时我知道他，是因为他的《儿童组曲二号》在我中学曲目中很出名，还听过尤里·希什金讲的谢苗诺夫班级的事情，以及埃琳娜·根纳季耶夫纳在基洛夫音乐会上对他的印象。

  在这次会面之前，我从他的音乐作品中感到他和我在很多方面很相近：气质、理念、目标，甚至对人的认知。我也不知道为什么会有这种感觉，但就是在 2010 年的 12 月，我从一开始就感觉到了他的教学特点对我来说是多么珍贵，又那么吻合：有针对性地设定目标、幽默、注重创造性结果的搜寻、懂得充分利用宝贵的课堂时间、语言的简练表达。

  我和我的老师、我的妈妈第一次来找谢苗诺夫试弹奏时，他让我十分震惊。他高度赞赏了我老师的教学工作，肯定了我们选择的曲目和乐曲的弹奏水平。在考试结束时，他说我的乐器没法弹出更好的曲子，需要换新的巴扬琴。新的巴扬琴能够解决一些问题并满足更高的技术要求。我们本就打算换新的了，我妈妈也立刻同意了，但随后发生了一件令人吃惊的事：谢苗诺夫当场就联系了优比特手风琴工厂的厂长叶夫根尼·伊万诺维奇·古萨罗夫，为我订制了一台新琴。显然，他看中了他的新学生。我们都又惊又喜，充满感激。接下来，在俄罗斯格涅辛国立音乐学院，精彩、复杂、紧张的学习任务随之而来。不过我到现在都一直跟随着这位优秀的老师学习。我希望我还能继续与这位著名的大师时常交流。

2019 年 8 月在中国深圳举行的"世界杯"国际手风琴比赛让人记忆犹新。我们一直在认真备赛。现场着实令人兴奋：谢苗诺夫创作的《奏鸣曲四号——融合》首先在比赛中演奏，这是我第一次代表国家参加如此高规格的比赛，与最优秀的巴扬和手风琴演奏者角逐。那时的心情我至今都难以忘怀。这种高水平的比赛不仅是对音乐与演奏技能的考验，也是对身体，有时还有对道德和意志的考验。宣布比赛结果的那一刻值得特别纪念，毕竟不同国家的参赛者们之间竞争激烈，很多人没有想到这样的结果。《奏鸣曲四号》受到了欢迎，我们八年的共同创作得到了肯定，我们班级已经是第九次参加"世界杯"国际手风琴比赛了，这些都让我非常开心。

我一直都觉得，谢苗诺夫，这位最具天赋的音乐家、出色的作曲家、睿智的教师的事情是讲不完的，与他的沟通是人性、专业、生活和音乐素质的培养。

能遇到这样一位优秀、善良、富有同情心和诚实的人，我很幸运，谢苗诺夫是我的音乐之父，在我的创作之路上他一直尽心尽力地帮助我，我非常感激、幸福和自豪！

第五节

我的音乐爸爸

亚历山大·波耶鲁耶夫

俄罗斯 ICC "手风琴" 艺术总监

单用几句话来概括维切斯拉夫·阿纳托利耶维奇·谢苗诺夫是很难的，他代表了一个时代！以下是我们之间的几个真实片段。

我从 1997 年进入谢苗诺夫班级的故事说起吧。那是一段艰难的时光！我当时是一个十六岁的孩子，连莫斯科都还不知道是什么，没什么自理能力，也不会做饭……生活跌宕起伏，谢苗诺夫一直给予我帮助和支持。

开学后的一次课上发生了件有趣的事。谢苗诺夫在解释一个作品的理念时说道："你们要明白，句子的最后应该是圆满完整的。"我回答说："就像香肠一样吗？"谢苗诺夫说："你快去吃吧，餐厅已经开门啦。"他的话里总是带着关怀和温暖。

他也会给我打电话邀请我到他的乡间别墅去。当然，我总是乐意前往。我们满怀兴致地把那里布置好，然后他像父亲一样带着我们烧烤。简直跟过节一样！我们谈论音乐和罗斯托夫的熟人。谢苗诺夫曾在顿河畔的罗斯托夫学习和工作过很多年，他对罗斯托夫这个话题一直都很感兴趣。晚上我们去了他的家，那里总是有一种温馨、和善的气氛，我们会一直待到晚上，听着音乐交流各种想法。最有趣的是，这样的聚会让我们走得更近，但从未越界，我们对老师的敬重与日俱增。

尽管我们有很多温馨的时刻，但谢苗诺夫设置的创意标准如此之高，以至于多年学习生涯里最重大的事情就是为"老大（他学生对他的称呼）"赢得比赛。如果他批准去比赛，那比赛的时候就不如在班里跟老师一起备赛时那样激动人心。我做谢苗诺夫的学生已经有十年了，可以说他就是"我的音乐爸爸"。因为他不仅是我的老师，也是一个永远支持我和引导我的人。当我陷入困境，他没有一次袖手旁观，总是会来帮我！

2002年春天，谢苗诺夫建议我去参加哥本哈根国际手风琴"世界杯"比赛。其中一个主要奖项是澳大利亚、新西兰和美国的巡回演奏会。我积极地进行了长期的备赛，近半年的时间里我不停地练习。我与谢苗诺夫一起决定参加两个奖项的提名，他在备赛和比赛期间都给予了我支持。

我抽签时抽到了1号，然后得知要在我的曲目中更换十五分钟的音乐，因为根据比赛规则，即便是在不同的场里，我也不能弹奏同一首音乐。第二天早上就要演出了。尽管陪审团一些成员强烈建议取消我在其中一组的候选人资格，但我们还是选了其他的作品。在这次比赛中，我第一次感受到竞争之激烈，因为他们不断地试图将你从熟悉的轨道中剔除，也就是将你从比赛中淘汰。这个时候，正是谢苗诺夫在课堂上的教导帮我保持了冷静。对成功的渴望不是一个常量，而是日积月累积攒的素养。正是在"世界杯"上我才意识到，多年的学习使我不知不觉中已在这个问题上得到了锻炼。

在比赛过程中我感到身心俱疲，但老师给了我最有力的支持。我必须得在三天内上台演奏五次，谢苗诺夫很担心我，他叮嘱我好好休息，这样尽管日程安排紧张，我也不会过度劳累。

对学生们来说，谢苗诺夫只要一个字、一个眼神，他们就能迅速知道他想传达的信息，实际上那可能比一本书的内容还多。我总是相信他的判断，愿意听取他的建议。有些事在我的脑海中生根发芽，就像用心播下的种子一样，而这些我要经历十年的学习才能领悟到。有时候他的话可能听起来不太合逻辑，但我终会明白，在那种情况下他做出的是最正确的决定。也许这该被称为是直觉、博弈和丰富经验的混合体。这些特质让我在毕业多年后都受益颇多。谢苗诺夫支持新的创意性指法和技巧，也会常常给我们支着儿。顺便说一下，他和我一起为提高手风琴的稳定性设计出一个垫板，国考①的前一天我在家里收到了垫板，直到现在我都在用它！那时候我自己无法做到的事情和他一起就能做到。这教会我更加自信，即便有时有一些很冒险的想法，也敢去尝试一下。无论是国际"手风琴＋"艺术节比赛还是顿河畔罗斯托夫的国际手风琴"世界杯"。

---

① 指俄罗斯国家统一考试，是俄罗斯中等教育机构内举行的考试。它既是俄罗斯中学的毕业考试，也是大学的入学考试。（编辑注）

　　我曾两次受邀参加澳大利亚和新西兰的音乐会，但命运偏偏爱捉弄人，这次旅程恰逢我在莫斯科格涅辛国立音乐学院的国考。想不到的是，谢苗诺夫竟特意将考试改期，以便我能参加音乐会。还是两次！！我永远忘不了他，命运就这样被改变，历史就这样被书写下来。

　　参加 2006 年克罗地亚举办的一个音乐节时，他在晚餐时跟我说："你为什么只弹奏我的组曲《北方图画》的终曲，你已经学会第一部分了，正好明天的音乐节试一下！"第二天我带上乐谱，早餐后刚弹了十五分钟就听到一声礼貌的敲门声，对方请求我不要再打扰酒店的邻居。谢苗诺夫笑了笑跟我说："去海滩那儿继续用功吧。"酒店就在海边，我在海滩上看了会儿乐谱（当然，没带手风琴出来），记在了脑子里。晚上直接在音乐节上演奏这首曲子还是有风险的。我很担心，但音乐会结束后赞许的微笑、深深的拥抱，还有谢苗诺夫的那句"说真的，我以为你不会冒险演奏这首曲子！"让我觉得都是值得的。

　　我们在音乐节期间交流了很多，还每天晚上一起看足球世界杯比赛，争论哪支球队能赢。通常谢苗诺夫的预测都是对的，他赢走了我两瓶葡萄酒。必须得说的是，他友好地请我吃了顿饭。没有给我"还债"的机会。他对待普通平常的事情也真诚而直爽，我总被他这种品质打动。我给他讲一些生活中有趣的事情和笑话时，他都笑得很真诚。

　　谢苗诺夫总是对自己学生的专业水平有很高的要求。他的课几乎都是开放的形式，如果没做任何课堂预习就去上课就会觉得羞愧，因为教室里可能有来世界各国的听众，可不能丢脸。当谢苗诺夫和我们一起参加音乐会时，只要他在大厅里，我们就备感自信。如果从舞台上看到坐在大厅里的老师和他竖起的大拇指，我们的内心就能变得平静而愉悦。在开放式的课堂上我们不仅学会了表演技巧，还学会了教学的艺术。我们一起讨论同学在弹奏时的优缺点，互相评价、互相学习。当我以一名学生的身份开始巡回演出时，有时会被要求给当地的学生和老师开设讲习班。有了学习过程中积攒的经验，这对我来说自然是很容易的。

2005 年，我想邀请传奇艺术大师范达梅到顿河畔罗斯托夫来，谢苗诺夫很支持我这一想法。我当时二十四岁，完全没有组织这种事情的经验，但我举办这场音乐会的意愿非常强烈。谢苗诺夫给了我信念和力量，这就足以帮我成功越过所有障碍！

2016 年，我们在顿河畔罗斯托夫举办了"世界杯"国际手风琴比赛。谢苗诺夫当然是支持我们的队伍。我们在俄罗斯首次组织和举办的最负盛名的比赛中披荆斩棘！最终梦想成真，达成目标。这可能是我从谢苗诺夫那里学到的最重要的事情。我希望我无愧于"维切斯拉夫·阿纳托利耶维奇·谢苗诺夫的学生"这一身份。至少我一直在为此努力。

第六节

创作之匙

马克西姆·费多罗夫

莫斯科省立艺术学院讲师

俄罗斯格涅辛国立音乐学院 2004 年毕业生

　　回忆起传奇人物维切斯拉夫·阿纳托利耶维奇·谢苗诺夫的课堂，我总是充满感激和感到温馨。他的形象让我想到文艺复兴时期的大师，集灵感、直觉、精确、多面、活力和才华于一身让他在创作上发挥得淋漓尽致。

　　我第一次听说维切斯拉夫·谢苗诺夫，是在陶里亚蒂音乐学校上一年级时听我的老师尤里·瓦西里耶维奇·里斯科夫讲的。他经常跟我说谢苗诺夫是一个能力很强的人，他既是作曲家、演奏家，又是老师、运动员……当时，我热切地利用所有可得的途径：比赛宣传册、录音磁带和唱片、手抄乐谱，去探索关于巴扬琴的一切，要知道，当时还没有社交平台和互联网。

　　大二的时候，我在图拉的别洛博罗多夫国际比赛中听到了谢苗诺夫现场演奏的《红莓》和《顿河狂想曲》。他演奏的声音和能量，改变了我对音乐家的印象。我从未在巴扬琴上听到过如此丰富的声音！谢苗诺夫的艺术性、气质和魅力，一下子征服了我！在这场音乐会之后，拜他为师就成了我的梦想。

记得 1998 年大三的时候，我开始学习谢苗诺夫的《奏鸣曲一号》。那时我跟他还不认识，我鼓起勇气，打电话给位于莫斯科的他，在自我介绍之后请求他帮忙修改已发表的乐谱中的错误。谢苗诺夫拿着巴扬琴（好像我们已经相识已久一样），耐心地一拍一拍地指出了文本中的所有不妥之处。在谈话的最后，他邀请我去格涅辛音乐学院答疑。从那时起，我每次都感叹他深入细节的能力和真诚的助人为乐之心。无论是比赛中巴扬琴带断裂还是乐器临时故障，老师都伸出了援助之手。

在谢苗诺夫的课堂上，我学会了如何分配时间并有针对性地利用时间。他教导学生要量力而行，不要怕犯错，要耐心地继续前行。他总是知道如何以最快的方式取得成功。

他为巴赫的《F 大调创意曲》和约瑟夫·海顿的《降 E 大调奏鸣曲》做出的细致复杂的工作让我难忘。老师在每一个音符、语调、乐句上都以雕塑家般的耐心塑造我们的听觉修养：他向我们解释应该关注什么，首要的是什么，次要的是什么。我们听不懂的话，他又会解释两三遍，然后笑道："我还要怎么跟你解释你才懂呢？连我都懂了！"

谢苗诺夫曾说，他更喜欢在生活中做他擅长的事情，每次都竭尽全力。成为一个创作者、一个发明家，以自己的方式做事，找到自己的容身之处——这就是大师在课堂上一直在教我们的道理。我不止一次领略了教授无时无刻不在进行的创作过程——无论他是开车还是坐飞机前往下一个比赛地。他经常突然就在随便一张小纸片上写下作品灵感、段落、语调和旋律。

谢苗诺夫教学的秘密就在于他清晰的逻辑和思维，在于能用简单的语言解释问题的本质，善于挖掘和放大学生的优秀品质，帮助其实现自我认知。

在学院的最后一年，我学会了谢苗诺夫的新作品——协奏曲《壁画》，并已经准备弹奏这首曲子。然后教授在做梦的时候突然产生了新的灵感，他要将协奏曲一个段落的两处重写并改变指法。这时候距离我演奏只剩一周的时间了！我不得不重新练习。所以我从谢苗诺夫那里学到了灵活性和重建与开拓新想法的能力。适应老师的思维浪潮、用他的速度思考、理解他的想法，这一直是我追求的课题。

当教授在课上发现学生陷入困境不知所措时，他经常会提供一些指法方案。他的指法总是源自音乐逻辑。他说："好的指法不是可以用来弹奏的，而是不能不用来弹奏的。"当我们一起准备出版弗朗茨·李斯特的作品改编曲时，谢苗诺夫不停地用巴扬琴检查所有的精彩之处，还说："我不光能改编曲子和研究指法，我还能弹！"事实的确如此。

有时老师会直接在课堂上开演奏会！然后我们就兴奋地听他弹奏巴赫、斯卡拉蒂、李斯特、弗兰克、米歇尔、哈恰图良、别洛希茨基和皮亚佐拉的作品。老师非常乐意展示他的新成就，而我们这群学生就是他《协奏曲壁画》《预言家的梦》等众多作品的第一批听众。

2006年我考上了演奏博士，继续师从谢苗诺夫，我们与"大胡子"贝林斯基·瓦伦丁·亚历山德诺维奇的学生一起组了一个凡丹戈室内乐团：巴扬琴＋弦乐四重奏。谢苗诺夫即刻支持了我。他想起自己曾与作曲家霍克合作演出过弦乐四重奏，提议将瑞典作曲家托尔比约恩·伦德奎斯特为手风琴与弦乐四重奏创作的《Bewegungen》纳入曲目。我们立刻被这部作品的充沛活力、丰富节奏和非凡的声音色彩吸引住，很长时间我们都将其作为表演曲目之一。2009年，我们在莫斯科第一届现代音乐节上演奏了它。

为了与凡丹戈室内乐团准备2015年德国克林根塔尔国际手风琴比赛，我们去格涅辛音乐学院听谢苗诺夫的课。那是4月底，小教室一如既往地坐满了认真听课的学生。我们准备了一个巴扬琴和弦乐四重奏的高难度竞赛：托尔比约恩·伦德奎斯特《Bewegungen》和谢苗诺夫的《巴尔干狂想曲》巴扬琴和弦乐四重奏版。这堂课让我们更加自信，确认了我们的选择是正确的，还在其中加入了重音。我们带着激情去德国克林根塔尔参赛，并获得了最高分。比赛结束后，我们接着在柏林俄罗斯之家举行了一场独奏音乐会（其中包括谢苗诺夫的作品），庆祝胜

利日 ① 七十周年。自那时起，从欧洲到堪察加半岛，无论我们在哪里演出都会弹奏《保加利亚组曲》《巴尔干狂想曲》等。

许多年过去了，现在我的学生们经常在他们的演奏曲目中加入谢苗诺夫的作品。毕竟他的作品在现代巴扬琴演奏者中很受欢迎。他们很乐意演奏狂想曲、《乌克兰主题变奏曲》、奏鸣曲。我认为现在的主要国际比赛中，至少有三分之一的音乐出自我的老师，这是俄罗斯音乐学校的一项伟大成就。

我与教授相处日久，如今已经发展成了友谊关系。在评委组和舞台上，我与谢苗诺夫相遇，作为同事一起做大型联合创意艺术节比赛。我的学生们，其中包括在手风琴"世界杯"和其他大赛的国际比赛获奖者，都自豪地延续着谢苗诺夫的传统。我很高兴我能在一位杰出的老师身边继续深造，我一直记得他的格言：将时间利用起来做有意义的事。

亲爱的维切斯拉夫·阿纳托利耶维奇·谢苗诺夫！祝您在未来的生活中身体健康！！

---

① 即俄罗斯胜利节，是苏联为纪念战胜德国法西斯而设立的纪念性节日。（编辑注）

第七节
受益终身

尤里·希什金

俄罗斯联邦荣誉艺术家

罗斯托夫国家爱乐乐团独奏家

俄罗斯罗斯托夫拉赫玛尼诺夫国立音乐学院教授

　　什么词汇能表达我对老师的爱呢？在很多方面他对我的意义都超过了父母。他是我生活的一部分，重要的一部分。同他聊天、会面、打电话、上他的课……这些回忆，不，这是我的整个人生。

　　谢苗诺夫……这个名字唤醒了我最深处的回忆：从激动人心的第一次相遇，到如今我微笑着等待同他见面，或连听到他的声音都不由自主嘴角上扬。做这样一位大师的学生，就像生活在另一个行星上。行星的名字叫最完美、最杰出、在巴扬琴上追求极致的伟大音乐家、教师、作曲家、苦行僧、非凡、狂热、才华横溢的传授者。谢苗诺夫行星的名字超长，但这只是关于他的一小部分而已，我们要前往的这颗星球，对许多人来说永远无法企及。它无法被度量，静静地漂浮在浩瀚的宇宙中，迎接又送走一批又一批的人。每个人都怀抱渴望而来，最终学成而归。

　　谢苗诺夫会跟大家分享一切他所知道的：知识、灵感、发现、探索、失望、成功和梦想。他曾彻夜为别人修理巴扬以使其能顺利演出，就像外科医生做手术一样娴熟。你总能听到同样的话：如果不是谢苗诺夫……当一件事只能由他来做且只有他能做得更好时，他绝不会袖手旁观，他可能会骂人，但也会给出让你感激一生的建议。谢苗诺夫擅长安慰和说服别人，他似乎一下子就能看到事情的可行性，并会以最快的方式、最短的路径获取想要的结果。他能准确评估身边事物的价值。他的声音有种魔力，能激发创造性的想象力，给出破局的提示。他是个真正意义上的老师。

我不是第一个称谢苗诺夫为行星的人。我来讲一个例子吧。2008 年 8 月，谢苗诺夫、弗里德里希·罗伯托维奇·利普斯和亚历山大·弗拉基米罗维奇·斯卡利亚廖夫，应邀前往中国北京参加比赛。这些了不起的人带领的参赛队中也有我。能够与拥有传奇光环的音乐家们共度一段时间，是上天给我的礼物。在一场演出中，排名是件麻烦事，不知中方的组织者会如何安排演出顺序。他们非常巧妙地处理了这个问题：为避免使用"冠军"这个词，他们提议将我们称为巴扬"四大天王"。我觉得这很睿智，妙极了。

他们真的很优秀，光是听他们交流切磋就觉得满足。

非凡的魅力、独一无二的演奏风格、对作品的出色诠释，这就是谢苗诺夫的音乐会。谢苗诺夫带动出了音乐会的活跃气氛，他是个坐不住的人，同他聊天总是非常热烈且内容丰富，就跟他的音乐会一样。拜访过他的人都知道，他会通过音乐与人交流。然而，此次参赛时，他遭受了考验：音乐会的前一天谢苗诺夫住院了。他在大理石台阶边摔倒，中国的医生为他缝合了肩胛骨，我们这才转忧为喜。大家相互鼓励和安慰，担心音乐会被取消。但谢苗诺夫如期出场了！出色的演出结束后，他只是惋惜做弹跳和颤音很容易，但风箱开大就会疼。他的意志力多么坚强啊！这是值得我们学习的！

我们一整天都待在一起。与名人们在一起，我激动得要僵住，我尽力控制情绪、谨慎用词，尽量不怯场。得知我是第一个出场时，我心想要是不在最开头演奏就好了，不做第一个，也不做最后一个，在中间就好了。不得不承认，我很难再碰到与这样的大师们一同演出的机会了。然而，命运要我为音乐会做开场。我挑了最难的曲目，但没有事先向老师展示。现场座无虚席，观众掌声雷动，还有些观众没有座位，干脆就坐在舞台边的地板上。演出结束后，我记得有这样一张照片：谢苗诺夫抢先跑进我的更衣室，他把脚顶在墙上，全力握住门把手，门的另一边正在被挤开。与此同时，他转过头来向我表示祝贺，还对我的演奏做了评价，而我被演出服捂得闷热，正费力扯下我的湿衣服。那时的形势有些紧张，但在他的帮助下一切都很顺利。就如以往一样，我的老师总是扮演着帮助、保护、指导和呵护的角色，我感觉他的脚步总是紧挨着我，就像把我抱进怀里一样，而我，是他精力最旺盛的学生，总想要前进，想做得更好更多。好吧，就这样让我一切顺利，稳步前进吧，但要和老师永远在一起。

谢苗诺夫，我亲爱的老师，谢谢您做的一切。您永远在我心里，希望我们永远相伴左右，这就是幸福吧！

第六章

历史照片档案和 CD 专辑

第一节
多年的学习生涯

> 双系统自由低音巴扬，
  俄罗斯"图拉"手风琴工厂

> 马雷金大师制造的四排键多音色巴扬

> 在俄罗斯格涅辛国立音乐师范学院的演奏博士学习

我的老师——杰出的音乐家和大学教师、小提琴家和指挥家、俄罗斯联邦荣誉艺术家奥列格·米哈伊洛维奇·阿加尔科夫教授

> 我的第一台巴扬——父亲的礼物

> 我的俄罗斯"优比特"巴扬

　　设计和制造者：尤里·康斯坦丁诺维奇·沃尔科维

第二节

父母和孩子们

> 我的父亲阿纳托利·伊万诺维奇和母亲加林娜·莱昂纳多夫娜

> 我的父亲和他的同志弗拉基米尔·乌特金在陆军乐团服役

> 我的孩子——玛丽娜和阿纳托利

> 三代谢苗诺夫

> 儿子、孙子和孙女们围绕在我的身边

> 我与女儿和孙子孙女们

第三节
音乐会生活

> 二重奏：

与俄罗斯联邦艺术家、俄
罗斯罗斯托夫拉赫玛尼诺
夫国立音乐学院亚历山
大·丹尼诺夫教授

> 三重奏：

俄罗斯联邦人民艺术家、
格涅辛国立音乐学院教授
瓦莱里·扎日金、亚历山
大齐甘科夫和维切斯拉
夫·谢苗诺夫

> 与"罗斯托夫室内乐团"合奏

> 俄罗斯联邦人民艺术家、俄罗斯联邦国家大赛获奖者尼古拉·尼古拉耶维
  奇·加里宁（中）、尤里·希什金、维切斯拉夫·谢苗诺夫、列奥尼多维奇·邦
  达连科、米哈伊尔·扎采平

> 准备开启美国巡回演出

> 1986 年与民乐团在圣彼得堡教堂举办音乐会

> 娜塔莉娅和维切斯拉夫·谢苗诺夫

> 1996 年在俄罗斯柴可夫斯基国立音乐学院音乐厅演出

> 2016 年《谢苗诺夫二重奏》组合

> 2019 年在莫斯科儿童音乐学校和手风琴"狮子三重奏"组合
（列夫·拉夫罗夫、伊里尔·米拉瓦诺夫和阿列克谢·梅基腾科）共同演出

> 在家中向朋友们展示新创作的作品

> ## 杰出的音乐家、朋友和同事们

全俄罗斯民族乐器演奏家比赛评审团合影

第一排：亚历山德罗维奇·弗拉迪斯拉夫·马克西莫夫、彼得·伊万诺维奇·戈沃鲁申科、尼古拉·雅科夫列维奇·柴金、维切斯拉夫·菲利波维奇·别利亚科夫、瓦列里·彼得罗维奇·洛马科、阿列克谢·叶夫谢耶维奇·奥涅金

第二排：亚历山大·阿法纳西耶维奇·季莫申科、尤里·阿列克谢耶维奇·沃斯特列洛夫、维克托·费奥多罗维奇·格里金、维切斯拉夫·阿纳托利耶维奇·谢苗诺夫、阿纳托利·弗拉基米罗维奇·别利亚耶夫

第三排：尼古拉·亚历山德罗维奇·克拉夫佐夫、瓦列里·阿列克谢耶维奇·巴舍涅夫、阿列克谢维奇·雅罗斯拉夫·特罗菲莫夫、尤里·格里戈里耶维奇·亚斯特雷博夫

> 图拉全俄罗斯民族乐器演奏家比赛评审团合影

第一排：谢尔盖·普里瓦洛夫、尤里·阿列克谢耶维奇·沃斯特列洛夫、阿列克谢·叶夫谢耶维奇·奥涅金、维切斯拉夫·阿纳托利耶维奇·谢苗诺夫、阿纳托利·弗拉基米罗维奇·别利亚耶夫。

第二排：亚历山德罗维奇·弗拉迪斯拉夫·马克西莫夫、尤里·尼古拉耶维奇·希沙科夫、亚历山大·阿法纳西耶维奇·季莫申科。

> 2001 年特维尔第六届全俄罗斯民族乐器演奏家比赛评审团合影

> 俄罗斯下诺夫哥罗德格林卡国立音乐学院音乐会结束后和学院的教授、
同事朋友们

（左起：尤里·叶菲莫维奇、古列维奇、谢尔盖·帕夫洛维奇·马林欣、阿
纳托利·瓦西里耶维奇·库兹涅佐夫、维克托·伊万诺维奇·戈卢布尼奇）

> 莫斯科"巴扬和巴扬演奏家"艺术节举办时，维切斯拉夫·阿纳托利耶
维奇·谢苗诺夫与朋友和教授们

（左起：弗拉基米尔·瓦西里耶维奇·乌舍宁、鲍里斯·米哈伊洛维
奇·叶戈罗夫、米哈伊尔·约西福维奇·伊姆哈尼茨基、奥列格·米哈
伊洛维奇·夏洛夫）

第四节

与马西莫·皮吉尼的合作和友谊

> 梦想成真！来自马西莫·皮吉尼的礼物

　　——装载着"俄罗斯灵魂"音簧的意大利顶尖"神话"巴扬！（1986 年）

> 意大利"PIGINI"手风琴公司为
纪念合作三十周年，向维切斯拉
夫·阿纳托利耶维奇·谢苗诺夫
大师颁发的证书

> 与马西莫·皮吉尼在意大利绍里斯

朋友、学生、同事们和志同道合的人

> 在国际比赛期间与丹麦皇家音乐学院的莫根斯·埃尔加德教授和芬兰西贝柳斯音乐学院的马蒂·兰塔宁教授

> 丹麦皇家音乐学院莫根斯·埃尔加德教授和他的妻子玛莎

> 与乌克兰人民艺术家、乌克兰国立音乐学院民乐系教授

弗拉基米尔·弗拉基米罗维奇·别斯法米尔诺夫

> 与俄罗斯联邦荣誉艺术家、教授、坦波夫国立拉赫玛尼诺夫音乐与教育学院
> 院长、民乐系主任罗曼·尼古拉耶维奇·巴日林和俄罗斯联邦荣誉艺术家、
> 教授、圣彼得堡里姆斯基－柯萨科夫国立音乐学院巴扬和手风琴系主任奥列
> 格·米哈伊洛维奇·夏洛夫教授

> 1981 年与美国传奇爵士乐手风琴演奏家阿特·范达姆在瑞士

> 独奏音乐会在白俄罗斯明斯克

与乌克兰人民艺术家、乌克兰国立音乐学院民乐系教授尼古拉·伊万诺维奇·里佐尔，白俄罗斯荣誉艺术家、白俄罗斯国立音乐学院巴扬和手风琴系主任尼古拉·伊万诺维奇·谢夫留科夫和立陶宛音乐学院教授理查德·斯维亚奇科维奇

> 与俄罗斯联邦人民艺术家、著名作曲家、罗斯托夫拉玛尼诺夫国立音乐学院教授阿纳托利·伊万诺维奇·库夏科夫

> 1990 年在德国与斯特凡·霍克一起创作手风琴五重奏

▷ 我班级的学生们（1973 年）

第一排：维克多·诺维科夫、维切斯拉夫·谢苗诺夫、尤里·德兰加、维切斯拉夫·库什切夫；

第二排：尤里·列杰涅夫、叶莲娜·斯米尔诺娃、列昂尼德·塞特拉科夫、维切斯拉夫·加尔金、尤里·彭金

▷ 1981 年，在瑞士沙泰尔的一场音乐会之后，与拉克鲁瓦、特萨什、科瓦尔、拉克鲁瓦夫人、谢苗诺夫、阿特·范达姆、乌布洛娃、布拉哈

> 与俄罗斯"AKKO"巴扬手风琴厂的创始人、俄罗斯联邦荣
　誉艺术家弗拉基米尔·阿夫拉廖夫

> 与俄罗斯联邦人民艺术家，沃罗涅日国立艺术学院教授亚历
　山大·弗拉基米诺维奇·斯卡里亚廖夫

> 与美国密苏里大学堪萨斯城分校教授琼·萨默斯

> 与 CIA 国际手风琴联盟主席莱赫·普赫诺夫斯基教授

> 与俄罗斯联邦人民艺术家阿纳托利·弗拉基米罗维奇·别利亚耶夫

> 1996 年，在莫斯科柴可夫斯基国立音乐学院音乐厅举行的维切斯
拉夫·谢苗诺夫 50 岁生日音乐会上，与俄罗斯巴拉莱卡琴演奏家、
俄罗斯联邦人民艺术家米哈伊尔·费多托维奇·罗日科夫一起演出

> 2019 年与《Motion trio》三重奏在中国深圳会面
（马钦·加拉辛 、雅努什·沃塔罗维奇、帕维尔·巴拉尼克）

> 莫斯科国际巴扬大赛评委：

阿纳托利·穆巴拉克齐亚诺维奇·盖辛（哈萨克斯坦）、弗拉基米尔·弗拉基米罗维奇·刿斯法米尔诺夫（乌克兰）、维切斯拉夫·谢苗诺夫（俄罗斯）、尼古拉·谢夫留科夫（白俄罗斯）

> 在罗斯托夫爱乐乐团举行的维切斯拉夫·谢苗诺夫生日音乐会之后，与俄罗斯联邦高等院校功勋工作者、教授、俄罗斯罗斯托夫拉赫玛尼诺夫国立音乐学院巴扬和手风琴系主任柳德米拉·瓦拉维纳

> "新名称慈善基金会"周年纪念音乐会：
与俄罗斯联邦荣誉艺术家、钢琴家叶卡捷琳娜·梅凯蒂娜、俄罗斯联邦人民艺术家、俄罗斯格涅辛国立音乐学院教授伊万·潘捷列维奇·莫兹戈文科和他的女儿

> 与俄罗斯联邦荣誉艺术家，圣彼得堡里姆斯基－柯萨科夫国立音乐学院教授亚历山大·德米特里耶夫和他的妻子埃琳娜

> 与巴黎国立高等音乐学院教授马克斯·博内和摩纳哥皇家音乐学院教授克里斯蒂安·博内

> 与"CIA"国际手风琴联盟副主席李聪教授和四川音乐学院陈军教授

> 与斯德哥尔摩作曲家 托比昂·伦德奎斯特

> 与法国专业手风琴协会主席、作曲家安德烈·阿斯蒂尔

≫ 丝绸之路

在中国巡回演奏音乐会开始前。与俄罗斯联邦人民艺术家、俄罗斯格涅辛国立音乐学院巴扬和手风琴系主任、弗里德里希·利普斯教授和新加坡手风琴教师方圆

> 1995 年与国际著名手风琴教授们：

雅克·莫奈（法国）、御喜美江（德国）和 马蒂·兰塔宁（芬兰）

> 2016 年与"CIA"国际手风琴联盟主席、意大利"SCANDALLI"手风琴工厂厂长米高·帕塔里尼

> 2019 年在意大利索利斯彼特和马德琳·索维的音乐学校里

> 2001 年，应"新名称慈善基金会"的邀请，在俄罗斯文化基金会参加维切
斯拉夫·谢苗诺夫班级音乐会后，谢苗诺夫与纳塔利娅·尼古拉耶芙娜·乌诺
娃、儿子安纳托利、孙女卡佳和女儿玛丽娜。

第六节

老师和导师

> 1982 年德国汉堡"世界杯"国际手风琴比赛冠军获得者——米哈伊尔·扎采平

（谢苗诺夫班级第一位世界杯冠军学生）

> 2002 年丹麦哥本哈根"世界杯"国际手风琴比赛冠军获得者——亚历山大·波耶鲁耶夫

（谢苗诺夫班级第二位世界杯冠军学生）

> 2018 年维切斯拉夫·阿纳托利耶维奇·谢苗诺夫班级音乐会

> 与我的学生——俄罗斯联邦荣誉艺术家尤里·希什金

> 2019 年在莫斯科"巴扬和巴扬演奏家"艺术节的音乐会上

我的学生尤里·希什金和斯坦尼斯拉夫·马雷舍夫

> 我的学生马克西姆·费多罗夫和他的《凡丹戈》室内乐团

> 2017 年，我和我的学生
拉斯斯拉夫·穆德里茨基
（"青鸟"青年才俊电视比
赛的获胜者）与"新名称
慈善基金会"主席、俄罗
斯联邦人民艺术家、钢琴
家丹尼斯·马祖耶夫合影

> 2001 年，应"新名称慈善基金会"的邀请，在俄罗斯文化基金会参加维切
斯拉夫·阿纳托利耶维奇·谢苗诺夫班级音乐会后。

与亚历山大·谢利瓦诺夫、尤里·米加年科、亚历山大·波耶鲁耶夫、斯坦尼
斯拉夫·马雷舍夫

> 2016 年俄罗斯顿河畔罗斯托夫"世界杯"国际手风琴比赛
冠军获得者——亚历山大·科梅尔科夫
（谢苗诺夫班级第八位世界杯冠军学生）

> 2019 年中国深圳"世界杯"国际手风琴比赛冠军获得者——
基里尔·鲁西诺夫
（谢苗诺夫班级第九位世界杯冠军学生）

> 谢苗诺夫班级在 2008 年苏格兰格拉斯哥"世界杯"国际手风琴比赛上的合影：

尤莉娅·阿美里科娃、阿列克谢·涅费达夫、亚历山大·谢利瓦诺夫、奥莉加·伊瓦什娜、亚历山大·彼得罗相、爱德华·阿哈诺夫和叶夫根尼·利斯杜诺夫

> 2020 年，莫斯科全俄 "俄罗斯色调" 音乐比赛结束后和学生们：
亚历山大·科梅尔科夫、马克西姆·费多罗夫、丹尼斯·科普捷洛夫、
丹尼斯·乌戈尔钦

> 尤莉娅·阿美里科娃与亚历山大·谢利瓦诺夫巴扬手风琴二重奏组合

> 2016 年维切斯拉夫·阿纳托利耶维奇·谢苗诺夫在顿河畔罗斯托夫的生日音乐会上，全体师生与民乐团合奏《顿河狂想曲》

> "情感管弦乐队"负责人、巴扬演奏家、小提琴演奏家、指挥家、国际比赛
　获奖者尤里·米加年科与《新歌剧》管弦乐团

＞ 2017 年，维切斯拉夫·谢苗诺夫、尤里·希什金、萨姆盖尔·托尔金汗（哈萨克斯坦）同中国的学生们（大学老师）：刘睿、刘怡汝、曹野

＞ 我的中国学生：刘怡汝、包永妍

> 为音乐学校的学生们颁发"新名称慈善基金会"证书

> 2016 年，维切斯拉夫·阿纳托利耶维奇·谢苗诺夫班级——苏兹达尔
  音乐学校的最后一场音乐会

> 2020 年，维切斯拉夫·阿纳托利耶维奇·谢苗诺夫与三位年轻的学生在
音乐会后

> 2020 年，维切斯拉夫·阿纳托利耶维奇·谢苗诺夫班级音乐会举办在莫
斯科格涅辛国立音乐学院舒瓦音乐厅

> 2023 年维切斯拉夫·阿纳托利耶维奇·谢苗诺夫与全体学生在他 77 岁时的
生日音乐会上

人才的多面性

> 2017 年意大利奥西莫"世界杯"国际手风琴比赛中与自己的画像合影

> 全俄民族乐器演奏家比赛评委会成员评审中：阿列克谢维奇·雅罗斯拉夫·特罗菲莫夫、维切斯拉夫·谢苗诺夫、维切斯拉夫·菲利波维奇·别利亚科夫、尼古拉·雅科夫列维奇·柴金

> 不仅作为独奏家，而且作为指挥与手风琴乐队合作

> 维切斯拉夫·阿纳托利耶维奇·谢苗诺夫当选为 "CIA" 国际手风琴联盟副主席

> 在俄罗斯莫斯科"阿尔弗雷德·米列克"手风琴博物馆

> 在莫斯科施尼特凯国立音乐学院教师体育比赛中获得冠军

> 在莫斯科"优比特"巴扬手风琴琴厂为巴扬调音

> 维切斯拉夫·阿纳托利耶维奇·谢苗诺夫——"罗兰"电子手风琴的首批
测试者之一

> 谢苗诺夫在 2008 年格拉斯哥举行的"世界杯"国际手风琴比赛中，其创作
的作品《随想曲三号——北极光》获最佳作品奖

与"CIA"国际手风琴联盟主席弗里德里希·凯文和秘书长金莫·马蒂拉合影

> 2013 年，"保罗·索布拉尼奖"授予维切斯拉夫·阿纳托利耶维奇·谢苗诺
夫先生，表彰他作为作曲家和表演者的杰出才华，以及对音乐和青年教育的
贡献

第八节

CD 唱片专辑和出版书籍

CD 唱片专辑

谢苗诺夫先生与妻子的二重奏组合向大家展示他们的第一张 CD 专辑。音乐包括令人兴奋的各种风格——从古典音乐到传统的俄罗斯民间音乐，从拉格泰姆到令人回味的浪漫，所有这些音乐都表现出极佳的音乐激情和令人振奋的技术难度。

谢苗诺夫先生与妻子的二重奏组合展示了他们的第二张合作 CD 专辑。音乐中包括各种音乐，以及令人兴奋的各种风格，所有这些音乐都以最佳的音乐激情和高超的技术精准度演奏。

这张 CD 专辑是对巴扬改编作品进行长期努力的结果。谢苗诺夫先生不仅希望获得所包含作品的真实形象，而且还希望展示该乐器的多功能性和能力。希望所有谢苗诺夫先生的听者能感觉到这些乐曲本来就是为巴扬手风琴创作的！！

该 CD 专辑命名为《红莓》。展示了谢苗诺夫先生在 1980 年代创作的其他作品，包括三乐章的《奏鸣曲一号》《狂想曲二号》，四首基于民间主题的狂想曲：立陶宛、爱沙尼亚、乌克兰以及两个基于白俄罗斯民间音乐的作品。此外，还有一首迷人的作品——即兴创作的俄罗斯民歌。这张唱片显示了谢苗诺夫先生作品的独创性。

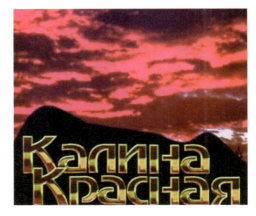

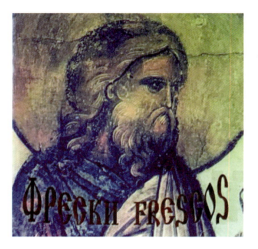

该 CD 专辑展示了谢苗诺夫先生最重要的一首巴扬、打击乐与室内交响乐队合作的协奏作品《壁画》！录音是在 2004 年 12 月 15 日在俄罗斯格涅辛国立音乐学院音乐厅举行的第十五届国际艺术节"巴扬与巴扬演奏家"的音乐会上录制的。

在这个互联网和智能手机的时代，谢苗诺夫先生经常收到来自不同地区的音乐家以及来自欧洲、美国、中国，对他的音乐或个人感兴趣的人的来信。由于很难明确地回答许多问题，所以谢苗诺夫先生想出了一个主意，即收集以前未发行的较早作品，以及一些鲜为人知的、已经出版作品的新版本，并且自己录制，于是两张 CD 专辑《我的图像》诞生了。这是他对专业演奏家、学生、老师和其他手风琴音乐爱好者经常问的问题的解答。现在，每个感兴趣的听众或表演者都可以将谢苗诺夫先生对音乐的理解与他们的理解进行比较。

　　发行系列 CD 专辑"维切斯拉夫·谢苗诺夫的艺术"的初心，是为了纪念俄罗斯杰出音乐家、人民艺术家、作曲家、俄罗斯格涅辛音乐学院教授、"CIA"国际手风琴联盟副主席维切斯拉夫·阿纳托利耶维奇·谢苗诺夫先生的诞辰 70 周年。

出版书籍

附　录

创作作品总录
截至 2024 年，中俄文名称对照

1.《保加利亚组曲 /Болгарская сюита》共三个乐章（1975 年）

2.《红莓 /Калина красная》纪念瓦西里·舒克申的幻想曲（1976 年）（音译名《卡琳娜·克拉斯娜娅》）

3.《顿河狂想曲一号 /Донская рапсодия №1》（1977 年）

4.《"白脸和圆脸" 主题即兴创作 /Импровизация на тему "Белолица-круглолица"》（1981 年）

5.《儿童组曲一号 /Детская сюита №1》（1982 年）

6.《古老的爱沙尼亚传说 /Старинная эстонская легенда》（1983 年）

7.《奏鸣曲一号 /Соната №1》（1984 年）

8.《立陶宛旋律 /Литовский напев》（1984 年）

9.《立陶宛诗画 /Литовская поэтическая картинка》（1986 年）

10.《乌克兰杜姆卡 /Украинская думка》（1987 年）

11.《白俄罗斯双联画 /Белорусский диптих》（1987 年）

12.《随想曲一号 /Каприс №1》（1989 年）

13.《儿童组曲二号 /Детская сюита №2》（1989 年）

14.《顿河狂想曲二号 /Донская рапсодия №2》（1991 年）

15.《奏鸣曲二号——巴斯卡里阿达 /Соната №2-Баскариада》（1992 年）

16.《奉献 /Devotion》献给阿斯托尔·皮亚佐拉（1993 年）

17.《勃拉姆斯狂想曲 /Брамсиана》（1996 年）

18.《预言家的梦 /Вещий сон》（2001 年）

19.《随想曲二号——S.O.S./Каприс №2- S.O.S.》（2001 年）

20.《北方图画 /Северные картинки》三个乐曲（2003 年）

21. 协奏曲《壁画 /Фрески》为巴扬、打击乐与室内管弦乐团而作（2004 年）

22.《嬉游曲 /Дивертисмент》共三个乐章（2005 年）

23.《随想曲三号——北极光 /Каприс №3-Северное сияние》（2006 年）

24.《巴尔干狂想曲 /Балканская рапсодия》为两台巴扬重奏而作（2007 年）

25.《两个浪漫的冥想 /Две романтические медитации》（2008 年）

26.《在梦想的领域 /В царстве грез》（2008 年）

27.《音乐礼物 /Музыкальное приношение》为多木拉琴和巴扬所作（2009 年）

28.《随想圆舞曲 /Вальс-каприс》（2011 年）

29.《奏鸣曲三号——回忆未来 /Соната №3-Воспоми

нание о будущем》（2013 年）

30.《托卡塔 Barbara/Токката Барбара》为三台巴扬重奏而作（2014 年）

31.《辛德勒的名单 /Незабвенное》（2016 年）

32.《悲歌 /Элегия》巴扬版本（2016 年）

33.《爱德华·格里格主题即兴创作 /Импровизация на тему Э. Грига》（2017 年）

34.《奏鸣曲四号——融合 /Соната №4-Fusion》（2017 年）

35.《弗朗西斯加 /Francesca》古典风格小奏鸣曲（2018 年）

36. 两首抒情曲:《巴斯克之歌 /Песня басков》和《圆圈歌舞 /Хоровод》（2018 年）

37.《塔兰泰拉 /Тарантелла》（2018 年）

38.《复调组曲 /Полифоническая сюита》（2018 年）

39. 组曲《神马 /Конек Горбунок》共五个乐章（2019 年）

40. 组曲《金钥匙 /Золотой ключик》共八个乐章（2020 年）

41.《奏鸣曲五号——亲笔签名 /Соната №5-Автограф》（2020 年）

42.《灵魂的迷宫 /Лабиринты души》（2021 年）

43.《巴赫的音乐礼物 /Музыкальное приношение Баху》（2022 年）

44.《茉莉花 /Жасмин》（2022 年）

45.《音乐会组曲 /Концертная сюита》为巴扬和管弦乐队而作 , 共三个乐章（2022 年）

46. 小协奏曲《弗兰西斯加 /Франческа》为巴扬和管弦乐队而作（2022 年）

47.《儿童组曲三号——在童话世界里 /Детская сюита №3-В мире сказок》共五个乐章（2023 年）

（1）《大鹅与天鹅 /Гуси-лебеди》

（2）《洋葱男孩——奇波里诺 /Чиполлино》

（3）《美人鱼 /Русалочка》

（4）《玛丽亚公主 /Марья-царевна》

（5）《穿靴子的猫 /Кот в сапогах》

48. 组曲《四季 /Времена года》共四个乐章（2024 年）

（1）《美丽的春天 /Весна-красна》

（2）《村庄的夏天 /Лето в деревне》

（3）《秋意 /Осеннее настроение》

（4）《冬季乐趣 /Зимние забавы》

维切斯拉夫·阿纳托利耶维奇·谢苗诺夫教授班级参加比赛的获奖者（截至 2024 年）

1975 年

1. 尤里·德兰加——德国克林根塔尔国际手风琴比赛第三名。

1976 年

2. 列奥尼达·塞特拉科夫——德国克林根塔尔国际手风琴比赛第二名。

1979 年

3. 阿纳托利·扎金——第二届全俄民族乐器演奏家比赛第一名（列宁格勒）。

4. 阿纳托利·扎金——第一届全联盟巴扬演奏家比赛第一名（新西伯利亚）。

1980 年

5. 阿纳托利·扎金——德国克林根塔尔国际手风琴比赛第一名。

1981 年

6. 根纳基·加利茨基——德国克林根塔尔国际手风琴比赛第一名。

1982 年

7. 米哈伊尔·扎采平——"世界杯"国际手风琴比赛第一名（德国汉堡）。

1983 年

8. 格里戈里·奥斯马诺夫——德国克林根塔尔国际手风琴比赛第二名。

1984 年

9. 尤里·希什金——第二届全联盟巴扬演奏家比赛第一名（伏罗希洛夫格勒）。

1988 年

10. 尤里·希什金——德国克林根塔尔国际手风琴比赛第一名。

11. 列奥尼德·邦达连科——第三届全俄民族乐器演奏家比赛第一名（沃罗涅日）。

1989 年

12. 列奥尼德·邦达连科——德国克林根塔尔国际手风琴比赛第二名。

1990 年

13. 尤里·希什金——美国堪萨斯城国际手风琴比赛第二名。

14. 莱蒂·恩贡——法国国际手风琴比赛获奖者。

1991 年

15. 尤里·希什金——意大利卡斯特费达多国际手风琴比赛第一名。

16.亚历山大·格瓦索夫——法国圣埃蒂安国际手风琴大奖赛金奖。

17.叶夫根尼·盖茨勒——德国克林根塔尔国际手风琴比赛第三名。

18.亚历山大·维登米尔——德国克林根塔尔国际手风琴比赛第一名。

1994 年

19.尤里·奥乔托雷纳——俄罗斯"北方杯"国际手风琴比赛第二名（切列波韦茨）。

20.马克西姆·萨尔尼科夫——俄罗斯"北方杯"国际手风琴比赛第三名（切列波韦茨）。

21.叶莲娜·叶博和娜塔莉娅·斯柳萨尔二重奏组合——意大利卡斯特费达多国际手风琴比赛第二名。

1996 年

22.叶莲娜·叶博和娜塔莉娅·斯柳萨尔二重奏组合——德国克林根塔尔国际手风琴比赛第三名。

23.德米特里·索阔洛夫——莫斯科第二届国际巴扬大赛获奖者。

24.彼得·德兰加——莫斯科"新名称"比赛获奖者。

25.彼得·德兰加——意大利卡斯特费达多国际手风琴比赛第二名。

1997 年

26.德米特里·索阔洛夫——德国克林根塔尔国际手风琴比赛第一名。

27. 尤里·米加年科——德国克林根塔尔国际手风琴比赛第一名。

28. 尤里·米加年科——俄罗斯别洛博罗多夫国际手风琴比赛第一名（图拉）。

29. 叶夫根尼·彼得罗夫——德国克林根塔尔国际手风琴比赛第四名。

30. 刘怡汝——俄罗斯别洛博罗多夫国际手风琴比赛第二名（图拉）。

1998 年

31. 叶夫根尼·彼得罗夫——西班牙阿拉萨特国际手风琴比赛第四名。

1999 年

32. 马克西姆·费多诺夫——第一届俄罗斯"青年德尔斐斯基"手风琴比赛银奖（萨拉托夫）。

2000 年

33. 彼得·德兰加——第一届全俄"新名称"手风琴比赛获奖者。

34. 弗拉基米尔·切尔内赫——安德烈耶娃全俄手风琴比赛第一名（圣彼得堡）。

35. 斯塔斯·马雷舍夫——全俄"贝洛戈里杯"手风琴比赛第一名（别尔哥罗德）。

36. 亚历山大·波耶鲁耶夫——全俄"贝洛戈里杯"手风琴比赛第一名（别尔哥罗德）。

37. 亚历山大·谢利瓦诺夫——俄罗斯"北方杯"国际

手风琴比赛第一名（切列波韦茨）。

38.亚历山大·谢利瓦诺夫——第三届莫斯科巴扬和手风琴演奏家国际比赛第三名。

39.尤里·米加年科——第三届莫斯科巴扬和手风琴演奏家国际比赛第一名。

2001 年

40.斯塔斯·马雷舍夫——第六届全俄民族乐器演奏家比赛第一名（特维尔）。

41.叶夫根尼·彼得罗夫——第六届全俄民族乐器演奏家比赛第一名（特维尔）。

42.尤里·米加年科——第一届"尤格拉"全俄手风琴公开赛第一名（苏尔古特）。

43.尼古拉·西夫丘克——第一届"尤格拉"全俄手风琴公开赛第二名（苏尔古特）。

44.尼古拉·西夫丘克和阿列克谢·别列西德利二重奏组合——第一届"尤格拉"全俄手风琴公开赛第一名（苏尔古特）。

45.刘怡汝和李歆琳二重奏组合——第一届"尤格拉"全俄手风琴公开赛第二名（苏尔古特）。

46.尤莉娅·阿美里科娃——俄罗斯"教师与学生"国际比赛第二名。

2002 年

47.弗拉基米尔·切尔内赫——德国克林根塔尔国际手风琴比赛第一名。

48. 亚历山大·谢利瓦诺夫——德国克林根塔尔国际手风琴比赛第二名。

49. 尼古拉·西夫丘克和阿列克谢·佩雷西利二重奏组合——德国克林根塔尔国际手风琴比赛第一名。

50. 亚历山大·波耶鲁耶夫——"世界杯"国际手风琴比赛冠军（丹麦哥本哈根）。

51. 亚历山大·波耶鲁耶夫——"世界杯"国际手风琴比赛键盘手风琴组第一名（丹麦哥本哈根）。

52. 亚历山大·谢利瓦诺夫——西班牙阿拉萨特国际手风琴比赛第二名。

2003 年

53. 尼古拉·莫赫纳特金——俄罗斯"波罗的海"国际手风琴比赛中获得第二名（圣彼得堡）。

54. 帕维尔·曼加萨良——"世界杯"国际手风琴比赛键盘手风琴组第一名（匈牙利布达佩斯）。

55. 尼古拉·西夫丘克——"世界杯"国际手风琴比赛冠军（匈牙利布达佩斯）。

56. 阿列克谢·别列西德利——"世界杯"国际手风琴比赛第二名（匈牙利布达佩斯）。

2004 年

57. 叶夫根尼·科切托夫——第二届"尤格拉"全俄手风琴公开赛第一名（苏尔古特）。

58. 叶夫根尼·科切托夫——"世界杯"国际手风琴比赛键盘手风琴组第一名（法国蓬塔利耶）。

59.叶夫根尼·科切托夫——"世界杯"国际手风琴比赛演奏家组第三名（法国蓬塔利耶）。

60.亚历山大·谢利瓦诺夫——"世界杯"国际手风琴比赛冠军（法国蓬塔利耶）。

61.亚历山大·谢利瓦诺夫——意大利卡斯特费达多国际手风琴比赛冠军。

62.丰雪——中国北京国际手风琴比赛第三名。

63.伊戈尔·普罗科彭科——第二届"尤格拉"全俄手风琴公开赛第二名（苏尔古特）。

64.亚历山大·谢利瓦诺夫——第二届"尤格拉"全俄手风琴公开赛第二名（苏尔古特）。

65.亚历山大·谢利瓦诺夫——德国克林根塔尔国际手风琴比赛冠军。

66.里纳特·瓦利耶夫——全俄手风琴比赛第二名（车里雅宾斯克）。

2005 年

67.叶夫根尼·科切托夫——德国克林根塔尔国际手风琴比赛第二名。

68.尼古拉·西夫丘克——德国克林根塔尔国际手风琴比赛第三名。

69.丹尼尔·斯塔德纽克——"世界杯"国际手风琴比赛第三名（葡萄牙卡斯特洛布兰科）。

70.里纳特·瓦利耶夫——"世界杯"国际手风琴比赛第二名（葡萄牙卡斯特洛布兰科）。

71. 亚历山大·谢利瓦诺夫——第四届莫斯科巴扬和手风琴演奏家国际比赛第二名。

72. 叶夫根尼·科切托夫——第四届莫斯科巴扬和手风琴演奏家国际比赛第三名。

73. 亚历山大·波耶鲁耶夫——美国纽约国际手风琴比赛第二名。

2006 年

74. 丹尼尔·斯塔德纽克——国际巴扬演奏家比赛第二名（乌克兰克里沃罗格）。

75. 阿纳斯塔西娅·希金捷罗娃——国际巴扬演奏家比赛第三名（乌克兰克里沃罗格）。

76. 叶夫根尼·科切托夫——国际键盘手风琴比赛第一名（乌克兰基辅）。

77. 亚历山大·波耶鲁耶夫——"上海之春"国际手风琴比赛第一名。

78. 尼古拉·西夫丘克和阿列克谢·别列西德利二重奏组合"上海之春"国际手风琴比赛第一名。

79. 丹尼尔·斯塔德纽克——"上海之春"国际手风琴比赛第三名。

80. 弗拉基米尔·切尔内赫——"世界杯"国际手风琴比赛冠军（挪威阿斯克）。

81. 马克西姆·费多罗夫——莫斯科"现代艺术与教育"国际比赛第三名。

2007 年

82. 阿列克谢·涅费达夫——俄罗斯"彼得·巴甫洛夫斯基大会"国际比赛第一名（圣彼得堡）。

83. 阿列克谢·涅费达夫——俄罗斯"青年德尔斐斯基"手风琴比赛银奖（雅罗斯拉夫尔）。

84. 丹尼尔·斯塔德纽克——中国北京国际手风琴比赛第一名。

85. 爱德华·阿哈诺夫——全俄"伊波利托娃·伊万诺娃"手风琴比赛第一名（莫斯科）。

86. 伊万·塔拉宁——西班牙阿拉萨特国际手风琴比赛第三名。

87. 马克西姆·费多罗夫和"凡丹戈"室内乐团——俄罗斯第一届国际"新声音"艺术节冠军（莫斯科）。

2008 年

88. 阿列克谢·涅费达夫——俄罗斯"青年德尔斐斯基"手风琴比赛第二名（新西伯利亚）。

89. 德米特里·库库什金和克劳迪娅·塔拉布丽娜二重奏组合——德国克林根塔尔国际手风琴比赛第二名。

90. 爱德华·阿哈诺夫——第三届"尤格拉 2008"全俄手风琴公开赛第一名（苏尔古特）。

91. 爱德华·阿哈诺夫——芬兰电视国际手风琴比赛第二名。

92. 爱德华·阿哈诺夫——"世界杯"国际手风琴比赛流行第一名（苏格兰格拉斯哥）。

93. 爱德华·阿哈诺夫——"世界杯"国际手风琴比赛第三名（苏格兰格拉斯哥）。

94. 亚历山大·谢利瓦诺夫和尤莉娅·阿美里科娃二重奏组合——"世界杯"国际手风琴比赛室内乐组第一名（苏格兰格拉斯哥）。

95. 奥莉加·伊瓦什娜和叶夫根尼·利斯图诺夫二重奏组合——"世界杯"国际手风琴比赛室内乐组第二名（苏格兰格拉斯哥）。

96. 阿列克谢·涅费达夫"世界杯"国际手风琴比赛键盘手风琴组第二名（苏格兰格拉斯哥）。

2009 年

97. 克劳迪娅·塔拉布丽娜——在克罗地亚普拉国际手风琴比赛第一名。

98. 维塔利·康德拉腾科——俄罗斯"别尔哥罗德杯"国际手风琴比赛第一名。

99. 那伊利·法特霍夫——俄罗斯大诺夫哥罗德国际手风琴比赛第一名。

100. 维塔利·康德拉腾科——第九届俄罗斯全俄手风琴比赛第二名（大诺夫哥罗德）。

101. 那伊利·法特霍夫——俄罗斯"彼得·巴甫洛夫斯基大会"国际比赛第二名（圣彼得堡）。

102. 阿列克谢·涅费达夫——俄罗斯"青年德尔斐斯基"手风琴比赛第三名（萨马拉）。

2010 年

103. 阿列克谢·涅费达夫——在希腊科扎尼国际手风琴比赛中第二名。

104. 阿列克谢·涅费达夫——法国蒙特朗国际手风琴比赛第三名。

105. 维塔利·康德拉腾科——第一届西伯利亚青年巴扬演奏家国际比赛第一名（克麦罗沃）。

106. 那伊利·法特霍夫——第一届西伯利亚青年巴扬演奏家国际比赛第一名（克麦罗沃）。

107. 刘怡汝——中国北京国际手风琴比赛（室内乐组）第二名。

108. 维塔利·康德拉腾科——意大利里雅斯特国际手风琴比赛第一名。

109. 阿列克谢·涅费达夫——意大利里雅斯特国际手风琴比赛第一名。

110. 伊万·塔拉宁——皮亚佐拉国际手风琴比赛室内乐组第一名（意大利卡斯特费达多）。

111. 阿列克谢·切尔诺莫尔季科夫——"世界杯"国际手风琴比赛电子手风琴组第二名（克罗地亚瓦拉兹丁）。

112. 爱德华·阿哈诺夫——"世界杯"国际手风琴比赛电子手风琴组第二名（克罗地亚瓦拉兹丁）。

113. 维塔利·康德拉腾科——俄罗斯"库班杯"全俄手风琴比赛第一名（索契）。

114. 那伊利·法特霍夫——俄罗斯"彼得·巴甫洛夫斯

基大会"国际比赛第二名（圣彼得堡）。

115. 丹尼斯·马秋欣——俄罗斯"万岁，巴扬！"全俄手风琴比赛中第二名（萨马拉）。

116. 阿依达尔·瓦利耶夫——俄罗斯"万岁，巴扬！"全俄手风琴比赛中第二名（萨马拉）。

117. 阿依达尔·瓦利耶夫——俄罗斯"库班杯"全俄手风琴比赛第二名（索契）。

2011 年

118. 阿列克谢·涅费达夫——西班牙阿拉萨特国际手风琴比赛第三名。

119. 伊万·塔拉宁——俄罗斯第四届皮亚佐拉国际手风琴比赛第二名（巴尔瑙尔）。

120. 阿列克谢·索阔洛夫——克罗地亚普拉国际手风琴比赛第一名。

121. 维塔利·康德拉腾科——"和平奖杯"国际手风琴比赛第二名（意大利斯波莱托）

122. 列夫·拉夫罗夫——全俄"贝洛戈里杯"手风琴比赛（别尔哥罗德）。

123. 克劳迪娅·塔拉布丽娜和亚历山大·韦列捷尼科夫二重奏组合——"世界杯"国际手风琴比赛第三名（中国上海）。

2012 年

124. 阿列克谢·涅费达夫——第四届"尤格拉 2012"全俄手风琴公开赛第一名（苏尔古特）。

125. 维塔利·康德拉腾科——第四届"尤格拉 2012"全俄手风琴公开赛第一名（苏尔古特）。

126. 列夫·拉夫罗夫——第四届"尤格拉 2012"全俄手风琴公开赛第二名（苏尔古特）。

127. 斯塔斯·马雷舍夫——第四届"尤格拉 2012"全俄手风琴公开赛冠军（苏尔古特）。

128. 克劳迪娅·塔拉布丽娜和亚历山大·韦列捷尼科夫二重奏组合——第四届"尤格拉 2012"全俄手风琴公开赛第一名（苏尔古特）。

129. 曹野——德国克林根塔尔国际手风琴比赛流行组第二名。

130. 曹野——俄罗斯"万岁，巴扬！"国际手风琴比赛流行组第一名（萨马拉）。

131. 奥莉加·伊瓦什娜和叶夫根尼·利斯图诺夫二重奏组合——德国克林根塔尔国际手风琴比赛第三名。

132. 奥莉加·伊瓦什娜和叶夫根尼·利斯图诺夫二重奏组合——意大利卡斯特费达多国际手风琴比赛第一名。

133. 阿列克谢·涅费达夫——美国费城国际手风琴比赛第一名。

134. 阿列克谢·涅费达夫——第一届西西里岛圣弗拉维亚国际手风琴比赛第二名。

135. 维塔利·康德拉腾科——乌克兰基辅国际手风琴比赛第三名。

136. 克劳迪娅·塔拉布丽娜——意大利罗马国际手风琴

比赛第一名。

2013 年

137.列夫·拉夫罗夫——俄罗斯列普尼科夫国际手风琴比赛第三名（彼得罗扎沃茨克）。

138.维塔利·康德拉腾科——法国蒙特朗国际手风琴比赛第一名。

139.维塔利·康德拉腾科——立陶宛维尔纽斯国际手风琴比赛第一名。

140.维塔利·康德拉腾科——俄罗斯"万岁，巴扬！"国际手风琴比赛第三名（萨马拉）。

141.基里尔·鲁西诺夫——俄罗斯别洛博罗多夫国际手风琴比赛第一名（图拉）。

142.基里尔·鲁西诺夫——第十八届全俄年轻手风琴演奏家公开赛第一名（顿河畔罗斯托夫）。

143.列夫·拉夫罗夫——第十八届全俄年轻手风琴演奏家公开赛第三名（顿河畔罗斯托夫）。

144.马克西姆·费多罗夫和"凡丹戈"室内乐团——第一届俄罗斯"21 世纪作曲家"国际现代音乐比赛室内乐组冠军（莫斯科）。

2014 年

145.列夫·拉夫罗夫——第二届格里金全俄手风琴比赛第一名（库尔斯克）。

146.列夫·拉夫罗夫——第一届国际"巴扬、手风琴"比赛第一名（莫斯科）。

147. 列夫·拉夫罗夫——第四届俄罗斯"手风琴+"国际手风琴比赛第一名（顿河罗斯托夫）。

148. 丹尼斯·科普捷诺夫——第一届国际"巴扬、手风琴"比赛第一名（莫斯科）。

149. 丹尼斯·科普捷诺夫和基里尔·鲁西诺夫二重奏组合——第四届俄罗斯"手风琴+"国际手风琴比赛第一名（顿河罗斯托夫）。

150. 丹尼斯·科普捷诺夫和基里尔·鲁西诺夫二重奏组合——第一届国际"巴扬、手风琴"比赛第一名（莫斯科）。

151. 基里尔·鲁西诺夫——第一届国际"巴扬、手风琴"比赛第一名（莫斯科）。

152. 基里尔·鲁西诺夫——第四届俄罗斯"手风琴+"国际手风琴比赛第一名（顿河罗斯托夫）。

153. 基里尔·鲁西诺夫——莫斯科医科大学音乐比赛第一名。

154. 高米妍——国际"大城市之星"大奖赛第一名（莫斯科）。

155. 齐慧君——第一届"巴扬、手风琴"国际比赛电子乐器组获奖者（莫斯科）。

156. 维塔利·康德拉腾科——"和平奖杯"立陶宛考纳斯国际手风琴比赛第二名。

157. 维塔利·康德拉腾科——"世界杯"国际手风琴比赛冠军（奥地利萨尔茨堡）。

2015 年

158. 阿列克谢·梅基腾科——第五届俄罗斯"手风琴+"国际手风琴比赛第二名（顿河罗斯托夫）。

159. 列夫·拉夫罗夫、阿列克谢·梅基腾科和谢苗·戈利科夫"狮子巴扬三重奏组合"——俄罗斯第五届"手风琴+"国际手风琴比赛第一名（顿河罗斯托夫）。

160. 齐慧君——勒热夫国际比赛第一名。

161. 齐慧君——国际音乐诗歌比赛第一名。

162. 维塔利·康德拉腾科——美国亚历山大国际手风琴比赛第一名。

163. 维塔利·康德拉腾科——"和平奖杯"国际手风琴比赛第三名（瑞士洛桑）。

164. 列夫·拉夫罗夫——"世界杯"国际手风琴比赛冠军（芬兰图尔库）。

165. 列夫·拉夫罗夫、阿列克谢·梅基腾科和谢苗·戈利科夫"狮子巴扬三重奏组合"——"世界杯"国际手风琴比赛第一名（芬兰图尔库）。

166. 基里尔·鲁西诺夫——"里海波"国际手风琴比赛第一名（阿斯特拉罕）。

167. 丹尼斯·科普捷诺夫——"里海波"国际手风琴比赛第一名（阿斯特拉罕）。

168. 伊利亚·米洛瓦诺夫——"里海波"国际手风琴比赛第二名（阿斯特拉罕）。

169. 马克西姆·费多罗夫和"凡丹戈"室内乐团——德

国克林根塔尔国际手风琴比赛室内乐组第一名。

2016 年

170. 阿列克谢·梅基腾科——第三届格里金全俄手风琴比赛第一名（库尔斯克）。

171. 拉斯基斯拉夫·穆德里茨基——第五届"尤格拉2016"全俄手风琴公开赛冠军（苏尔古特）。

172. 拉斯基斯拉夫·穆德里茨基——第六届俄罗斯"手风琴+"国际手风琴比赛冠军（顿河罗斯托夫）。

173. 基里尔·鲁西诺夫——第五届"尤格拉2016"全俄手风琴公开赛第一名（苏尔古特）。

174. 伊洛娜·萨维娜——第五届"尤格拉2016"全俄手风琴公开赛第二名（苏尔古特）。

175. 亚历山大·科梅尔科夫——"世界杯"国际手风琴比赛冠军（俄罗斯顿河畔罗斯托夫）。

176. 阿列克谢·梅基腾科——"世界杯"国际手风琴比赛第二名（俄罗斯顿河畔罗斯托夫）。

2017 年

177. 基里尔·鲁西诺夫——第二届莫斯科全俄手风琴比赛第三名。

178. 基里尔·鲁西诺夫——第一届莫斯科"手风琴和巴扬巴洛克音乐"全俄比赛第一名。

179. 阿列克谢·梅基腾科——第一届莫斯科"手风琴和巴扬巴洛克音乐"全俄比赛第三名。

180. 阿列克谢·梅基腾科——第七届俄罗斯"手风琴+"

国际手风琴比赛第三名（顿河罗斯托夫）。

181. 阿列克谢·梅基腾科——第七届俄罗斯"手风琴+"国际手风琴比赛室内乐组第三名（顿河罗斯托夫）。

182. 伊洛娜·萨维娜和尼基塔·乌克兰斯基二重奏组合——第七届俄罗斯"手风琴+"国际手风琴比赛冠军（顿河罗斯托夫）。

183. 列夫·拉夫罗夫——第二届克麦罗沃国际手风琴比赛第一名。

184. 阿列克谢·梅基腾科——第七届俄罗斯"手风琴+"国际手风琴比赛第二名（顿河罗斯托夫）。

185. 阿列克谢·梅基腾科——俄罗斯"巴赫星座"国际比赛第二名。

2018 年

186. 鲁斯塔姆·卡布拉霍夫——莫斯科"独联体杯"国际手风琴比赛第三名。

187. 亚历山大·科梅尔科夫——莫斯科"独联体杯"国际手风琴比赛第二名。

188. 伊洛娜·萨维娜和尼基塔·乌克兰斯基二重奏组合——"世界杯"国际手风琴比赛第二名（立陶宛考纳斯）。

189. 伊利亚·帕捷林——俄罗斯彼尔姆地区比赛第三名。

2019 年

190. 鲁斯塔姆·卡布拉霍夫——第二届莫斯科"手风琴和巴扬巴洛克音乐"全俄比赛第二名。

191. 彼得·米洛瓦诺夫——格里金全俄手风琴比赛冠军

（库尔斯克）。

192. 基里尔·鲁西诺夫——"世界杯"国际手风琴比赛冠军（中国深圳）。

193. 鲁斯塔姆·卡布拉霍夫——第五届莫斯科"新一代"全俄手风琴比赛第二名。

2020 年

194. 鲁斯塔姆·卡布拉霍夫——格里金全俄手风琴比赛第二名（库尔斯克）。

195. 亚历山大·科梅尔科夫——第一届莫斯科全俄"俄罗斯色调"手风琴比赛冠军。

196. 丹尼斯·乌戈尔钦——第一届莫斯科全俄"俄罗斯色调"手风琴比赛第一名。

197. 彼得·米洛瓦诺夫——第一届莫斯科全俄"俄罗斯色调"手风琴比赛第一名。

198. 康斯坦丁·科济列夫——第一届莫斯科全俄"俄罗斯色调"手风琴比赛第一名。

199. 康斯坦丁·科济列夫——第六届"尤格拉 2020"全俄手风琴公开赛第一名（苏尔古特）。

200. 彼得·米洛瓦诺夫——第六届"尤格拉 2020"全俄手风琴公开赛第一名（苏尔古特）。

201. 罗迪翁·希罗科夫——第六届"尤格拉 2020"全俄手风琴公开赛第一名（苏尔古特）。

2021 年

202. 彼得·米洛瓦诺夫——"世界杯"国际手风琴比赛

第一名（德国慕尼黑）。

203. 丹尼斯·科普捷诺夫和亚历山大·科梅尔科夫"北极光"二重奏组合——全俄罗斯民族乐器比赛重奏组第二名。

204. 亚历山大·科梅尔科夫——俄罗斯"万岁，巴扬！"国际手风琴比赛大师组第一名（萨马拉）。

205. 丹尼斯·科普捷诺夫和亚历山大·科梅尔科夫"北极光"二重奏组合——俄罗斯"万岁，巴扬！"国际手风琴比赛重奏组第一名（萨马拉）。

2022 年

206. 阿列克谢·梅基腾科——第一届"俄罗斯杯"全俄罗斯巴扬手风琴比赛演奏家组第一名。

2023 年

207. 亚历山大·科梅尔科夫——世界杯前赛"俄罗斯冠军杯"大师组第一名。

208. 斯塔罗杜莫夫·阿纳托利——世界杯前赛"俄罗斯冠军杯"大师组第二名。

209. 里亚宾·康斯坦丁——世界杯前赛"俄罗斯冠军杯"世界杯组第二名。

210. 丹尼斯·科普捷诺夫和亚历山大·科梅尔科夫"北极光"二重奏组合——世界杯前赛"俄罗斯冠军杯"世界音乐组第一名。

211. 丹尼斯·科普捷诺夫和亚历山大·科梅尔科夫"北极光"二重奏组合 - 世界杯前赛"俄罗斯冠军杯"重奏组第一名。

212. 里亚宾·康斯坦丁——第四届格里金全俄手风琴比赛成人组第一名。

213. 彼得·米洛瓦诺夫——第四届格里金全俄手风琴比赛青年组第一名。

214. 阿列克谢·梅基腾科——第一届"国家杯"四国国际手风琴比赛演奏家组第一名。

215. 亚历山大·科梅尔科夫——"世界杯"国际手风琴比赛成人流行组冠军（波黑）。

216. 丹尼斯·科普捷诺夫和亚历山大·科梅尔科夫"北极光"二重奏组合——"世界杯"国际手风琴比赛重奏古典组冠军（波黑）。

217. 丹尼斯·科普捷诺夫和亚历山大·科梅尔科夫"北极光"二重奏组合——"世界杯"国际手风琴比赛重奏流行组冠军（波黑）。

2024 年

218. 里亚宾·康斯坦丁——"俄罗斯开放杯"国际手风琴比赛独奏与交响乐团组第一名（秋明）。

刘怡汝

俄罗斯莫斯科格涅辛国立音乐学院手风琴专业博士

山东大学（威海）艺术学院手风琴专业教师、硕士生导师

世界手风琴联盟（WAA）主席团成员

当受邀为俄罗斯莫斯科格涅辛音乐学院维切斯拉夫·阿纳托利耶维奇·谢苗诺夫教授的中文版自传写留学回忆时，我立刻行动起来，不容丝毫懈怠。

记忆带着我回到了莫斯科，谢苗诺夫先生是一位桃李天下的教育家、才华横溢的作曲家、出神入化的演奏家、善于思考的手风琴机械改造家及待我如父一般正直可亲、风趣幽默的老人家。

在演奏上，他让我见识了全新的高度，收获了那个时期世界最先进的手风琴专业技能。在教学中，他让我懂得不能错过谱子上的任何细节，因为每个音符都有生命。在创作上，他让我知晓了刻苦钻研、精益求精。在生活中，他让我明白人的一生要拥有热爱的事业，要拥有温暖的家庭，要拥有友情深厚如金的朋友。

谢苗诺夫先生不仅仅是我们艺术道路上的专业领路人，更是我们人生中的一座灯塔。

李歆琳

俄罗斯莫斯科格涅辛国立音乐学院手风琴专业博士
深圳艺术学校现代艺术教研室副主任、手风琴专业副教授
深圳市手风琴协会副会长

当受邀为俄罗斯莫斯科格涅辛音乐学院维切斯拉夫·阿纳托利耶维奇·谢苗诺夫教授的中文版自传写留学感受时，往事时光历历在目，一幕幕情景如同老电影般映入眼帘……

我与谢苗诺夫教授相识是在 1996 年 8 月，那时正是在姜杰老师组织的中国国际手风琴艺术节期间。姜老师和谢苗诺夫教授共同策划商定：我、刘怡汝和包永妍，三人赴莫斯科留学，也由此彻底改变了我们的成长道路及人生轨迹。

当年的教授已经给我留下了深刻的印象。一路走来，尤里·德兰加和维切斯拉夫·阿纳托利耶维奇·谢苗诺夫导师如同灯塔一般引领着我前行，在他们的指导与呵护下，成就了今天的我们。在莫斯科的留学生活已然是我当下工作与生活的基石。

作为演奏家，在紧张忙碌的工作中，谢苗诺夫教授一直都以充沛的精力保持着演奏状态，那时，我们每年都观摩学习他各种形式的音乐会表演，舞台上激情四射的他令我们敬佩不已。

　　作为作曲家，他以对音乐饱满的热情，创作了大量优秀经典的原创作品。这些作品在他的课堂上、在各种国际赛场中、在世界各地的音乐会上，我们都经常可以听到。直到今天，他仍继续着他的创作。

　　作为教育家，他的课堂好似是冠军云集的音乐会……我身边涌现出一批又一批的优秀演奏家。他上课的表情神态、肢体动作、习惯用语现在回想都无比珍贵，可敬又可爱。教学风格独树一帜，个性鲜明，治学严谨细腻的他，令我们惊叹不已。

　　他对我演奏上的指导，特别是对音乐思维理念上的启发，将永远铭记于心。他对我生活上的帮助，点点滴滴倍感温暖。他可亲的笑容、风趣的言语潜移默化地教育着我，感动着我。他至今都一直用自己的人格魅力与真情实感润化着每一位学生，我至今都觉得他是一位魅力四射，殿堂级艺术家。在我们的成长道路上，能有幸作为他的学生，也必会尽自己最大的能量"润物细无声"地做一名称职的手风琴教师！

　　我们相信，谢苗诺夫教授的中文版自传必将具有珍贵的历史意义，会感动着每一位如我们一样的学生们！！

齐慧君

俄罗斯格涅辛国立音乐学院手风琴专业博士

东华理工大学文法与艺术学院音乐系主任、硕士研究生导师

　　当我得知尊敬的老师,维切斯拉夫·安纳托利耶维奇·谢苗诺夫教授的中文版自传即将出版，心中涌起无尽的感慨。

　　谢苗诺夫教授是俄罗斯的音乐巨匠，是著名的巴扬手风琴演奏家、教育家和作曲家。还记得初到莫斯科时，我只是一个对巴扬手风琴怀揣着热爱的懵懂学生，是他用耐心的教导和智慧的启迪，为我开启了音乐的璀璨星空。

　　他不仅教会了我演奏的技巧，更让我懂得了音乐背后的情感与力量。在教学中，他教导我要认真对待谱子上每个音符与标记，因为那不仅仅是简单的符号，而是音乐灵魂的具象表达。他对音乐的高标准和严要求，以及对教学和创作的执着投入，让我明白在追求艺术的道路上，要不断挑战自我，力求做到精益求精，也让我感受到了全身心投入自己所热爱事业的力量与价值。

　　他的言传身教，如明灯照亮我们前行的道路，引领我们在音乐的世界里不断探索与成长。